By Pentatonic!

블루스로 익히는
프로급 스케일 워크

BLUES SCALE WORK

야마구치 카즈야
저 · 연주

시작하며

안녕하세요! 기타리스트 야마구치 카즈야입니다.

이번에는 『블루스로 익히는 프로급 코드 워크』, 『펑크로 익히는 프로급 컷팅(16비트 펑크 기타)』에 이어 『○○로 익히는 프로급 ○○』시리즈 제3탄, 『블루스로 익히는 프로급 스케일 워크』 라는 제목으로 뮤지션이라면 반드시 마스터 해야 할 필수 과목인 "스케일"에 관해 살펴보려고 합니다. 특히 다음과 같은 증상(?)이 있는 분들께 이 책을 강력하게 추천합니다.

- 도대체 기타 솔로를 어떻게 해야 할지 모르겠다!
- 스케일을 외울 수가 없다! 도리안이 뭐지? 먹는 거?
- 펜타토닉 스케일을 쳐보기는 하는데 전혀 블루지 하지 않고 무미건조하다.
- 펜타토닉 스케일로는 그럭저럭 솔로를 할 수 있게 되었는데 메이저 스케일 계열의 솔로는 감이 전혀 안 온다.
- 악보 상의 코드 진행을 보고 바로 솔로 연주가 불가능 & 펜타토닉 스케일 하나 후리는 것으로는 더 이상 버틸 수 없다는 것을 느끼고 있다.
- 모드 스케일을 활용할 수가 없다. 어떻게 해야 하지?
- 속주가 불가능하다. 결국 "속주가 다가 아니다."라고 자기 합리화하기 시작했다.
- 로벤 포드나 래리 칼튼처럼 블루지하면서도 재즈적인 음 사용을 하고 싶다. 솔직히 인기를 얻고 싶다.

이런 분들을 위해 실제 연주 현장에서도 범용성이 높은 "블루스"라는 포맷을 사용해서 스케일을 학습해 가도록 하겠습니다. 블루스를 주제로 삼는 것은 범용성이 높다는 것 외에도 다음과 같은 장점이 있습니다.

■ 12마디(정해진 폼)로 되어 있다

마디 감각을 익힐 수 있다. 토닉, 서브 도미넌트, 도미넌트의 규칙적인 배치를 통해 코드 진행 성립과 구성을 파악하기 쉽다.

■ 코드 진행이 간단하다

다양한 어프로치가 가능하다. 코드 프로그래션(코드 진행)을 발전시켜서 다른 장르에 응용하는 것도 가능하다.

■ 인간의 「노래」에서 발전한 음악이다

멜로디와 호흡의 중요성을 깨닫게 되어 스케일을 생동감 있게 연주할 수 있다.

무엇보다도 「다양한 장르에서 사용할 수 있는」 스타일인 블루스를 기반으로 스케일을 학습함으로써 각자의 음악적인 성향과 관계없이 다양한 스케일 워크를 학습할 수 있을 것입니다.

음악의 3요소는 화성, 리듬, 멜로디입니다.
이전 시리즈인 2권의 책에서 화성과 리듬을 마스터 했다면 이제는 가장 중요한 멜로디를 집중적으로 공략할 차례입니다. 그럼 이제부터 자유자재로 스케일 연주가 가능한 기타리스트가 되는 것을 목표로 전진합시다!

야마구치 카즈야

CONTENTS

제3장 펜타토닉 스케일을 응용해서 연주할 수 있습니까? ①

제4장 모드 스케일을 사용해서 연주할 수 있습니까?

제5장 재즈적인 스케일을 연주할 수 있습니까?

실전:재즈적인 스케일

제6장 더블 스톱으로 스케일을 연주할 수 있습니까?

실전:더블 스톱으로 스케일 연주

제7장 펜타토닉 스케일을 응용해서 연주할 수 있습니까? ②

제8장 스케일로 속주할 수 있습니까?

제9장 코드 톤을 의식하면서 스케일을 연주할 수 있습니까?

제1장
기본 = 펜타토닉 스케일을 사용할 준비가 되어 있습니까?

마이너 펜타토닉 스케일

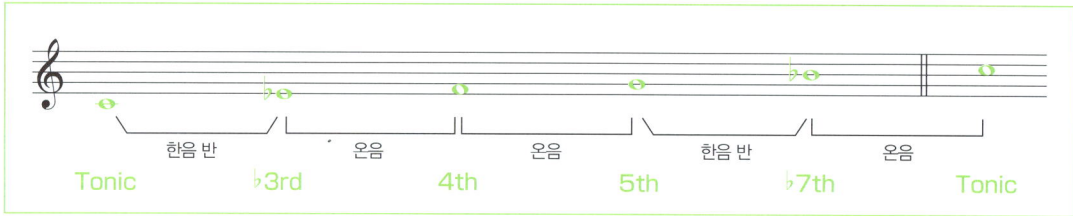

줄 1개로 확인하는 마이너 펜타토닉 스케일의 음정 간격

블루스를 연주할 때 가장 자주 사용하는 스케일은 역시 펜타토닉 스케일일 것입니다. 이 스케일은 블루스 외에도 다양한 장르에서 사용하기 때문에 반드시 익혀야 할 스케일입니다.

펜타는 「5」라는 의미입니다. 이 스케일의 가장 큰 특징은 스케일의 구성음이 5개 밖에 없다는 것인데 이 특징이야말로 전 세계 연주자들의 사랑을 받는 가장 큰 이유라고 할 수 있습니다.

세계 각지에서 연주되는 대부분의 음악은 원래 인간의 「노래」에서 발전한 음악입니다. 예를 들어 인간이 1옥타브를 12개로 나눈 음계(크로매틱 스케일)의 음을 모두 사용해서 노래한다면 어떨까요? 아마 음정 컨트롤도 어렵고 음악적인 내용 역시 매우 어려워질 것입니다.

인간이 편하게 노래할 수 있는 음의 개수는 5개 까지라고 합니다. 그래서 노래에서 발전한 과거의 음계는 현재의 펜타토닉 스케일과 비슷한 형태였습니다. 여기서는 특히 사용 빈도가 높은 마이너 펜타토닉 스케일에 관한 노하우부터 철저하게 익혀 가도록 합시다.

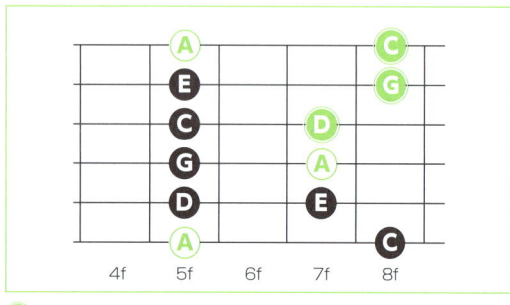

● = 주로 사용되는 초킹 포인트

포지션 ①

6번 줄 검지 위치에 토닉 음이 있어서 익히기 쉽고 실제로도 자주 사용되는 포지션인데 6번 줄 루트 포지션이라고도 합니다. 우선 이 포지션을 확실하게 익히면서 6번 줄의 각 음명과 위치도 함께 파악해두면 다양한 Key에 대응할 수 있을 것입니다. 지판표에 표시한 초킹 포인트에서는 1음 초킹 할 수 있도록 해 두는 것도 중요합니다.

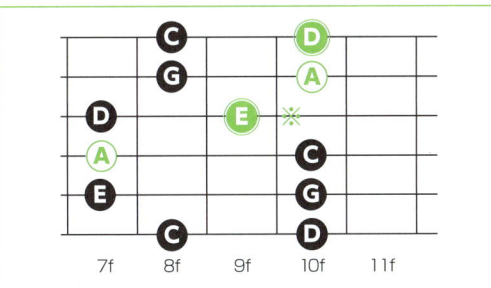

포지션 ②

포지션①의 보조 수단으로 익혀두면 프레이즈에 확장성을 더 해줄 수 있는 포지션으로 2번 줄 A음을 중심으로 기억해두면 좋습니다. 3번 줄의 E음은 한음 반 올릴 수 있도록 합시다.

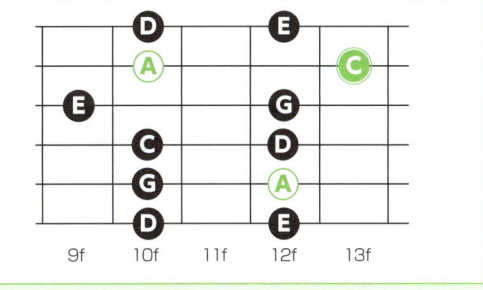

포지션 ③

6~4번 줄이 모두 같은 형태(같은 프렛)여서 치기 쉽게 되어 있습니다. 5번 줄 토닉 음을 약지로 칠 수 있다는 점도 매우 편리합니다. 저음현에서 힘차게 리프를 연주하고 싶을 때 매우 유용한 포지션입니다.

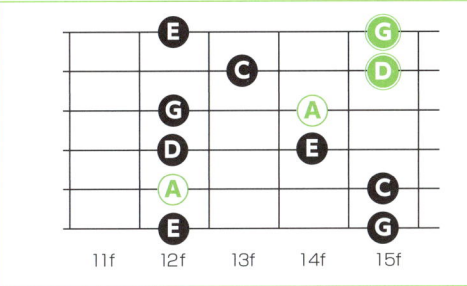

포지션 ④

포지션①에 이어 자주 사용하는 포지션인데 5번 줄에 토닉 음이 있어서 5번 줄 루트 포지션이라고 불리기도 합니다. 처음에는 우선 ①, ④ 두 개만 익혀 놓아도 충분하므로 자주 사용해서 귀와 손이 익숙해지도록 합시다.

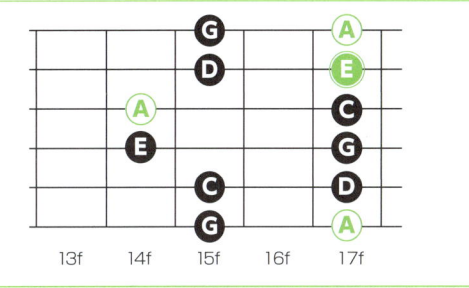

포지션 ⑤

포지션①을 밑에서 지탱해주는 연결 포지션입니다. 익히기 쉬운 형태로 되어 있고 토닉 음을 많이 포함하고 있어서 사용하기가 편합니다. 특히 2번 줄 E음은 한음 반 초킹으로 자주 사용되는 포지션인데 에릭 클랩튼도 애용하는 포지션입니다.

질문 1

Q 「스케일 연주의 달인」 하면 떠오르는 기타리스트가 있다면 추천해 주세요.

A 제가 생각하는 스케일의 달인은 「스케일을 많이 사용하는 사람」이 아닌 「스케일로 멜로디를 만들 줄 아는 사람」입니다. 예를 들어 로벤 포드Robben Ford는 후자의 의미에서 달인이자 제가 좋아하는 기타리스트입니다. 또 기타 연주자는 아니지만, 피아니스트인 브라이언 컬버트슨 Brian Culbertson의 장식음 사용법은 매우 좋은 참고가 됩니다. 조 새트리아니Joe Satriani도 모드 스케일의 달인입니다. 스케일에 의한 화려한 연출을 참고하기 위해 게임 음악이나 영화 음악 OST를 듣는 것도 좋습니다. 『파이널 판타지』, 『크로노트리거』 등은 제가 어릴 때 좋아했던 게임인데 그 음악들을 카피해보면 새로운 발견을 할 수 있을 것입니다.

스케일 마스터의 기본 ①

사용하는 음을 제한해서 연주해보자!

Key=**A**

이 스케일 워크의 완성 포인트

A Key, 간단한 3코드 블루스에서의 마이너 펜타토닉 솔로입니다. 가장 사용 빈도가 높은 포지션①을 사용하고 음은 2~4번 줄 1옥타브로 제한해서 연주합니다. 처음 스케일을 익히거나 사용할 때는 무턱대고 모든 포지션을 사용하려 하지 말고 우선 부분적으로 제한해서 스케일의 분위기와 색채를 느끼면서 익혀나가면 좋습니다. 스티비 레이 본Stevie Ray Vaughan의 연주와 같은 거친 느낌의 프레이즈인데 불필요한 줄을 뮤트하고 브러싱 음을 약간 섞어서 연주하면 분위기를 만들기 쉬울 것입니다.

반복해서 등장하는 간단한 패턴

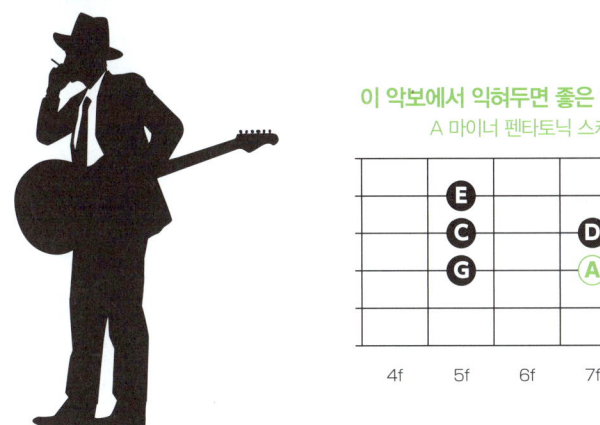

이 악보에서 익혀두면 좋은 다이어그램

A 마이너 펜타토닉 스케일

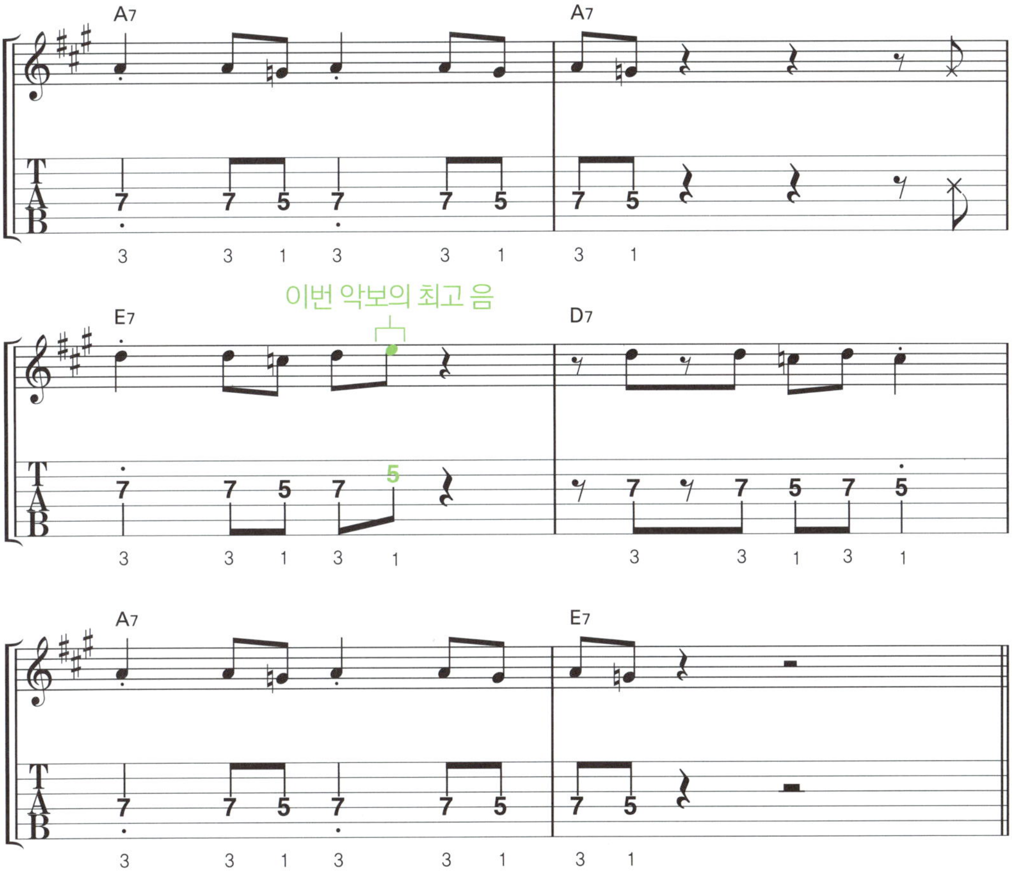

이번 악보의 최고 음

QR Track 02

스케일 마스터의 기본 ②

초킹을 사용해서 연주할 수 있습니까?

Key=A

이 스케일의 완성 포인트

블루스 기타를 연주할 때에는 초킹 기술이 반드시 필요합니다. 사람이 목소리를 쥐어짜며 울부짖는 것 같은 모습을 표현하기에 가장 적절한 테크닉입니다. 다양한 초킹 테크닉을 사용해서 마이너 펜타토닉 스케일을 연주해 봅시다. 이번에도 사용 빈도가 가장 높은 포지션 ①을 1~5번 줄에 걸쳐서 광범위하게 사용합니다. 2번 줄 8프렛의 한음 초킹은 올린 음정이 토닉 음이 되므로 자주 사용합니다. 3번 줄 7프렛도 한음 초킹하기 쉬운 포지션입니다. 또 1/4 정도의 음정을 올리는 쿼터 초킹 포인트도 익혀두도록 합시다. 여기서는 1번 줄 8프렛인데

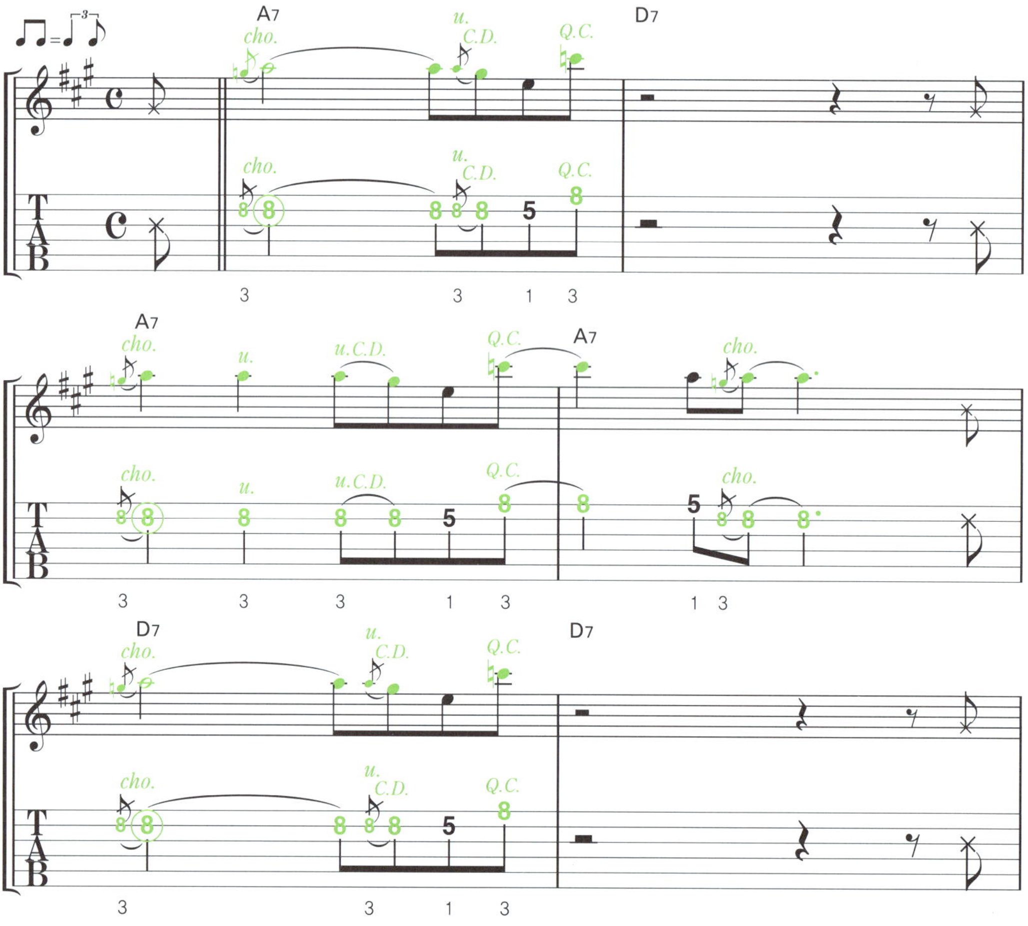

→ 블루스를 연주하면서 익히는 프로급 스케일 워크 2

(1옥타브 아래의 3번 줄 5프렛도 자주 사용합니다), 이 쿼터 초킹을 사용함으로써 블루스 특유의 느낌을 연출할 수 있다는 점도 기억해 두세요.

이 악보에서 익혀두면 좋은 다이어그램

A 마이너 펜타토닉 스케일

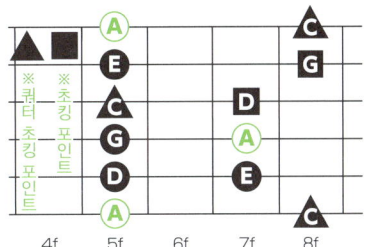

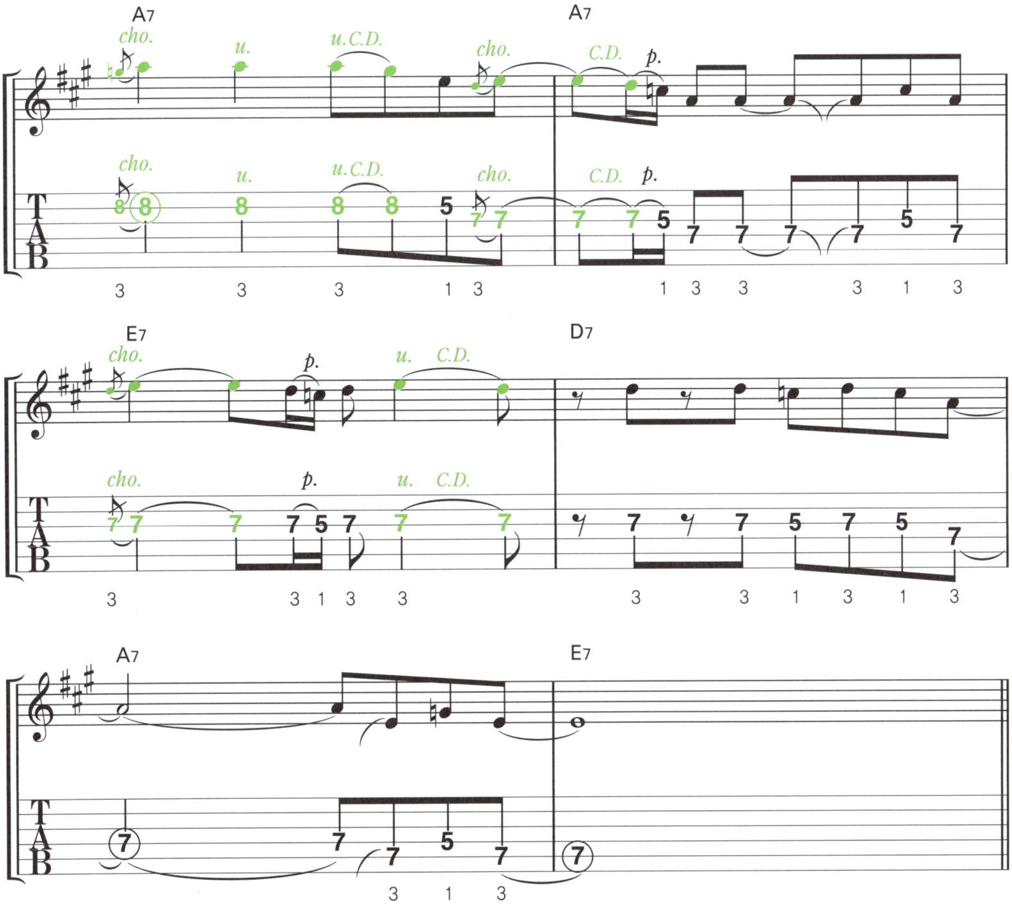

스케일 마스터의 기본 ③

조인트는 마스터했습니까?

Key=**A**

이 스케일의 완성 포인트

여기서 다루고 있는 마이너 펜타토닉 스케일의 운지는 한 줄당 2개 음씩 연주하는 스타일입니다. 즉 상행&하행할 때 기본적으로는 검지+약지 or 새끼손가락으로 차례로 줄을 잡게 되어 비교적 간단

히 운지가 가능합니다. 그러나 한음 도약해서 스케일을 연주할 때는 갑자기 어려워지는데, 어떤 줄의 음을 검지로 친 다음 다른 줄도 검지로 쳐야 하는 상황이 생깁니다. 이 동작을 「조인트」라고 하는데 이 테크닉을 잘 마스터 해야 무의식적으로 「옆의

조인트로 연주하는 부분

→ 블루스를 연주하면서 익히는 프로급 스케일 워크 3

있는 음을 치는 버릇」에서 벗어날 수 있습니다. 그럼 조인트에 초점을 맞춘 프레이즈를 소개하도록 하겠습니다.

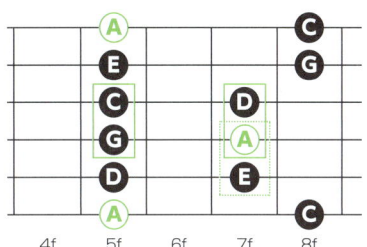

이 악보에서 익혀두면 좋은 다이어그램

A 마이너 펜타토닉 스케일

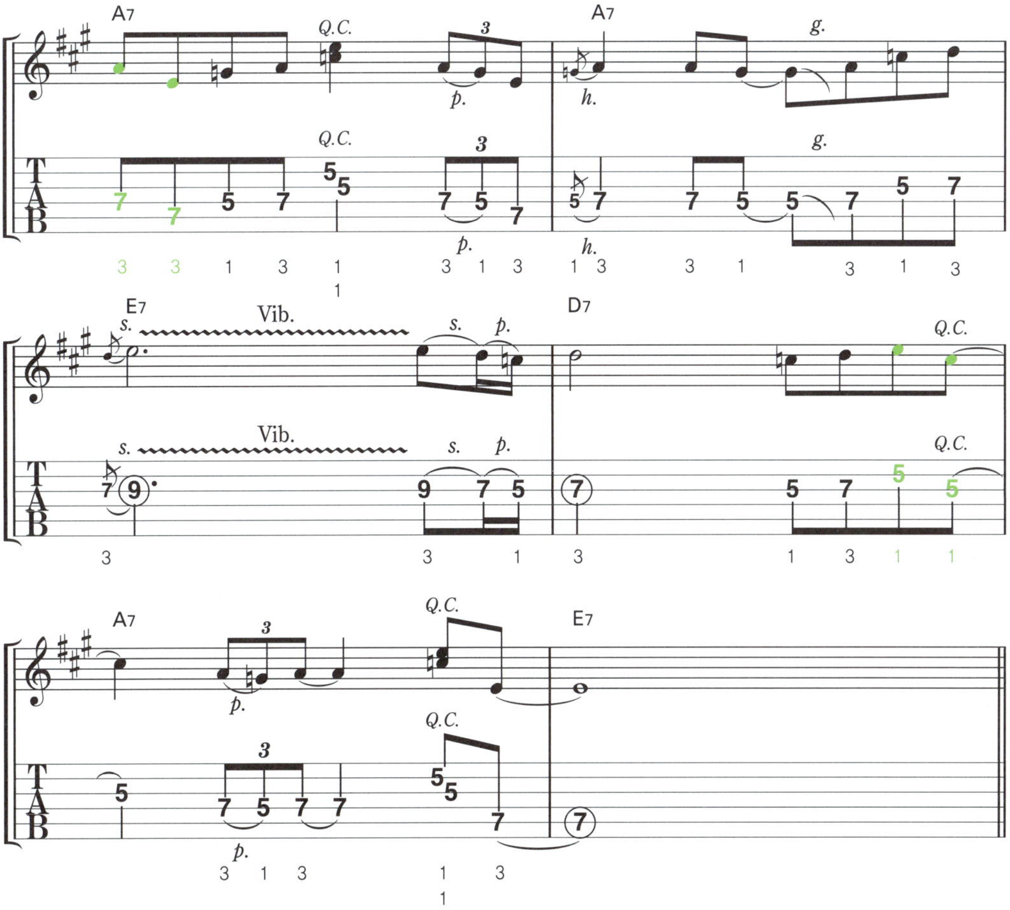

QR Track 04

스케일 마스터의 기본 ④

자주 사용하는 릭을 알고 있습니까?

Key=A

이 스케일의 완성 포인트

마이너 펜타토닉 스케일과 블루스 진행만 주고 연주하라고 하면 처음에는 블루스다운 연주를 못 하는 것이 당연합니다. 최소한 블루스 앨범 10장 이상의 연주를 들을 필요가 있고, 이런 음악적 경험(감상)은 어디선가 많이 들었던 블루스 릭이 펜타토닉 스케일과 비슷하다는 것을 깨닫게 해 줄 것입니다. 블루스다운 연주는 음악을 많이 듣는 것으로부터 시작된다는 것을 잊지 않도록 합시다. 이번 악보에서는 전통적인 블루스 릭을 소개하는데 특

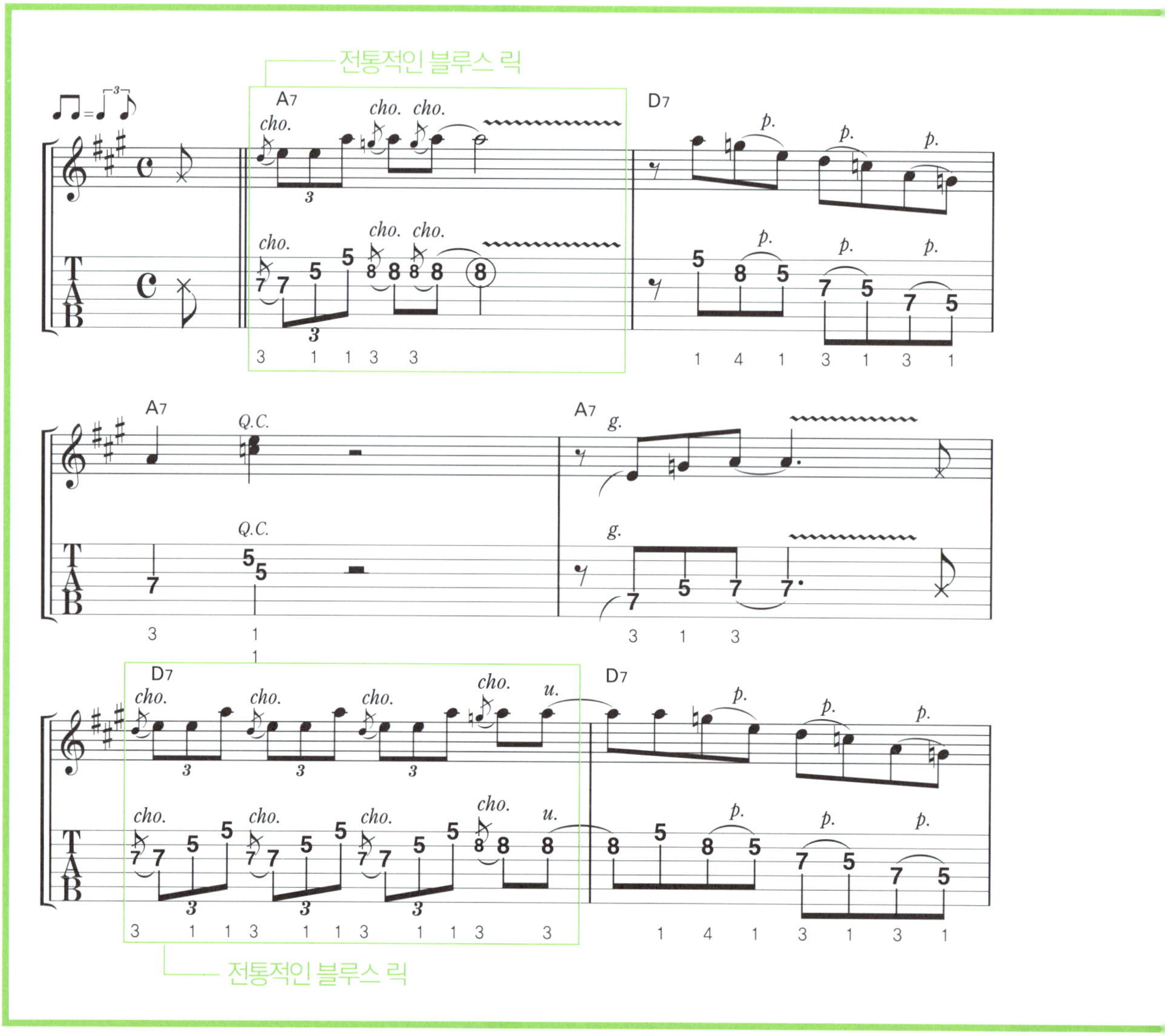

→ 블루스를 연주하면서 익히는 프로급 스케일 워크 4

히 1마디, 5마디를 주목합시다. 블루스곡을 꾸준히
듣고 카피해서 자주 사용하는 릭을 많이 외워 두기
바랍니다.

이 악보에서 익혀두면 좋은 다이어그램
A 마이너 펜타토닉 스케일

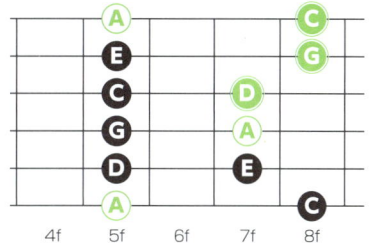

스케일 마스터의 기본 ⑤

마이너 펜타토닉 포지션으로 연주할 수 있습니까? ①

Key=**A**

이 스케일의 완성 포인트

포지션①의 멜로디 라인에 익숙해졌으면 다른 포지션으로도 연주해봅시다. 이번에는 ①다음으로 사용 빈도가 높은 포지션④에 도전합니다.

처음 새로운 포지션에서 연주할 때의 주요할 점은 토닉의 위치, 한음 초킹, 쿼터 초킹의 포인트 등을

확실하게 파악해 두는 것인데, 이것들을 미리 인식해두면 금방 익숙해질 것입니다. A Key에서 포지션④는 하이 포지션이 되므로 ①로 연주하다가 분위기가 고조되면 ④로 바꾸는 식으로 분위기 전환용도로 많이 사용합니다.

토닉 음인 A음

→ 블루스를 연주하면서 익히는 프로급 스케일 워크 5

이 악보에서 익혀두면 좋은 다이어그램

A 마이너 펜타토닉 스케일

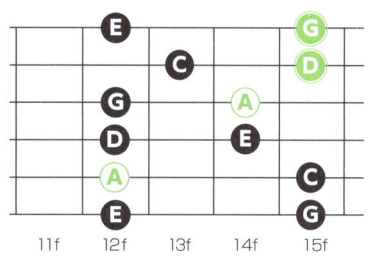

11f 12f 13f 14f 15f

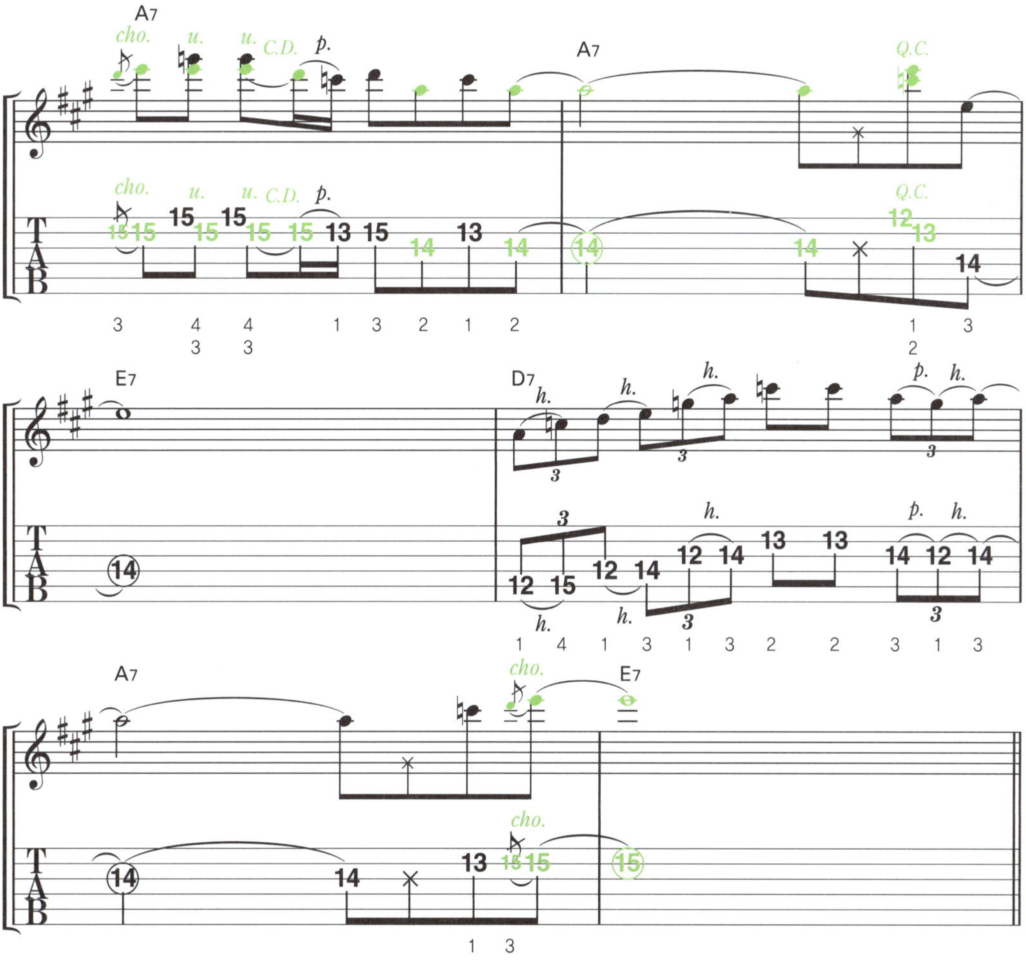

스케일 마스터의 기본 ⑥

마이너 펜타토닉 포지션으로 연주할 수 있습니까? ②

Key=**A**

이 스케일의 완성 포인트

포지션 ⑤를 사용한 프레이즈 예입니다. 포지션 ①, ④와는 일반적인 초킹으로 낼 수 있는 음이 달라서 앞의 악보와 같은 감각으로 연주하려고 하면 멜로디를 제대로 표현하기 힘들 것입니다. 처음에

는 1~3번 줄 만 연주하는 등 사용 범위를 제한해 보는 것도 좋습니다.

이 포지션의 좋은 점은 뭐니뭐니해도 한음 초킹을 필살기로 쓸 수 있다는 것입니다. 이번에는 1마디에서 바로 사용해 보았는데, 에릭 클랩튼도 라이브

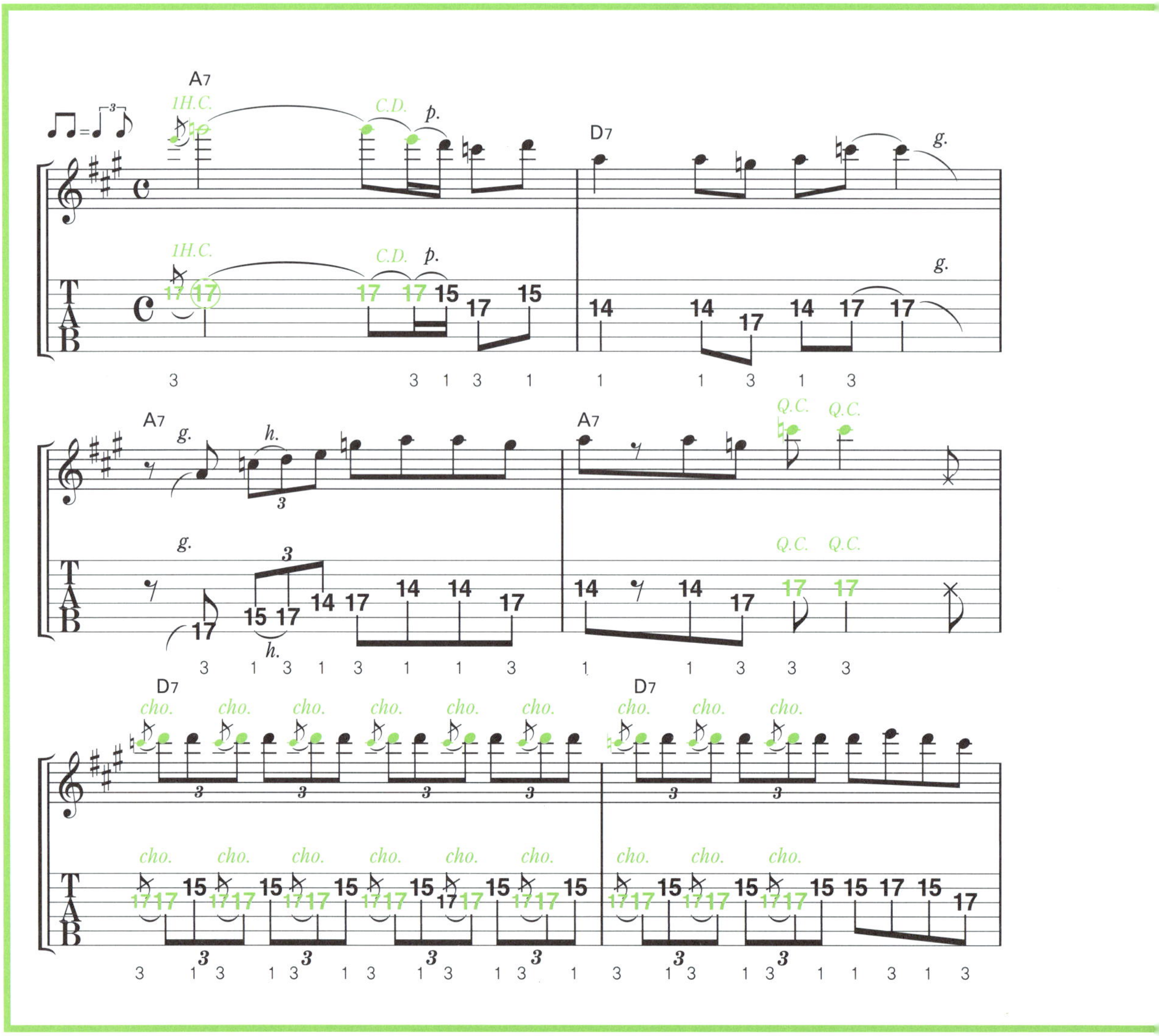

→ 블루스를 연주하면서 익히는 프로급 스케일 워크 6

때마다 수도 없이 사용할 정도로 효과적인 테크닉
입니다. 음정 컨트롤이 약간 어려운 초킹이지만 반
드시 익혀 두도록 합시다.

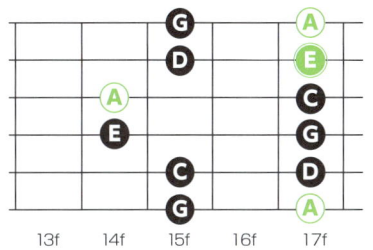

이 악보에서 익혀두면 좋은 다이어그램
A 마이너 펜타토닉 스케일

블루스 스케일

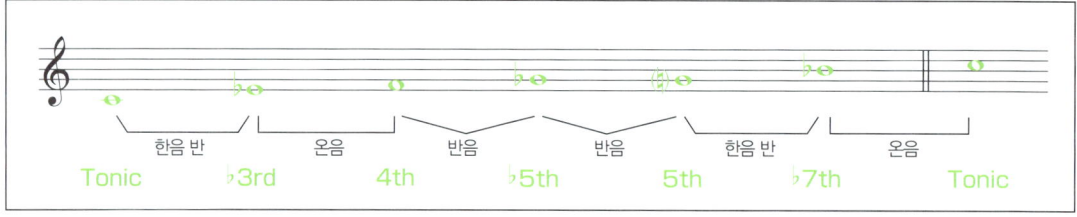

줄 1 개로 확인하는 블루스 스케일의 음정 간격

앞서 마이너 펜타토닉 스케일을 설명하면서 「노래에서 발전한 음계가 현재의 펜타토닉 스케일과 비슷한 형태다」라고 했는데, 이 「비슷한」이라는 말이 중요합니다. 사실 민족 음악의 종류에 따라 스케일의 음정이 조금씩 다르기 때문이죠. 특히 블루스에 사용하는 펜타토닉 스케일은 블루 노트라고 하는 특징적인 음 하나를 포함하고 있고, 일반적인 마이너 펜타토닉 스케일과 구분하기 위해 「블루스 멜로딕 스케일」 또는 간단히 「블루스 스케일」 등으로 부릅니다. 어두운 느낌의 「♭5」음이 블루 노트인데, 이를 추가할 때는 펜타토닉 스케일을 기본으로 연주하다가 쿼터 초킹 등을 적극적으로 활용합니다. 이름은 친숙하지 않지만 사운드는 꽤 대중적이어서 연주해보면 「아~ 이 소리!」하고 감탄하게 될 것입니다. 그럼 다이어그램을 확인해 보도록 하겠습니다.

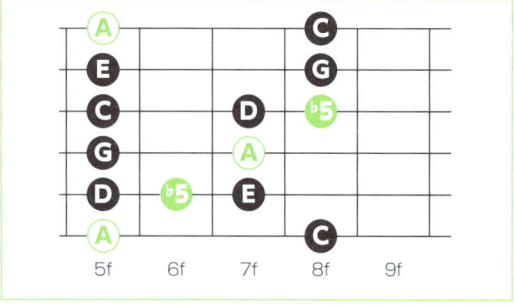

5f 6f 7f 8f 9f

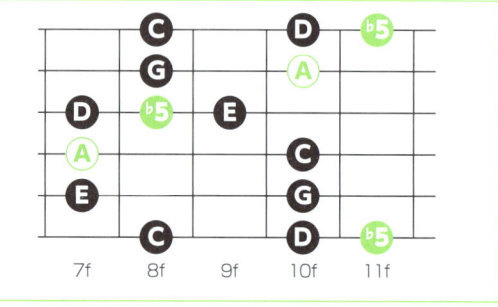

7f 8f 9f 10f 11f

포지션 ①

마이너 펜타토닉 스케일 포지션①에 「♭5」를 추가한 다이어그램. 5번 줄에서 검지 D, 중지 E♭(♭5), 약지 E음과 함께 크로매틱으로 사용할 수 있다는 점이 포인트입니다. 3번 줄 ♭5는 옆의 D음을 반음 초킹해서 소리 내면 더욱 블루지한 느낌으로 표현할 수 있습니다.

포지션 ②

포지션①의 오른쪽 옆에 있는 포지션입니다. 포지션②에서 특히 유용한 것은 1~2번 줄 또는 3~4번 줄 근처 포지션들인데, C음의 쿼터 초킹과 이어서 사용하면 블루스적인 느낌이 더 강해집니다.

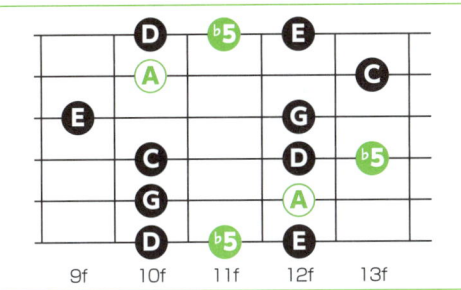

포지션 ③

전체적으로 조금 벌어져 있는 것처럼 보이지만 1~2번 줄과 4~6번 줄을 각각 세트로 취급하면 보기도 쉽고 사용하기도 편합니다. 특히 6번 줄 D음부터 4번 줄 D음까지의 옥타브는 사용하기 편한데요. 마치 「사각형」과 같은 형태로 보이지 않습니까? (똑같은 사각형 모양의 운지가 포지션①에도 존재) 이 같은 「형태」를 포지션 안에서 찾아내면 기억하기도 쉽고 응용해서 사용하기도 쉬워집니다.

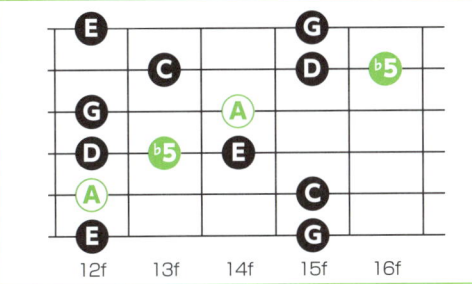

포지션 ④

마이너 펜타토닉 스케일 포지션④에 「♭5」를 추가한 다이어그램입니다. 줄은 바뀌지만 포지션①과 마찬가지로 4번 줄 검지 D, 중지 E♭(♭5), 약지 E음과 함께 크로매틱으로 사용할 수 있습니다. 2번 줄 ♭5는 D음을 반음 초킹으로 연주할 수 있습니다.

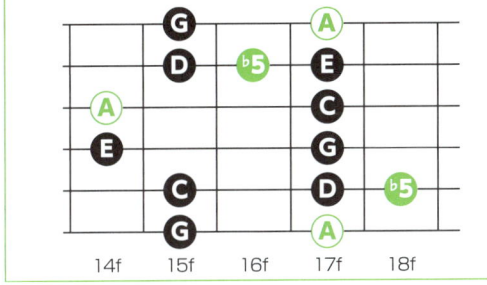

포지션 ⑤

1~2번 줄에서 작은 직사각형 모양의 운지 포지션을 발견할 수 있는데, 이것을 중심으로 3번 줄 C음의 쿼터 초킹을 섞어가며 발전시켜 봅시다. 5~6번 줄의 폼도 사용하기 쉬운 형태(포지션①의 3~4번 줄과 같음)로 되어 있습니다.

메이저 펜타토닉 스케일

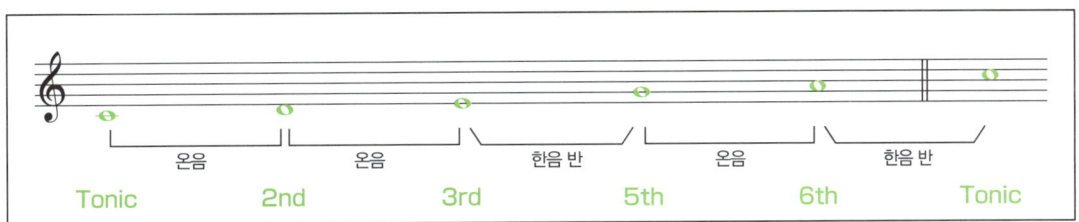

줄 1개로 확인하는 메이저 펜타토닉 스케일의 음정 간격

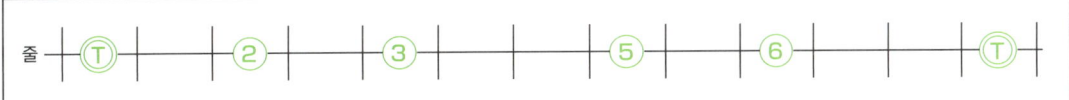

감동적인 블루스 기타 연주를 살펴보면 마이너 펜타토닉 스케일과 블루스 스케일을 사용한 경우가 많습니다. 그러나 에릭 클랩튼이나 비비 킹의 연주를 들어보면 마이너 느낌의 스케일만 연주한 것이 아닌 것을 깨닫게 됩니다. 「마이너 펜타토닉 치고는 밝다… 」싶을 때 그들은 메이저 펜타토닉 스케일을 사용했을 가능성이 높습니다. 메이저 펜타토닉은 5음계로 이루어져 있고 운지의 형태도 마이너 펜타토닉과 같습니다. 토닉의 위치만 다를 뿐이죠. 마이너 펜타토닉을 이미 마스터 했다면, 이 같은 특징만 파악해서 금방 메이저 펜타토닉을 사용할 수 있습니다. 다음 5개의 다이어그램을 잘 익혀 두세요.

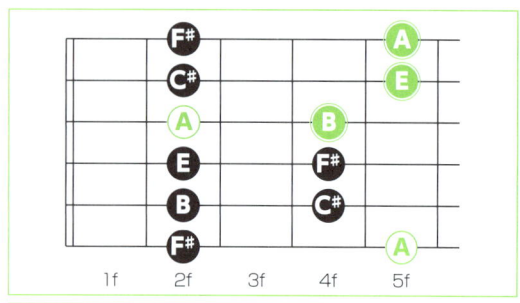

포지션 ①

가장 치기 편한 대중적인 포지션입니다. 3번 줄의 검지 위치에 토닉 음이 오기 때문에 처음에는 그 토닉 음을 중심으로 프레이즈를 연주하고 프레이즈를 연결하는 음도 토닉을 중심으로 사용하면 좋습니다. 마이너 펜타토닉을 연주하던 손버릇으로 3번 줄의 토닉 음을 쿼터 초킹하거나 4번 줄 F#음으로 프레이즈를 이어가면 음악적인 센스가 부족한 기타 연주로 들리고 메이저 펜타토닉적인 느낌이 없어지므로 주의합니다.

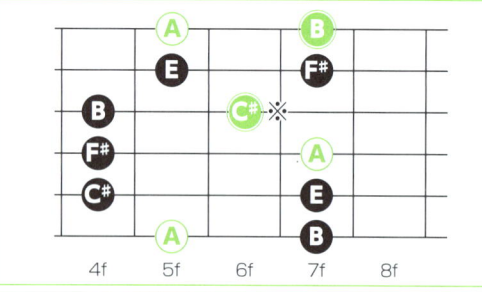

포지션 ②

6번 줄 루트의 A하이 코드(검지로 5프렛 바레, 약지는 5번 줄 7프렛, 새끼손가락은 4번 줄 7프렛, 중지는 3번 줄 6프렛)와 겹치는 곳에 있는 포지션입니다. 코드와 연관 짓기 편한 포지션이므로 코드 폼과 비교하면서 익혀둡시다.

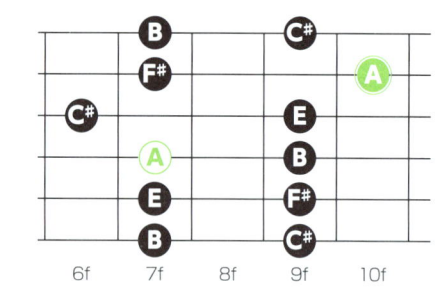

포지션 ③

3~1번 줄은 운지가 벌어져 있어서 불편할 수 있으므로 무리해서 사용할 필요는 없고 억지로 기억해둘 필요도 없습니다. 스케일 교본에서 이런 말을 하는 것이 어떨까 싶지만 「전부」를 기억할 필요는 없습니다. 좋아하는 부분, 사용했을 때 효과적일 것 같은 부분만 골라서 기억해 두어도 좋습니다. 물론 평소와 다른 사운드를 시도해 보고 싶을 때 인위적으로 응용해 보는 방법도 사용할 수 있습니다. 4~6번 줄은 사용하기 쉬우므로 이 부분만 익혀두는 것도 현명한 방법입니다.

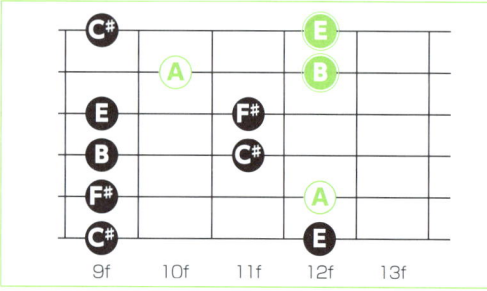

포지션 ④

이것도 치기 쉽고 프레이징 하기 쉬운 포지션이므로 반드시 마스터해 두도록 합시다. 특히 초킹을 사용한 긴장감 높은 프레이즈를 만들기 쉬우므로 3~1번 줄 중심으로 손가락에 익혀 둘 것을 추천합니다.

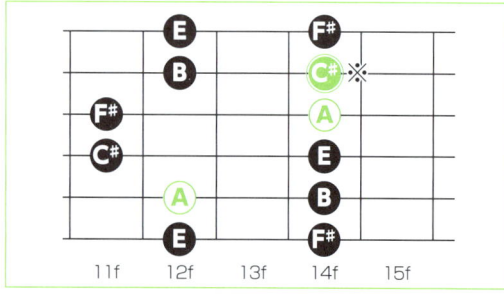

포지션 ⑤

어느 정도 규칙적으로 배열된 포지션이어서 메카니컬한 프레이즈 패턴에는 최적일 수 있지만, 초킹하기 쉬운 부분이 한정되어 있으므로 멜로디적인 연주에는 적합하지 않은 포지션이라고도 할 수 있습니다.

● = 주로 사용되는 초킹 포인트　　※ = 한음 반 초킹

대가의 스케일 명 연주를 들을 수 있는 앨범

저자 추천
Al Di Meola 알 디 메올라
『Consequence of Chaos』

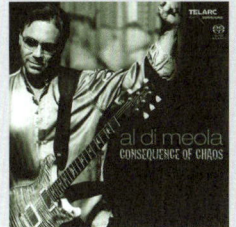

풀 피킹에 의한 스케일 속주 하면 알 디 메올라를 꼽을 수 있습니다. 특히 마이너 느낌이 강한 하모닉 마이너 계열의 아름다운 프레이즈가 특징입니다. 이 앨범에는 일렉 기타에 의한 도약 연주가 자주 등장하는데 이와 같은 톤도 참고해 보시기 바랍니다.

프레이징의 진수
Allen Hinds 앨런 하인즈
『Beyond it All』

기본적으로 블루지한 연주를 하는 기타리스트로 피킹의 뉘앙스가 매우 풍부하고 표현력 넘치는 멋진 프레이즈를 들려줍니다. 수록곡 중 『Bad Baby』는 도리안 스케일 사용법의 좋은 참고가 될 것입니다.

명반
B.B.King 비비 킹
『Greatest Hits』

블루스의 왕 하면 바로 이 사람 비비 킹을 꼽을 수 있습니다. 심플한 프레이즈임에도 불구하고 블루스의 진수를 보여주는 설득력 있는 연주는 그의 앞에 감히 나설 자가 없게 합니다. 블루스 스케일 사용의 좋은 예가 가득 담겨 있습니다.

저자 추천
Eric Johnson 에릭 존슨
『Alien Love Child : Live and Beyond』

정교한 펜타토닉 스케일 사용의 고수 에릭 존슨. 직선적인 프레이즈에 의한 블루스 특유의 짙은 색채를 걷어낸 세련된 솔로가 특징적입니다. 라이브 특유의 연주가 전개되는데 그의 진면모를 접할 수 있는 걸작입니다.

테크니컬
Allan Holdsworth 앨런 홀드워스
『All Night Wrong』

종횡무진으로 움직이는 스케일 레가토 하면 앨런 홀드워스가 가장 먼저 떠오릅니다. 넓은 범위에 걸친 핑거링을 사용한 음정 간격이 넓은 와일드한 프레이즈가 특징적입니다. 화려한 코드 워크에도 주목!

테크니컬
Andy Timmons 앤디 티먼스
『That Was Then, This Is Now』

압도적인 연주 기술과 작곡 능력으로 이상적인 기타 연주를 창조하는 앤디 티먼스. 수록곡 중 『Beautiful, Strange』에서는 토닉 코드 위에서 하모닉 마이너 퍼펙트 5th 빌로우를 이용해서 이국적인 사운드를 연출합니다.

프레이징의 진수
Brian Culbertson 브라이언 컬버트슨
『LIve From The Inside』

스무스 재즈 신에서 활약하는 피아니스트 브라이언 컬버트슨. 심플한 멜로디가 강조된 매우 팝적인 곡이 많은데 그 발군의 그루브 감과 멜로디컬한 연주는 진부함과는 전혀 인연이 없습니다. 이 앨범은 스튜디오 라이브로 녹음된 앨범입니다.

저자 추천
Gentle Guitar Ⅴ 젠틀 기타 브이
『Gentle Guitar Ⅴ』

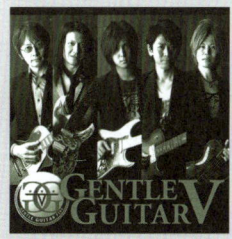

자화자찬을 하는 것 같아서 쑥스럽지만 제가 멤버로 소속되어 있는 기타 5인조 밴드의 연주 앨범입니다. 미야와키 토시로, 고바야시 신이치, 노무라 다이스케, 코모구치 유야 등 호화로운 멤버들의 화려한 스케일 어프로치는 함께 연주하면서 개인적으로 많은 공부가 되었습니다!

QR Track 07

스케일 마스터의 기본 ⑦

블루 노트(♭5)를 사용할 수 있습니까?

Key=A

이 스케일의 완성 포인트

이번에는 블루 노트인 $^{\flat}5$를 대범하게 사용한 프레이즈 예를 소개합니다. 1마디, 4마디, 7마디, 9~10마디에 등장하는 E$^{\flat}$이 이에 해당되는데, 매우 블루지하고 어두운 울림을 가지고 있다는 것을 알 수 있습니다.

포인트로 사용하면 프레이즈를 자극적으로 만드는 양념 역할을 하므로 각 포지션에서의 위치를 파악해 두도록 합시다.

프레이즈를 큰 덩어리로 인식하면 언제 사용해도 상관없는 음이지만 현대적인 해석으로 사용할 때는 이 E$^{\flat}$음이 D7, E7일 때 각각 $^{\flat}$9th, M7th음이

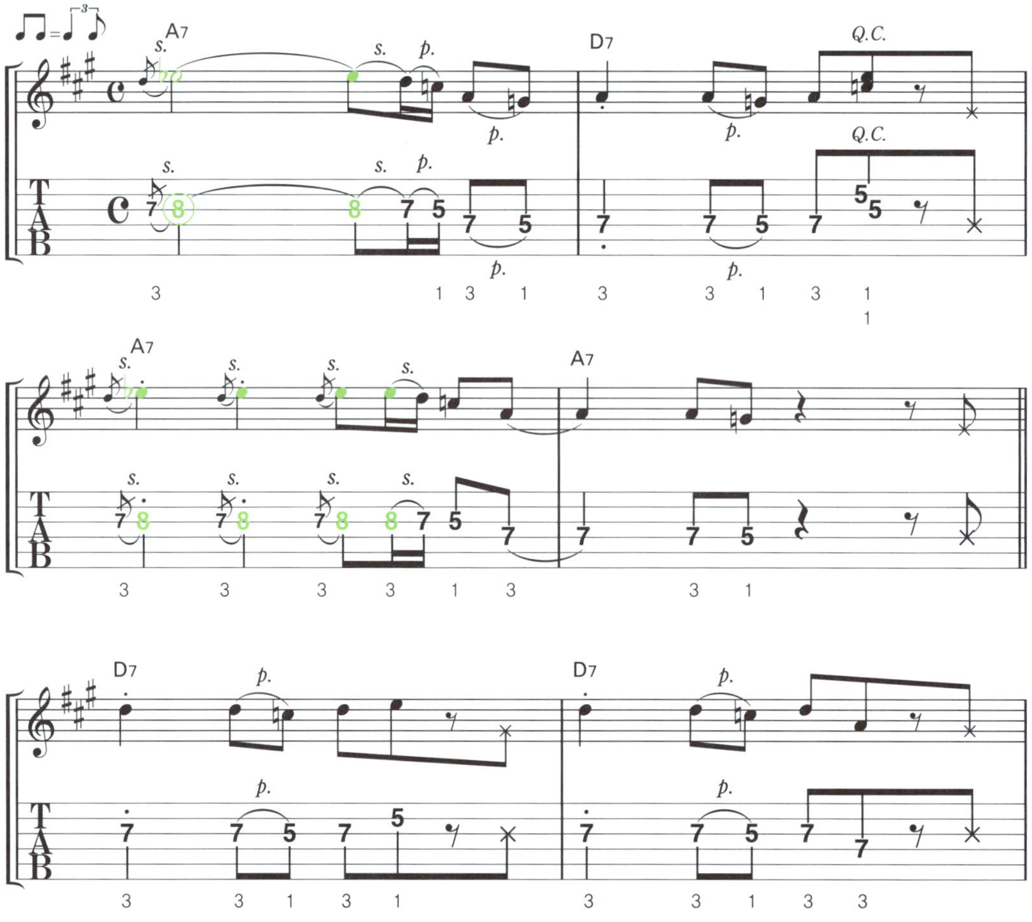

→ 블루스를 연주하면서 익히는 프로급 스케일 워크 7

되기 때문에 지나치게 두드러질 우려가 있습니다. 그래서 악보에서는 흐름 중에 자연스럽게 섞어서 사용하거나 초킹을 이용해서 신중하게 사용합니다. 처음에는 자유롭게 사용하다가 익숙해진 후에 주의해서 사용해보는 것도 좋은 방법입니다.

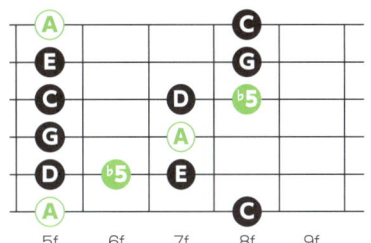

이 악보에서 익혀두면 좋은 다이어그램
A 블루스 스케일

QR Track **08**

스케일 마스터의 기본 ⑧

메이저 펜타토닉 포지션으로 연주할 수 있습니까? ①

Key=**A**

이 스케일의 완성 포인트

메이저 펜타토닉 스케일 중에서 가장 사용 빈도가 높다고 생각되는 포지션①을 사용한 프레이즈입니다. 모양 자체는 마이너 펜타토닉 스케일의 포지션①과 같아서 쉽다고 할 수도 있겠지만, 토닉을 비롯한 모든 음의 역할과 위치가 달라집니다. 따라서 마이너 펜타토닉 스케일을 치던 손버릇으로 치면 의도하지 않았던 사운드가 되어버리기 때문에 주의할 필요가 있습니다. 예를 들어 토닉은 마이너에서는 약지(4번 줄)에 배치되어 있었는데 메이저에서는 검지(3번 줄)입니다. 최대한 검지 쪽(2프렛)으로 음을 모으는 것 같이 연주하면 전체적으로 잘 정돈될 것입니다.

→ 블루스를 연주하면서 익히는 프로급 스케일 워크 8

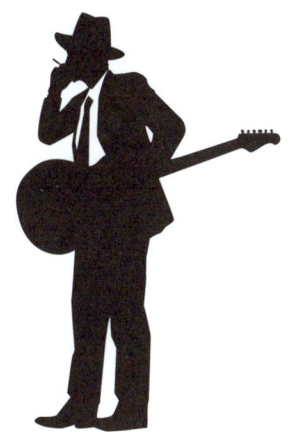

이 악보에서 익혀두면 좋은 다이어그램

A 메이저 펜타토닉 스케일

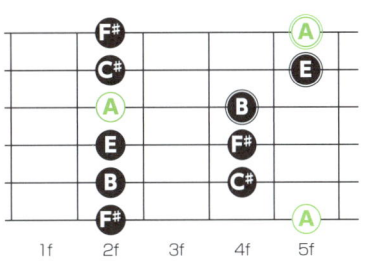

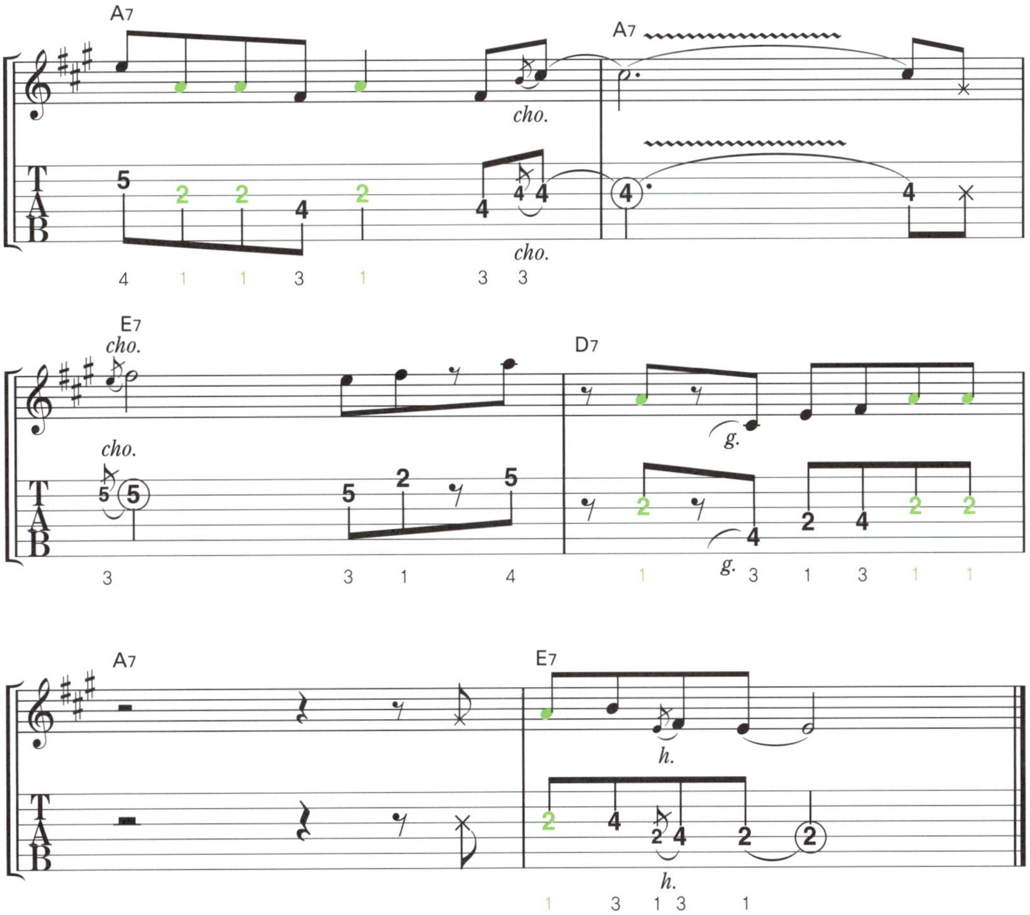

QR Track 09

스케일 마스터의 기본 ⑨

메이저 펜타토닉 포지션으로 연주할 수 있습니까? ②

Key=A

이 스케일의 완성 포인트

메이저 펜타토닉 스케일의 포지션④를 사용한 프레이즈입니다. 마이너 펜타토닉 스케일과는 다른 밝은 사운드가 매력적인데 사운드에 맞게 밝은 느낌으로 연주하면 생동감 넘치는 연주가 될 것입니다. 이 느낌을 표현하는 중요한 요소는 피킹인데, 여기서는 비비 킹도 자주 사용하는 「초핑」이라고 불리는 테크닉을 사용합니다. 초핑은 줄을 잡을 때 불필요한 줄을 뮤트한 후 줄을 피킹해서 브러싱 노트와 함께 원하는 음을 연주하는 테크닉인데 특히

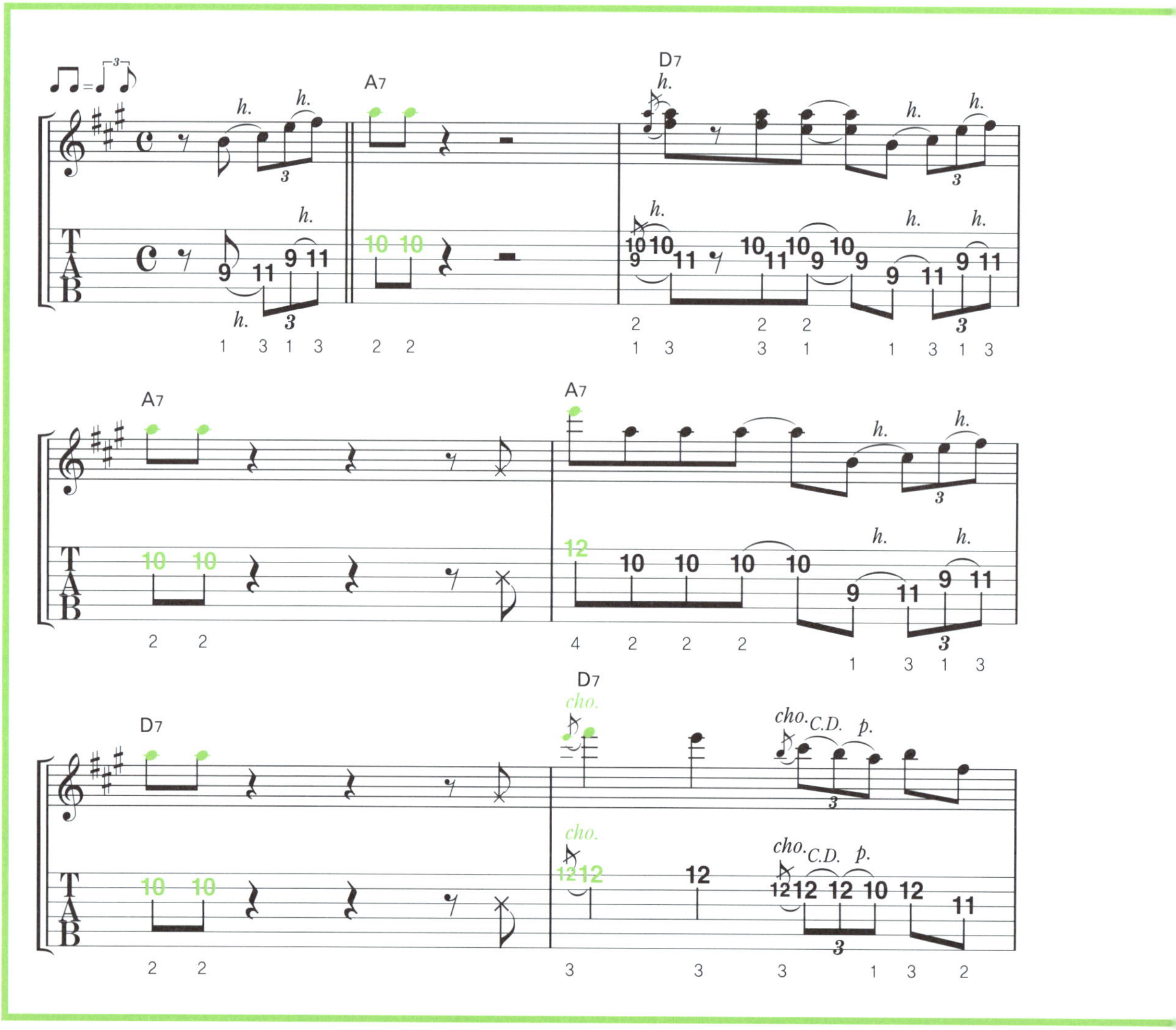

→ 블루스를 연주하면서 익히는 프로급 스케일 워크 9

고음역의 얇은 줄만으로는 강한 느낌을 표현하기
힘들 때 사용하는 경우가 많습니다. 이 패턴에서는
1, 3, 5, 7마디의 도입부와 6마디 도입부의 초킹 등
여러 곳에서 사용하고 있습니다.

이 악보에서 익혀두면 좋은 다이어그램
A 메이저 펜타토닉 스케일

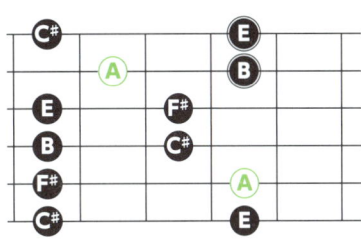

슬라이드를 사용해서 펜타토닉 포지션 확장하기

지금까지는 펜타토닉 스케일을 지판 위의 5부분으로 나누어서 생각하는 「5포지션」이라는 개념으로 살펴보았습니다. 이것은 지판 상의 스케일 음을 골고루 파악한다는 의미로는 가장 좋은 방법이지만, 익숙해지기 전까지는 각 포지션 간의 이동이 부자연스럽다는 단점이 있습니다. 포지션 간의 이동에 애를 먹게 되면 부드럽고 자연스러운 「멜로디」를 표현하기 어려워지는데 편안한 운지가 가능하면

서도 넓은 범위를 커버할 수 있는 「확장 포지션」을 습득하면 이런 문제가 단번에 해결됩니다. 유명 기타리스트들도 앞다투어 애용하고 있는 확장 포지션은 각 포지션을 검지와 약지만으로 연주하는 것이 가능해서 연주하기도 매우 편합니다. 이것을 축으로 해서 각각의 포지션에 접근하는 방식으로 프레이즈를 만들면 지판 위를 더 쉽고 자유롭게 오갈 수 있게 될 것입니다.

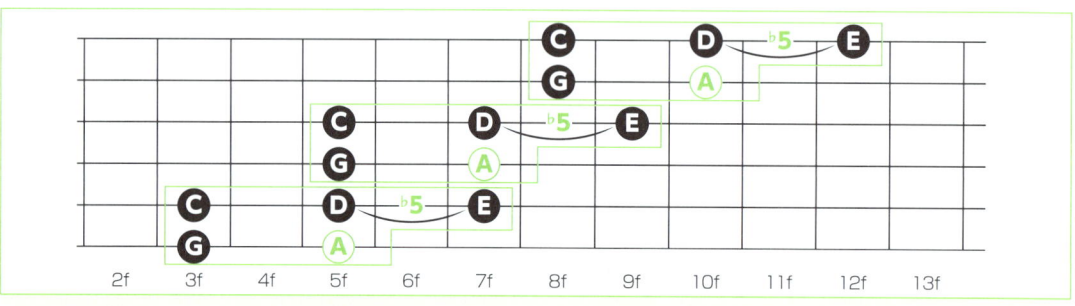

포지션 ①

가장 보편적으로 사용되는 확장 마이너 펜타토닉(블루스 스케일)의 운지입니다. 잘 보면 국자 모양의 운지 포지션 3개가 연결된 것 같이 보이지 않습니까? 범위가 넓은 포지션이라도 이와 같은 특징을 일찍 발견하면 익히기가 매우 쉬워집니다. 포지션을 바꿀 때는 슬러 기호가 표기된 부분(D~E음)에서 손가락을 슬라이드하여 왼손 위치를 바꿉니다. 이것은 D~E음 사이에 특징적인 블루 노트(E♭)가 있기 때문인데 이 슬라이드는 반드시 약지로 하도록 합니다.

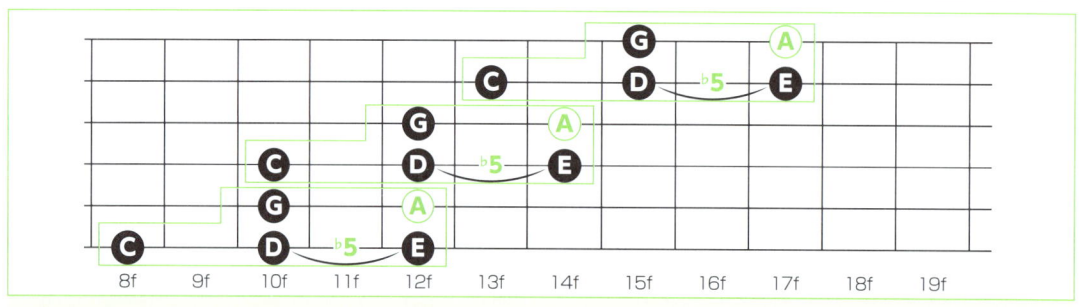

포지션 ②

5번 줄에 루트가 있는 확장 마이너 펜타토닉 스케일입니다. ①과 마찬가지로 검지와 약지만으로 잡고 슬라이드 이동은 반드시 약지로 합니다. 이 포지션을 사용할 때 2번 줄 E음을 1음 초킹해 버리는 분들을 자주 보게 되는데 초킹 후의 음이 F#(펜타토닉 외의

음: A음에서 보았을 때 6도)이 되어서 곡의 진행과 맞지 않는 경우가 생깁니다. 펜타토닉 음을 사용하고 싶다면 과감하게 한음 반 초킹해서 G음까지 올려 봅시다. 왠건 자동차형 포지션이 연결된 것처럼 보이는 이 포지션은 에릭 클랩튼 등도 애용하던 초킹입니다.

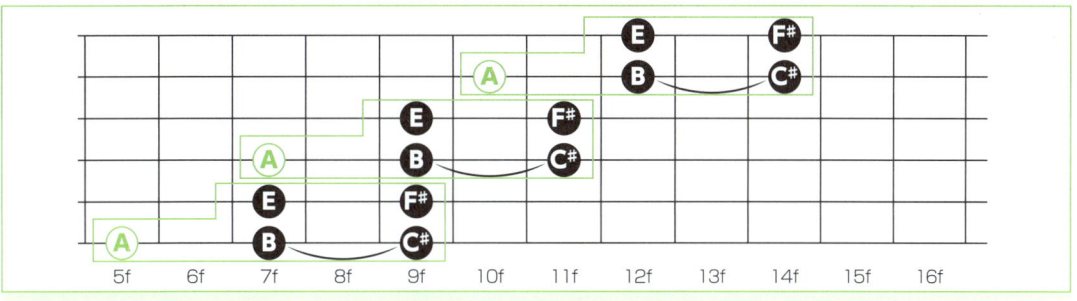

포지션 ③

메이저 펜타토닉의 확장 포지션입니다. 최저 음이 토닉 음이라서 포지션을 금방 파악할 수 있을 것입니다. 6번 줄 루트의 A 하이 코드(검지로 5 프렛 바레, 약지로 5번 줄 7프렛, 새끼손가락으로 4번

줄 7프렛, 중지로 3번 줄 6프렛)를 연주한 후에 검지 위치에서 스케일 연주를 시작하면 좋습니다. 단 항상 최저 음부터 시작할 수밖에 없게 되면 곤란하므로 어느 음에서부터라도 시작할 수 있도록 연습해 두는 것이 좋습니다. 이 포지션 역시 왜건 모양입니다.

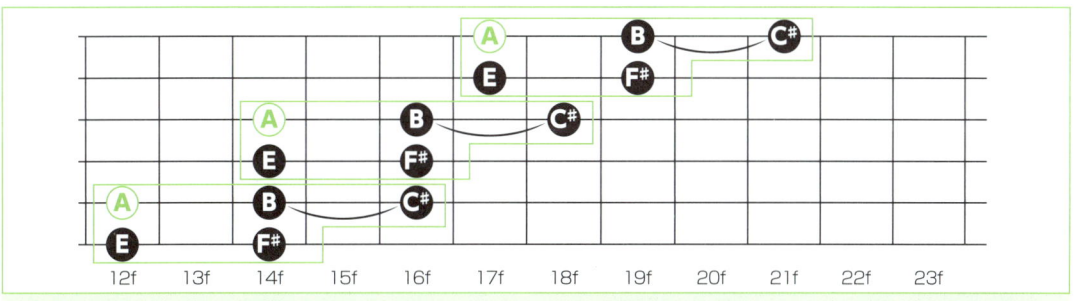

포지션 ④

이것 역시 사용하기 편한 메이저 펜타토닉의 확장 포지션입니다. 이번에도 국자 모양의 포지션에 주목하면 전체를 금방 파악할 수 있을 것입니다. 우선 가운데(3~4번 줄)의 국자 모양 포지션을 확실하게 연주할 수 있도록 연습합니다. 다양한 프레이즈를 연주해

보고 초킹(3번 줄 B음)이나 해머링 온, 풀링 오프 등을 사용하며, 어느 정도 느낌을 파악했으면 상하 각각의 국자 모양 포지션으로 프레이즈를 이동합니다. 이렇게 차근차근 접근하면 광범위한 포지션에서도 당황하는 일 없이 침착하게 「그럴듯한」 멜로디를 연주할 수 있습니다.

각각의 펜타토닉 스케일을 섞어 보기

보통 블루스에서는 마이너 펜타토닉 스케일(블루스 스케일), 메이저 펜타토닉 스케일을 사용해서 연주합니다. 지금까지 설명한 것처럼 단순하게 둘 중 하나의 스케일로 연주하는 것도 가능하지만, 마이너, 메이저 두 펜타토닉 스케일을 섞어서 사용하는 방법도 블루스 기타 연주에서 자주 사용하는 일반적인 방법이고 많은 기타리스트가 애용하고 있습니다.

예를 들어 크림의 「Crossroads」에서의 에릭 클랩튼 솔로는 모두가 한 번은 꼭 카피하는 솔로입니다. 1코러스 초반에 메이저 펜타토닉 스케일로 연주하다가 4~5마디 정도에서 마이너 펜타토닉

스케일로 바뀌고, 2코러스 마지막 부분에서 다시 메이저 펜타토닉 스케일로 돌아오는 구성이죠.

이와 같은 어프로치라면 바로 포지션의 평행 이동(메이저 펜타토닉을 프렛 3개만큼 올리면 마이너 펜타토닉이 된다)으로 대응할 수 있겠지만, 최근에는 솔로 중에도 더욱 빈번하게 마이너와 메이저를 오가는 기타리스트들이 늘어나고 있습니다. 예를 들어 로벤 포드, 래리 칼튼, 앨런 하인즈 등의 연주는 화려한 솔로가 특히 인상적인데 단순한 평행 이동만으로는 그들과 같은 연주가 불가능합니다. 그래서 추천하는 것이 「각 스케일 포지션에서 다른 스케일 음을 파악」해두는 방법입니다. 즉 하나

의 마이너 펜타토닉 포지션에 겹쳐서 존재하는 메이저 펜타토닉 음, 반대로 하나의 메이저 펜타토닉 포지션에 겹쳐서 존재하는 마이너 펜타토닉 음 모두를 함께 익혀두는 것인데 이것들을 파악해두면 두 스케일을 자연스럽게 오갈 수 있을 것입니다.

더 쉽게 마이너적인 느낌과 메이저적인 느낌을 공존시키는 방법이 하나 더 있는데 복잡한 이론을 따지지 않고 두 스케일을 섞어서 새로운 스케일을 만들어 버리는 방법입니다. 예를 들어 마이너 펜타토닉의 ♭7을 메이저 펜타토닉에 공존하는 ♮6로 바꾸면 두 스케일 모두의 느낌이 드는 스케일이 완성됩니다. 딱히 스케일 명은 없지만, 이것만으로도 로벤 포드나 앨런 하인즈 같은 사운드를 만들 수 있습니다. 다른 스케일과 조합해도 다양하고 재미있는 사운드를 얻을 수 있으므로 꼭 시도해보기 바랍니다.

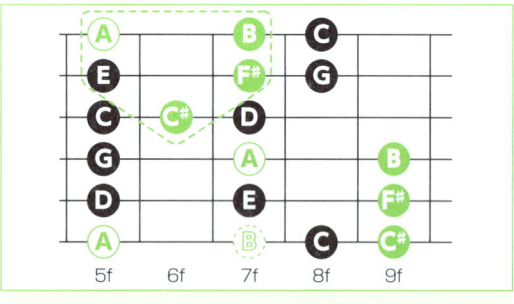

포지션 ①

A 마이너 펜타토닉 포지션①에 메이저 펜타토닉 음을 더한 것인데 특히 1~3번 줄에 있는 야구 홈 베이스 모양의 운지는 A7 코드에서 잘 어울립니다(2번 줄 F#을 반음 초킹으로 G음으로 어프로치 해도 좋은 느낌). 주의할 점은 D7코드일 때의 C#음인데 코드 톤에 대해 반음 위의 음을 치게 되므로 피하도록 합니다.

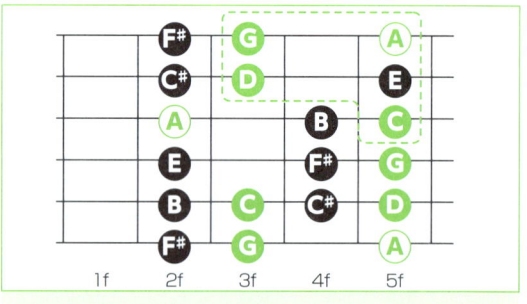

포지션 ②

A 메이저 펜타토닉 포지션①에 마이너 펜타토닉 음을 더한 것인데 특히 1~3번 줄에 깃발 모양의 운지는 마이너적인 느낌을 쉽게 만들 수 있어서 매우 편리합니다. 3번 줄 B음을 반음 초킹으로 C음으로 올려서 치는 방법은 D7코드일 때 유리합니다. A7일 때는 온음 초킹으로 C#음, D7일 때는 C음으로 구분해서 사용할 수도…

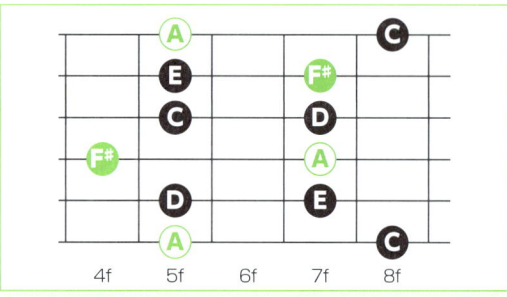

포지션 ③

A 마이너 펜타토닉 포지션①의 ♭7th을 ♮6th로 바꾼 스케일로, 이것만으로도 세련된 분위기를 만들 수 있다는 것에 감탄하게 됩니다. F#(♮6)음을 적극적으로 사용하도록 합시다.

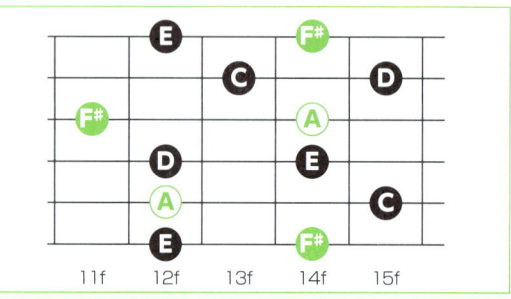

포지션 ③

A 마이너 펜타토닉 스케일의 포지션④의 ♭7th을 ♮6th로 바꾼 스케일입니다. 포지션이 조금 벌어져 있어서 연주하기 힘들게 느껴질 수도 있지만, 함께 익혀두면 연주의 폭이 더욱 넓어질 것입니다.

대가의 스케일 명 연주를 들을 수 있는 앨범

Grant Green 그랜트 그린
『Am I Blue』

재즈 기타리스트이자 블루지한 프레이징이 돋보이는 기타리스트 그랜트 그린. 본 앨범에서도 재즈 프레이즈와 블루스 프레이즈의 조화가 절묘합니다! 반드시 참고하시기 바랍니다.

Jeff Beck 제프 벡
『Wired』

세계 3대 기타리스트 중 한 명인 제프 벡의 명작입니다. 다양한 스타일을 접할 수 있는 기타 연주곡 앨범으로 기타리스트라면 반드시 들어야 하는 앨범! 특히 「Led Boots」는 세션 연주 시에도 자주 등장하는 명곡으로 믹소리디안의 풍부한 울림이 특징적인 곡입니다.

Jimmy Thackery 지미 테커리
『Guitar』

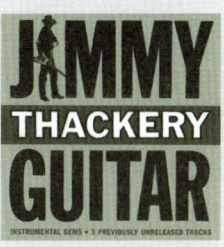

쉽게 구하기 힘든 블루스 인스트루멘탈 앨범. 얼마 전에 iTunes에서 블루스 연주곡을 찾다가 우연히 발견한 앨범. 모든 곡에 걸쳐서 절대 놓칠 수 없는 블루스 릭들이 등장합니다. 분명한 사운드도 아메리칸 스타일 그 자체입니다.

Larry Carlton 래리 칼튼
『Larry Carlton』

그의 명 연주를 꼽으라면 가장 먼저 이 앨범에 수록되어 있는 「Room 335」를 떠올릴 것입니다. 메이저 펜타토닉을 중심으로 멜로디 라인을 만들다가 코러스 부분에서는 다양한 스케일을 구사하며 코드 진행을 이끌어가는 기타리스트들이 동경하는 연주입니다.

Joe Satriani 조 새트리아니
『Engines of Creation』

모드의 달인으로 유명한 그의 작품은 모드 사용법에 있어서 좋은 참고가 될 것입니다. 본 앨범에 수록된 「Devil's Slide」는 프리지안을 사용한 곡인데 신디사이저와 프로그래밍을 많이 사용한 사운드로 독특한 세계관을 표현하고 있습니다.

植松伸夫 우에마츠 노부오
『Final Fantasy. Ⅵ』

다양한 모드곡을 들을 수 있는, 사운드 트랙 중에서도 본 앨범은 확고한 멜로디가 있고 곡 자체가 좋기 때문에 적극 추천합니다. 특히 전투 씬에 사용된 곡에서의 에올리안과 프리지안을 융합한 독특한 선율은 꼭 들어보시기 바랍니다. 이 외에도 참고할 부분이 가득합니다.

Miles Davis 마일즈 데이비스
『Kind of Blue』

현대의 모드 재즈는 트럼펫 주자 마일즈 데이비스의 본 앨범에 의해 완성되었다고 전해지고 있습니다. 특히 「So What」은 도리안 스케일을 사용한 명곡! 잼 세션에서도 자주 연주되는 곡이므로 반드시 익혀 두도록 합시다.

Robben Ford 로벤 포드
『Tigar Walk』

기타 연주곡 앨범. 재즈 퓨전 기타리스트라는 이미지가 강할 수도 있는데 최근에는 블루스로 회귀해서 펜타토닉 스케일을 사용한 프레이징을 구사합니다. 본 앨범에서는 펜타토닉적인 느낌이 전혀 들지 않는 화려한 멜로디 전개와 작곡 센스가 돋보입니다!

마이너 펜타토닉 스케일의 확장 포지션으로 연주할 수 있습니까? ①

Key=**A**

이 스케일의 완성 포인트

확장된 마이너 펜타토닉 스케일을 사용한 프레이즈입니다. 이 확장 포지션은 같은 형태가 3옥타브에 걸쳐 연속되어 있어서 같은 운지를 사용하면서 옥타브로 상행하는 것이 가능합니다. 포지션은 다르지만 1~2마디와 3~4마디는 거의 같은 프레이즈와 운지로 옥타브 상행합니다. 또 5~6마디에서는 2박 패턴의 프레이즈를 1옥타브씩 하행하면서 3회에 걸쳐 연주합니다.

이처럼 같은 형태의 프레이즈를 반복하는 것은 프레이즈를 인상적으로 만들기 위한 중요한 테크닉 중의 하나이므로 잘 익혀 두도록 합시다.

거의 같은
프레이즈 운지

2박 패턴의 프레이즈를 1옥타브씩 하행

→ 블루스를 연주하면서 익히는 프로급 스케일 워크 10

이 악보에서 익혀두면 좋은 다이어그램

A 마이너 펜타토닉 스케일 확장

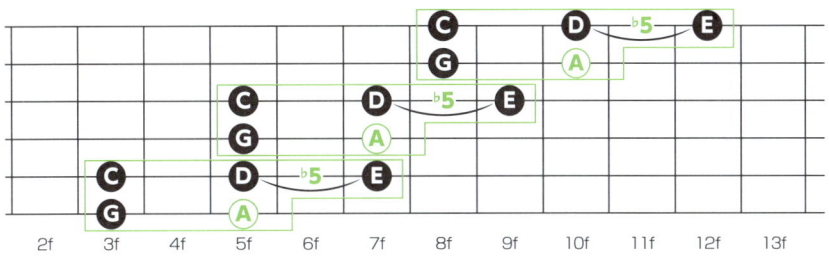

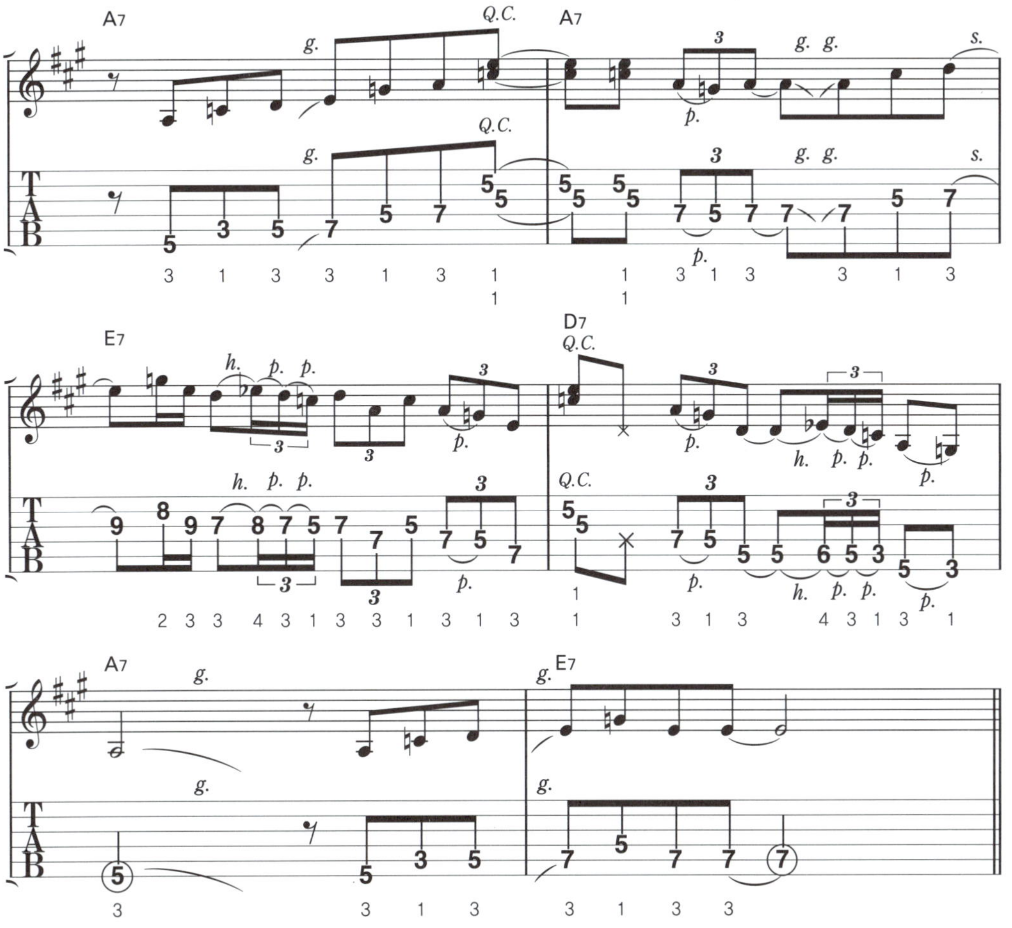

스케일 마스터의 기본 ⑪

마이너 펜타토닉 스케일의 확장 포지션으로 연주할 수 있습니까? ②

Key=**A**

이 스케일의 완성 포인트

확장 메이저 펜타토닉을 사용한 프레이즈입니다. 이것 역시 마이너 펜타토닉 스케일과 같은 폼이기는 하지만 토닉의 위치 등 각각의 음의 역할과 배치가 바뀌었으므로 주의가 필요합니다. 블루스는 12마디로 되어 있는데 크게 나누어서 4마디를 한 패턴으로 생각하면 전체적인 멜로디를 이해하기 쉽습니다. 여기서는 처음 4마디는 낮은 포지션으로 거의 비슷한 프레이즈를 2번 반복해서 밝은 분위기를 표현했습니다. 그다음 포지션을 조금 올려서 더블 스톱 등으로 D7느낌을 강조합니다. 마지막 4마디는 하이 포지션에서 같은 형태의 프레이즈를 이용

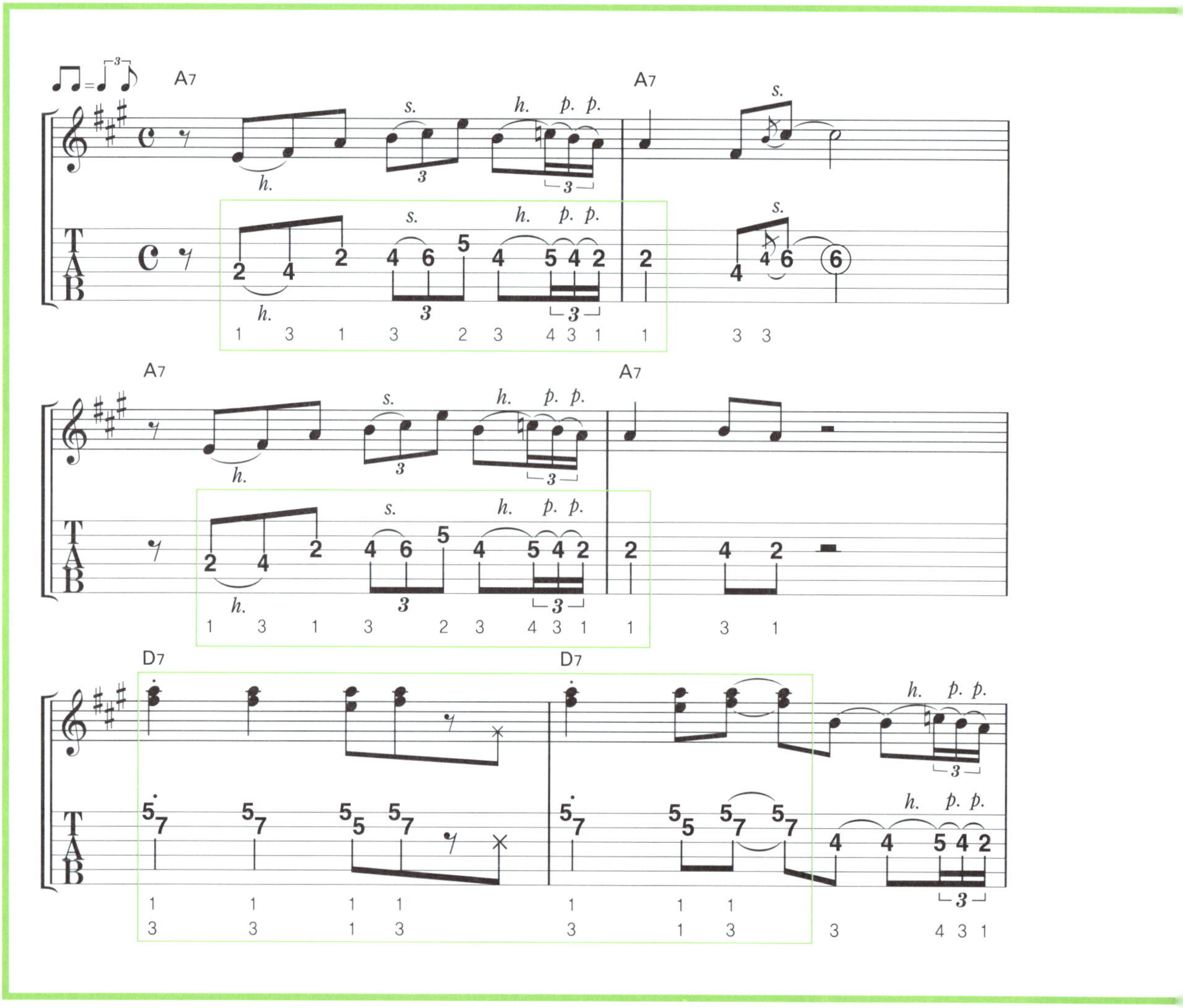

38

하여 최저 음인 E까지 내려갑니다. 매번 이처럼 테마를 정한 다음 프레이즈의 발전을 구상하는 습관을 들여놓으면 「정리가 안 된 기타 솔로」가 되는 것을 방지할 수 있습니다.

이 악보에서 익혀두면 좋은 다이어그램
A 메이저 펜타토닉 스케일 확장

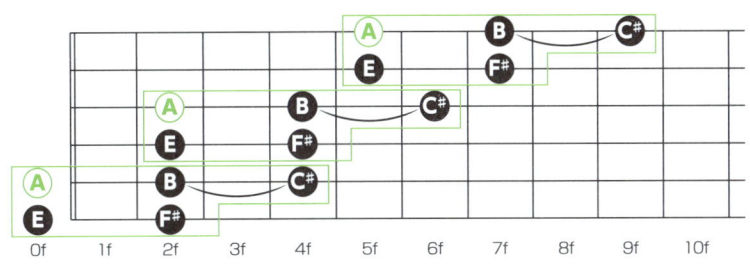

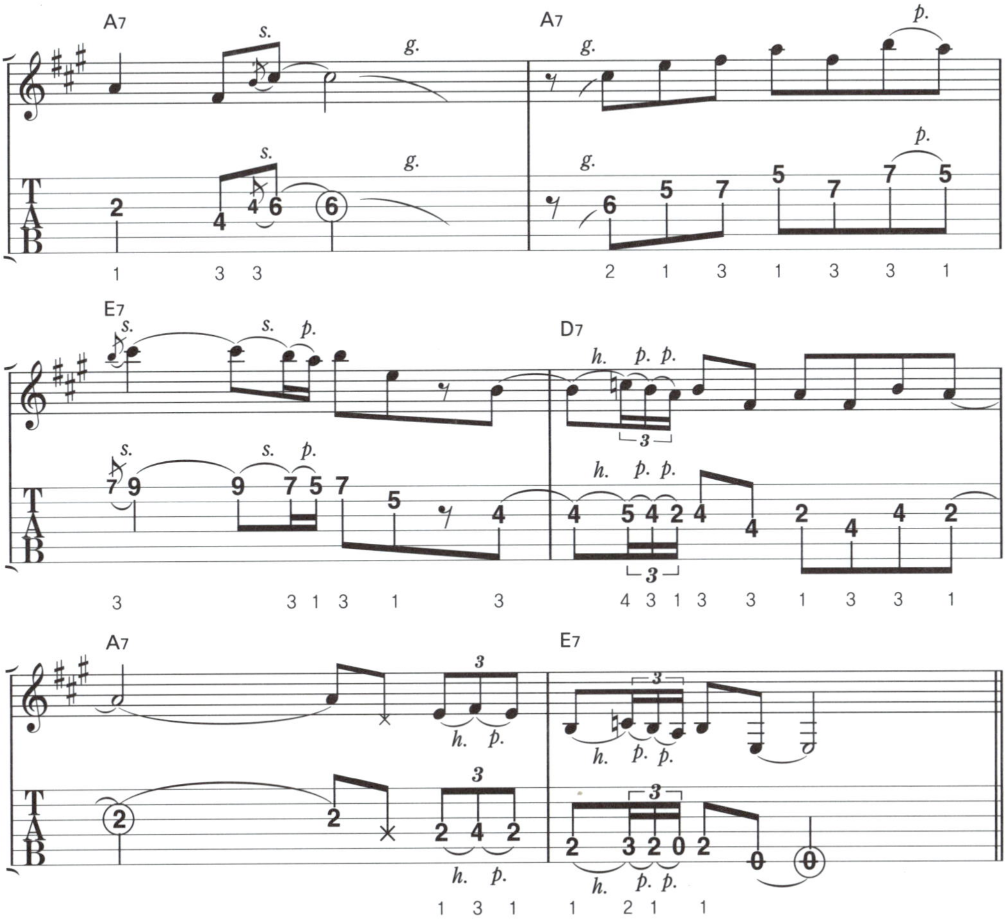

스케일 마스터의 기본 ⑫

마이너&메이저 펜타토닉을 섞어서 연주할 수 있습니까? ①

Key=**A**

이 스케일의 완성 포인트

마이너 펜타토닉과 메이저 펜타토닉을 섞어서 연주한 프레이즈입니다. 1~4마디는 34p ①의 다이어그램, 5~8마디는 34p ②의 다이어그램, 9~12마디는 다시 34p ①의 다이어그램을 참고하기 바랍니다. ①의 다이어그램 포지션은 마이너 펜타토닉이 주축이고, ②의 다이어그램 포지션은 메이저 펜타토닉이 주축이라고 생각하면 이해하기 쉬울 것입니다. 악보에서는 메이저와 마이너를 매우 정확하게 구분해서 연주하지만, 지금 단계에서는 너무 깊게 생각하지 말고 마이너와 메이저를 적당히 오가며 각각 느낌을 의식하면서 솔로 연주를 최대

→ 블루스를 연주하면서 익히는 프로급 스케일 워크 12

한 많이 해보기 바랍니다. 그러다가 머릿속에서 각각의 프레이즈를 떠올릴 수 있게 되면 충분히 연습이 되었다고 판단해도 될 것입니다.

이 악보에서 익혀두면 좋은 다이어그램
A 마이너 펜타토닉 스케일 + A 메이저 펜타토닉 스케일

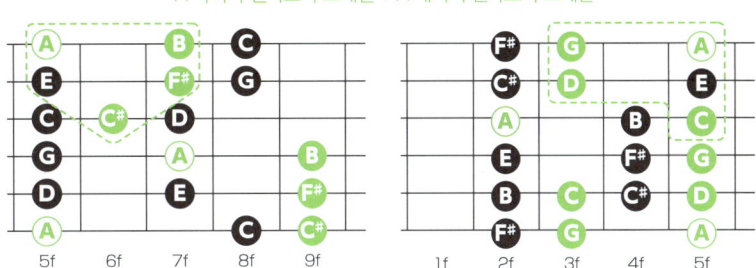

QR Track 13

스케일 마스터의 기본 ⑬

마이너&메이저 펜타토닉을 섞어서 연주할 수 있습니까? ②

Key=A

이 스케일의 완성 포인트

마이너 펜타토닉 스케일의 m7th(G)를 6th(F#)으로 바꾼 것뿐인, 쉽게 만들 수 있는 스케일을 사용합니다. 이런 쉬운 방법만으로도 깊은 맛이 느껴지는 재미있는 사운드의 스케일로 바꿀 수 있습니다. 자세한 것은 신경 쓰지 말고 마이너 펜타토닉 스케일에서 사용하던 프레이즈를 적절하게 섞는 것만으로도 충분합니다. 대부분의 프레이즈에 잘 어울린다는 점도 이 방법의 편리한 장점인데 "스케일 구성음 중 1음만 바꾼다"는 것은 충분히 시도해 볼

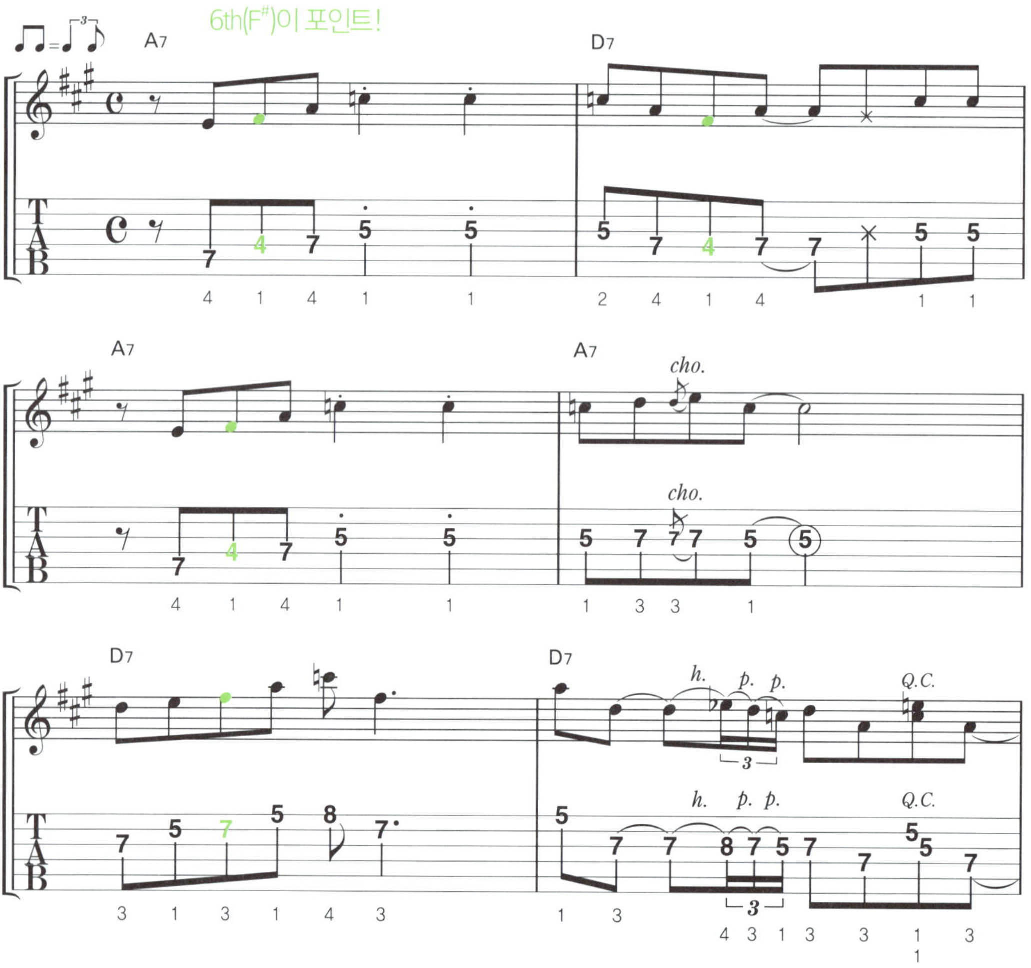

→ 블루스를 연주하면서 익히는 프로급 스케일 워크 13

가치가 있는 아이디어입니다. 예를 들어 마이너 펜타토닉의 m3rd(C음)를 9th(B음)로 바꾸거나 메이저 펜타토닉의 9th(B음)를 m3rd(C음)로 바꾸는 등 다양한 방법들을 시도해보기 바랍니다.

이 악보에서 익혀두면 좋은 다이어그램
A 마이너 펜타토닉 스케일 변형 ※m7th를 6th로 변경

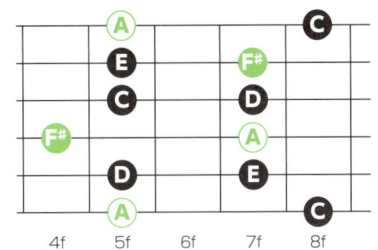

제2장
메이저, 마이너 스케일을
완벽하게 사용할 수 있습니까?

메이저 스케일

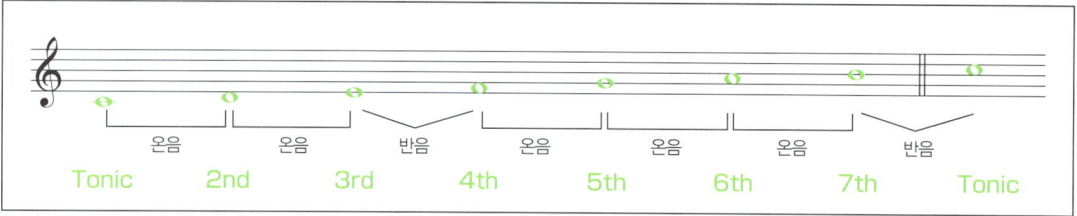

줄 1개로 확인하는 메이저 스케일의 음정 간격

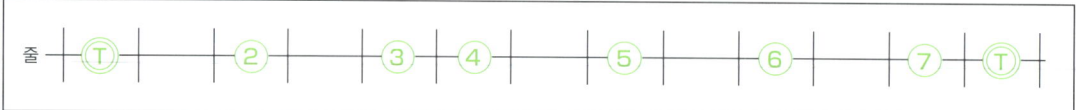

메이저 스케일은 쉽게 말해 「도-레-미-파-솔-라-시-도」인데 각각의 노트(음정)의 간격이 「온·온·반·온·온·온·반」으로 되어 있는 스케일입니다. 리코더나 하모니카 연주 등을 통해 초등학교 때 배운 경험이 있어서 가장 친숙한 스케일일 것입니다.

메이저 스케일을 응용할 수 있는 범위는 매우 넓은데, 동요 같은 간단한 멜로디는 물론 컨템포러리

재즈 등에도 활용할 수 있습니다. 자유로운 스케일 연주를 위해서는 "메이저 스케일을 정복하는 것이 필수!"인데 이후에 다양한 스케일의 학습을 편안하게 진행하기 위해서도 꾸준히 연습해야 할 중요한 과제라고 할 수 있습니다.

우선 펜타토닉 스케일 때와 마찬가지로 메이저 스케일의 대표적인 「5포지션」을 C Key로 마스터해 둡시다.

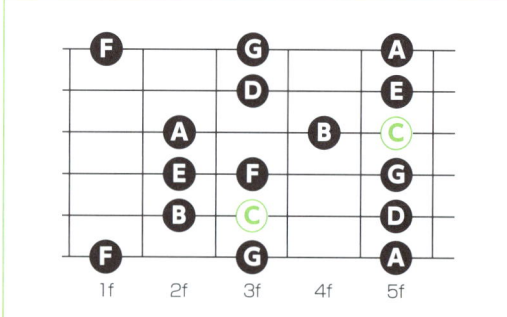

포지션 ①

포지션①입니다. 5포지션의 운지 요령은 「PC의 키보드를 블라인드 터치할 때」와 마찬가지입니다. 「기본인 홈 포지션에 왼손을 고정하고 포지션에서 멀리 떨어져 있는 음은 손가락을 뻗어서 잡는다」는 규칙을 지키면 익히기 쉬울 뿐만 아니라 손을 보지 않고도 완벽하게 연주할 수 있습니다. 여기서는 2프렛을 검지, 3프렛을 중지, 4프렛을 약지, 5프렛을 새끼손가락으로 잡습니다. 1프렛은 검지를 뻗어서 잡도록 합니다.

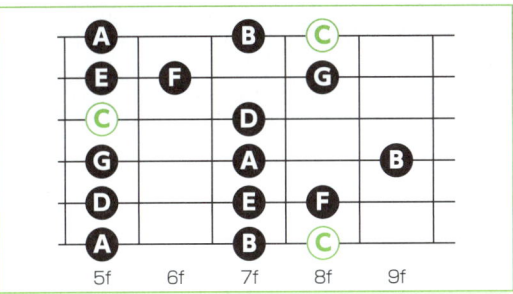

포지션 ②

포지션②는 5프렛에 검지, 6프렛에 중지, 7프렛에 약지, 8프렛에 새끼손가락을 놓습니다. 3번 줄 9프렛만 손가락을 뻗어서 새끼손가락으로 줄을 잡습니다.

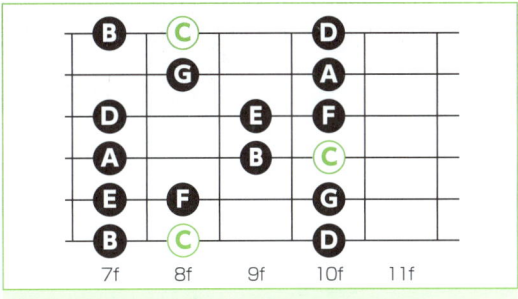

포지션 ③

포지션③은 손가락을 뻗을 필요가 없는 포지션입니다. 각 손가락을 7~10프렛에 놓고 연주합니다.

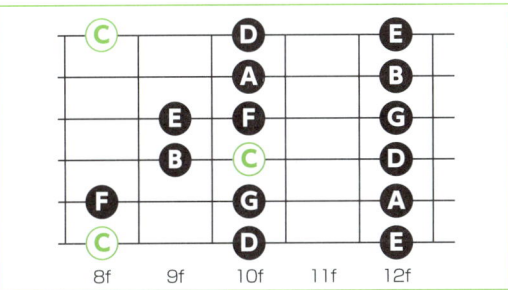

포지션 ④

포지션④는 9~12프렛에 각 손가락을 놓은 상태에서 검지를 뻗어서 8프렛을 잡습니다.

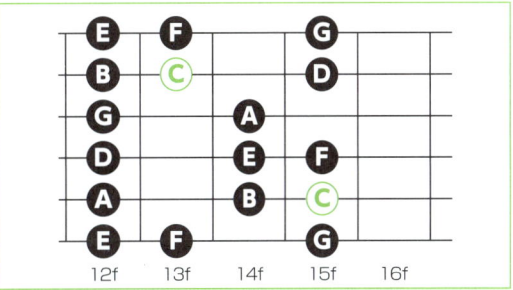

포지션 ⑤

포지션⑤도 손가락을 뻗을 필요가 없는 포지션입니다. 각 손가락을 12~15프렛에 놓고 연주합니다.

질문 2

Q 반드시 익혀두어야 할 스케일은 최소 몇 개 정도가 있습니까?

A 사용하고 싶다고 느꼈을 때 그 스케일을 익히도록 하십시오. 쓰고 싶다는 생각이 들지 않는다면 굳이 억지로 익힐 필요가 없습니다. 사용하지 않는 미술 도구를 억지로 살 필요는 없으니까요. 최소한의 권장사항으로는 메이저 스케일에서 치기 쉬운 포지션 2개와 펜타토닉 확장 포지션 2개를 기억하는 것인데, 이것만으로도 상당한 범위를 커버할 수 있습니다. 마이너 스케일과 각 종류의 모드 스케일은 메이저 스케일의 전위 형태이고, 펜타토닉은 사용 방법에 따라서는 얼터드 스케일까지 커버할 수 있습니다. 어떤 스타일로 연주하던지 우선 이것들을 익히는 것부터 시작하면 좋을 것입니다.

QR Track **14**

메이저&마이너 스케일 마스터하기 ①

메이저 스케일로 연주할 수 있습니까? ①

Key=**C**

이 스케일의 완성 포인트

여기서는 1장의 셔플 블루스와 느낌이 다른 스트레이트 록 배킹을 사용했습니다. 언뜻 들으면 블루스인지 잘 구분이 되지 않겠지만, 코드 진행은 엄연한 블루스 이론에 입각한 진행입니다. C 메이저 스케일의 5포지션 중 포지션①에 의한 솔로입니

다. 로우 포지션의 익히기 쉬운 운지로 되어 있지만, 느긋한 느낌의 리드 기타를 연주해야 할 때는 초킹 등의 테크닉을 사용하기가 쉽지 않아서 약간 어려울 수도 있습니다. 그러나 펜타토닉 스케일과 비교했을 때 다이아토닉 스케일로 리드 기타를 연주하는 것은 이처럼 조금 어려워지는 경향이 있습

→ 블루스를 연주하면서 익히는 프로급 스케일 워크 14

니다. 우선 연주하면서 각각의 차이를 익혀두기 바랍니다.

이 악보에서 익혀두면 좋은 다이어그램
C 메이저 스케일

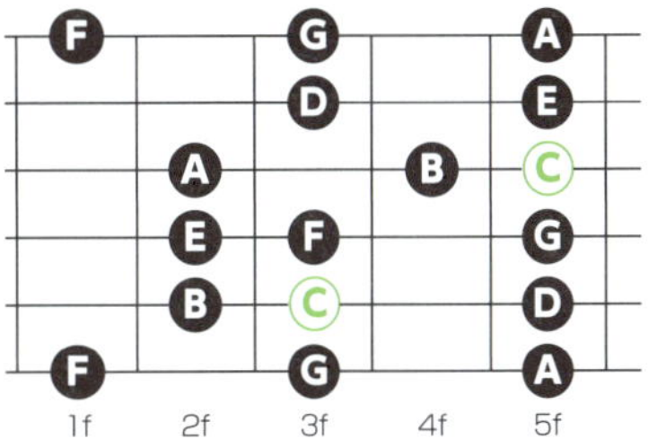

QR Track 15

메이저&마이너 스케일 마스터하기 ②

메이저 스케일로 연주할 수 있습니까? ②

Key=C

이 스케일의 완성 포인트

C 메이저 스케일의 5포지션 중 포지션②에 의한 솔로입니다. 이 포지션은 검지 포지션이 5프렛에 고정되어 있어서 운지에 의한 좌우 흔들림이 없고, 5포지션 중에서도 특히 리드 기타 연주에 적합합니다. 운지를 편하게 할 수 있다는 장점을 살려서 멜로디를 바로 연주할 수 있도록 이 포지션부터 충분히 연습합시다. 이 악보 외에도 알고 있는 팝이나 동요 등 생각난 멜로디를 바로 쳐보는 연습을 시도해 봐도 좋겠습니다.

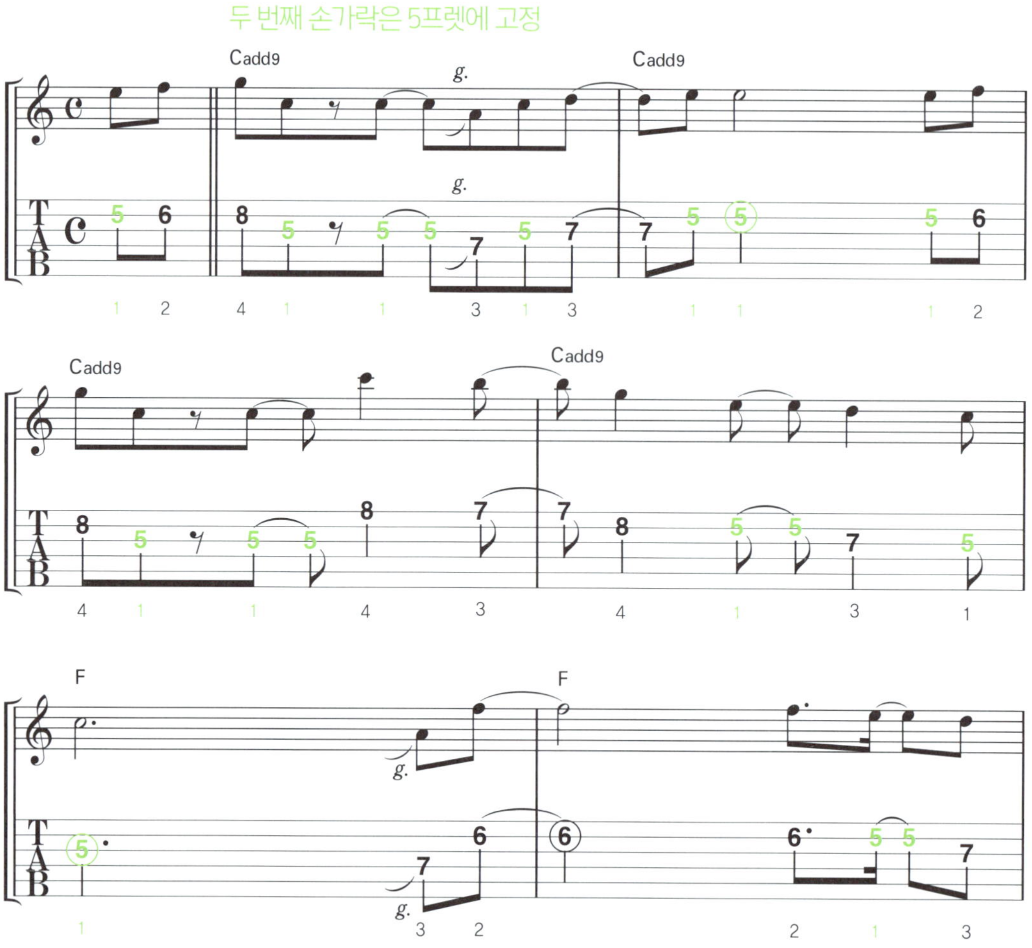

→ 블루스를 연주하면서 익히는 프로급 스케일 워크 15

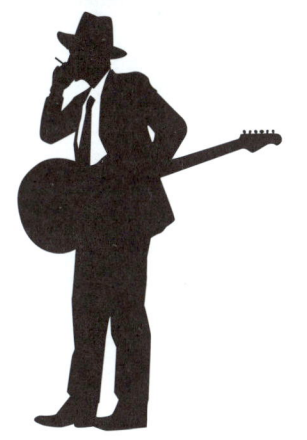

이 악보에서 익혀두면 좋은 다이어그램

C 메이저 스케일

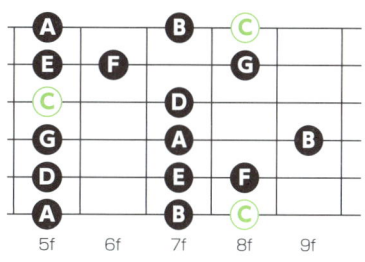

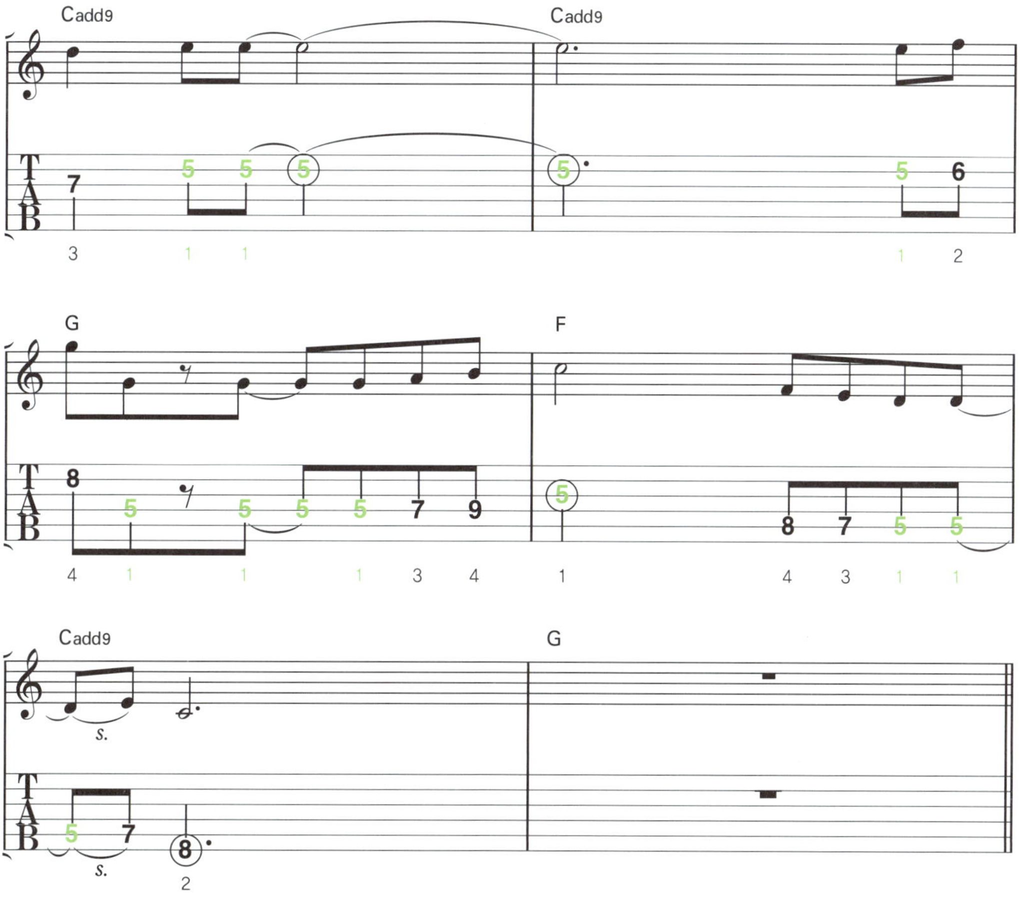

마이너 스케일

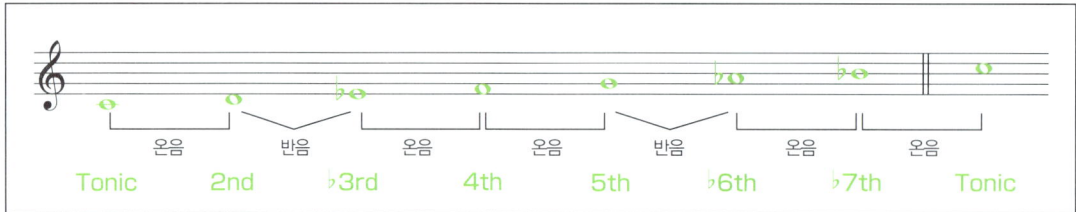

줄 1 개로 확인하는 마이너 스케일의 음정 간격

마이너 스케일이라고 하면 일반적으로는 네추럴 마이너 스케일을 의미합니다. 네추럴 마이너 스케일은 밝은 울림을 가진 메이저 스케일과 대조적으로 어두운 울림이 특징인 스케일입니다.

뒤에 나올 하모닉 마이너 스케일, 멜로딕 마이너 스케일과 함께 "3대 마이너 스케일" 중 하나로 불리는 스케일로 마이너 스케일 중 가장 대표적인 스케일이 이 네추럴 마이너 스케일입니다.

마이너 스케일을 같은 토닉 상의 메이저 스케일과 비교해 보면 3음, 6음, 7음의 세 음이 각각 반음 내려간 형태로 되어 있습니다.

또한, 메이저 스케일 안에서 네추럴 마이너 스케일의 요소를 발견할 수 있습니다. 예를 들어 C 메이저 스케일을 6음(A)부터 시작하면 A 네추럴 마이너 스케일과 같은 음 배열이 되는데, 시작 음만 다를 뿐 스케일을 구성하는 음 자체는 완전히 똑같은 스케일입니다.

이 관계를 릴레이티브 마이너라고 하는데, A 네추럴 마이너를 연주하고 싶으면 C 메이저 스케일을, C 네추럴 마이너 스케일을 연주하고 싶으면 C 음을 6음으로 하는 Eʰ 메이저 스케일을 연주하면 됩니다.

그럼 C 네추럴 마이너 스케일의 5포지션의 다이어그램을 살펴보도록 하겠습니다.

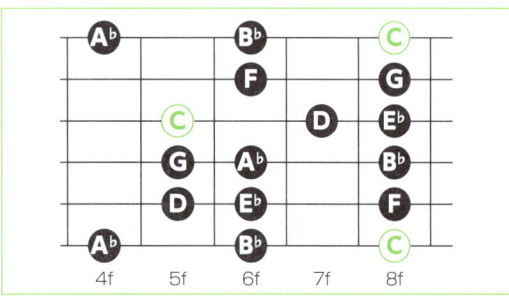

포지션 ①

「C 네추럴 마이너니까 Eʰ 메이저 스케일과 같다」라고 계산하는 것이 가능하면 따로 익힐 필요 없이 Eʰ 메이저 스케일을 C부터 연주하면 됩니다. 이 포지션은 Eʰ 메이저 스케일의 포지션①과 같은 형태입니다. 검지를 뻗어서 4프렛을 잡습니다.

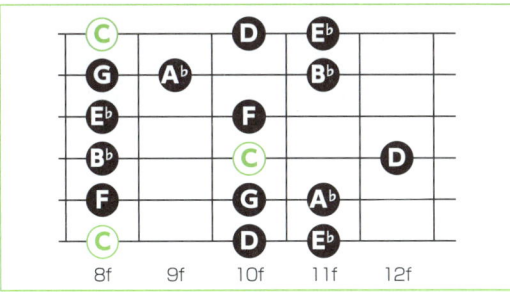

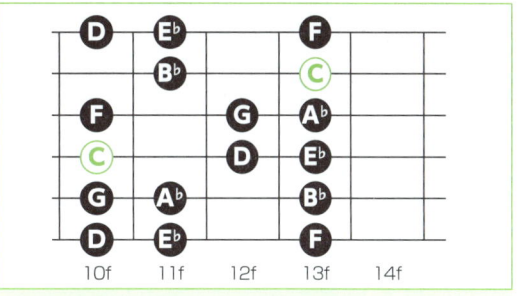

포지션 ②

포지션②는 비교적 사용 빈도가 높은 포지션인데 6번 줄 검지에 토닉이 있고 코드 폼을 마이너 펜타토닉과 겹쳐서 사용할 수 있어서 매우 편리한 포지션이라고 할 수 있습니다. 4번 줄 D음만 새끼손가락을 조금 뻗어서 잡습니다.

포지션 ③

포지션③은 손가락을 뻗을 필요가 없는 포지션입니다. 각 손가락을 10∼13프렛에 놓고 연주합니다.

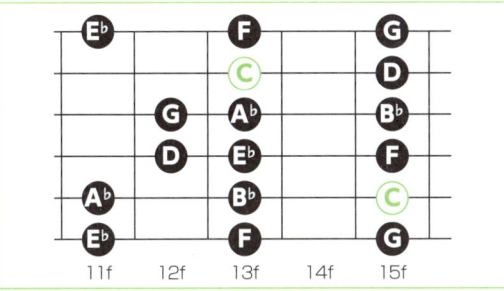

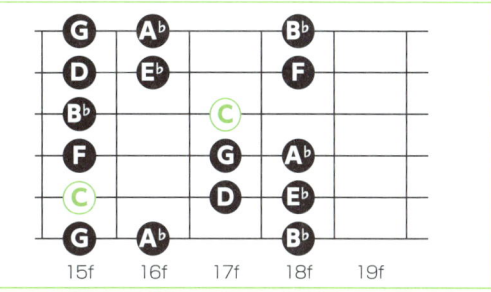

포지션 ④

포지션④는 검지를 뻗어서 11프렛을 잡습니다. 홈 포지션의 위치는 검지 12프렛, 중지 13프렛, 약지 14프렛, 새끼손가락 15프렛입니다.

포지션 ⑤

포지션⑤도 손가락을 뻗을 필요가 없는 포지션입니다. 각 손가락을 15∼18프렛에 놓고 연주합니다.

질문 3

Q A 마이너 스케일과 C 메이저 스케일은 구성음이 완전히 똑같은데 왜 이름이 다른가요? 둘 중 어떤 이름으로 부르는 것이 좋을까요?

A 편한 대로 하면 됩니다! 저는 연주할 때 A 마이너 키의 코드 진행을 연주하면서 머릿속으로는 C 메이저 스케일을 떠올리는 경우가 많은데 취급하는 방법은 각자 편한 식으로 하면 됩니다. 단 대외적으로 이름을 언급할 때에는 전달하기 쉽고 상대방이 이해하기 쉬워야 하므로 해당곡 Key의 토닉이나 해당 코드의 루트를 시작 음으로 하는 이름을 사용합니다.

메이저&마이너 스케일 마스터하기 ③

마이너 스케일로 연주할 수 있습니까? ①

Key=**Cm**

이 스케일의 완성 포인트

C 네추럴 마이너의 5포지션 중 51p의 포지션②를 사용한 솔로입니다. 이번 악보는 마이너 키이므로 마이너 블루스 진행을 사용합니다. 이 포지션은 토닉이 6번 줄 검지 위치에 있어서 검지가 8프렛에 고정되기 때문에 가장 파악하기 쉽고 치기 쉬운 포지션 중 하나입니다. 우선 이 포지션을 확실하게 마스터한다는 마음으로 연습하기 바랍니다. 주의점은 손가락을 조금 뻗어서 4번 줄 D음을 잡아야 한다는 것입니다. 1마디, 3마디에서 1~2박의 움

검지는 8프렛에 고정

쿨한 울림. 손가락을 뻗어서 잡아야 하는 4번 줄에 주의

→ 블루스를 연주하면서 익히는 프로급 스케일 워크 16

직임은 쿨한 울림을 얻을 수 있으므로 특히 추천하는데 손가락을 넓게 벌려서 잡을 필요가 있습니다. 익숙해지면 피킹의 뉘앙스와 억양, 강약 등을 추가해서 감정을 실어서 연주해 봅시다.

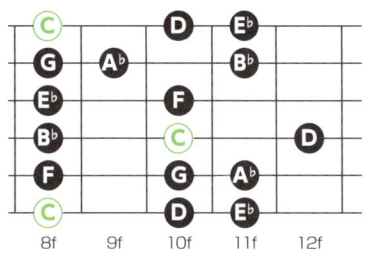

이 악보에서 익혀두면 좋은 다이어그램
C 마이너 스케일

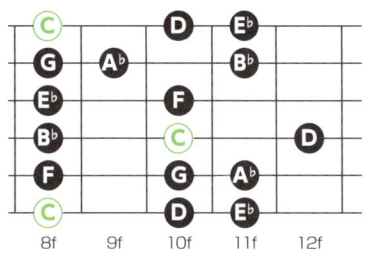

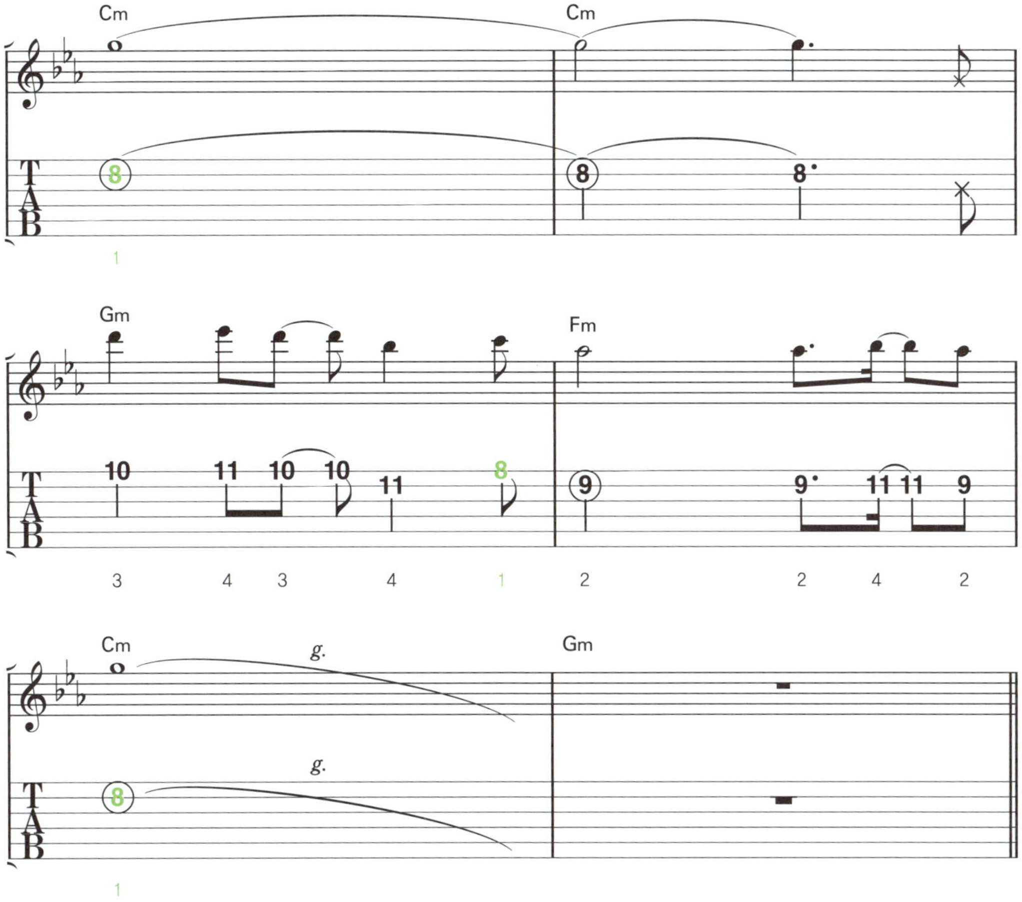

메이저&마이너 스케일 마스터하기 ④

마이너 스케일로 연주할 수 있습니까? ②

Key=**Cm**

이 스케일의 완성 포인트

C 네추럴 마이너의 5포지션 중 포지션⑤를 응용한 솔로입니다. 이 포지션도 토닉이 5번 줄 검지 위치에 있어서 검지가 3프렛에 고정되기 때문에 치기 쉬운 포지션입니다. 여기서는 도입부의 인상적인 프레이즈를 반복하며 발전시켜 연주하는 것으로 전체를 구성하고 있습니다. Fm일 때는 코드 진행에 맞춰 단순히 프레이즈를 4도 위로 이동합니다. 연주 상의 포인트는 홀수 마디의 1박째의 해머링 온과 풀링 오프입니다. 재빨리 연속해서 연주해

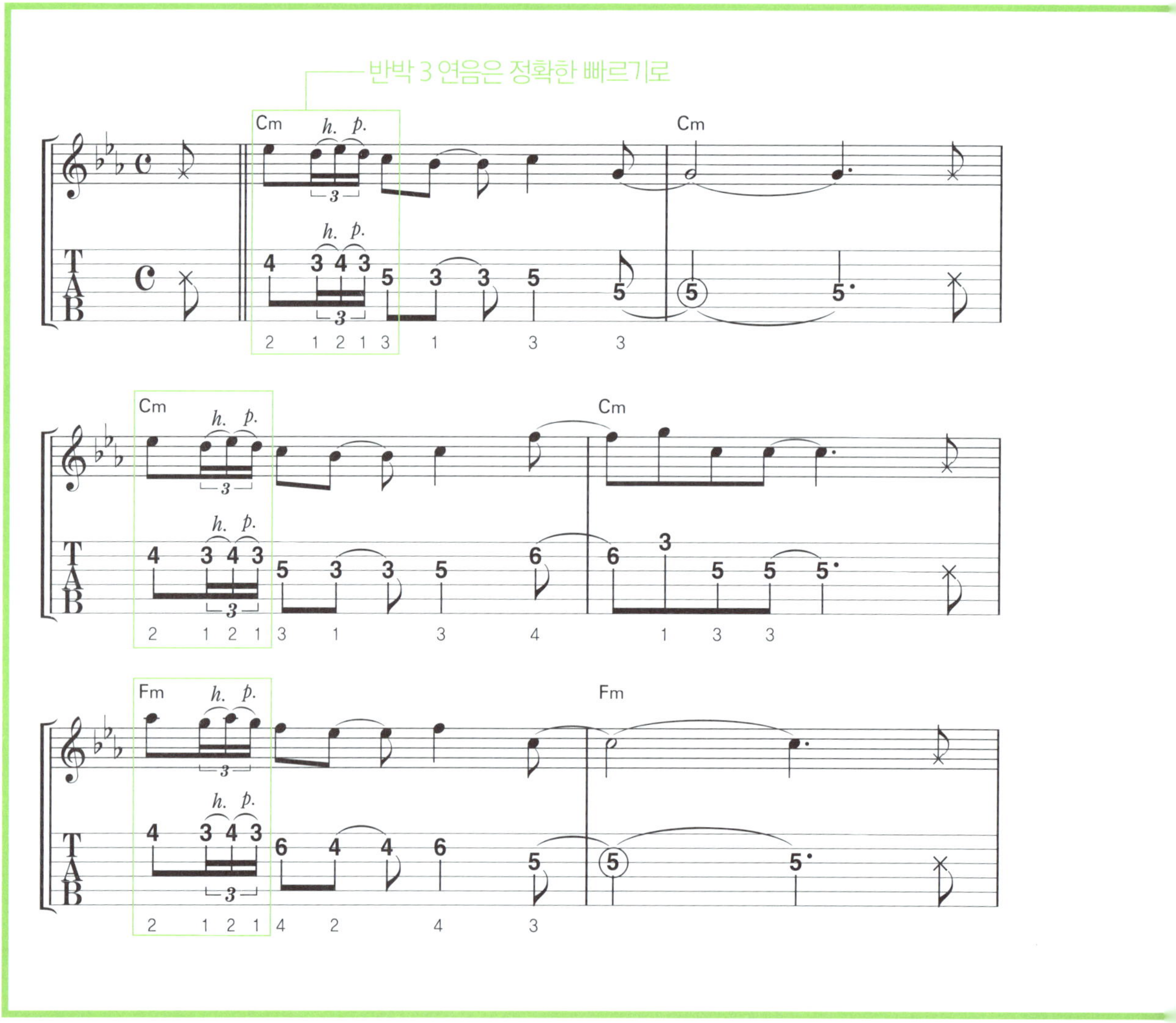

야 하는데 너무 빠르거나 느리면 느낌을 잘 표현할
수 없으므로 정확하게 반박 3연음이 되도록 컨트
롤할 필요가 있습니다.

이 악보에서 익혀두면 좋은 다이어그램
C 마이너 스케일

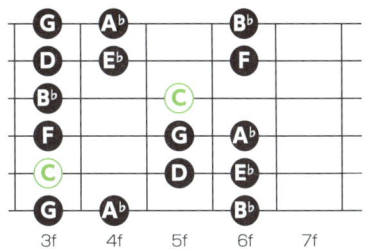

3노트 퍼 스트링(메이저 스케일)

이번에는 메이저 스케일을 「3노트 퍼 스트링」이라는 운지를 통해 살펴보겠습니다. 이것은 글자 그대로 줄 하나에 3음씩 연주하는 방법으로 5포지션과 비교했을 때 더욱 규칙성이 있다는 것이 장점인 운지입니다. 잘 보면 각 줄에 대해서 3종류의 운지를 행하고 있는 것을 알 수 있습니다. 3종류의 운지는 온음+온음 간격의 운지(패턴 A), 반음+온음의 운지(패턴 B), 온음+반음의 운지(패턴 C)인데 이 3종류의 운지가 규칙적으로 배열되어 있어서 A가 3회, B가 2회, C가 2회의 서클로 한 바퀴 돕니다.

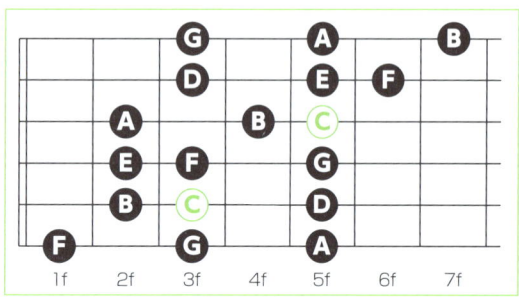

포지션 ①

포지션①은 6번 줄을 패턴 A의 세 번째로 간주합니다. 즉 그다음 운지는 Bx2, Cx2, Ax1 이 됩니다.

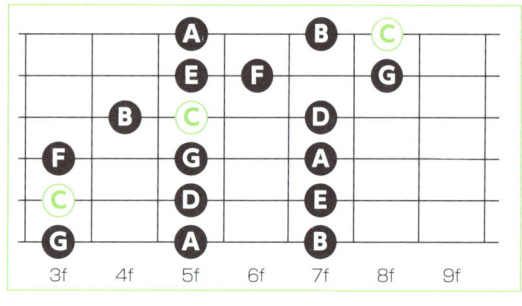

포지션 ②

포지션②는 6번 줄을 패턴 A의 첫 번째로 간주합니다. 그다음 운지는 Ax2, Bx2, Cx1 이 됩니다.

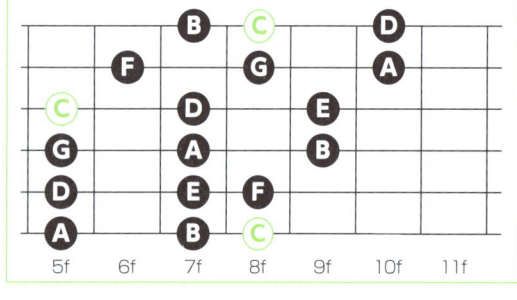

포지션 ③

포지션③은 6번 줄을 패턴 C의 첫 번째로 간주합니다. 그다음 운지는 Cx1, Ax3, Bx1이 됩니다.

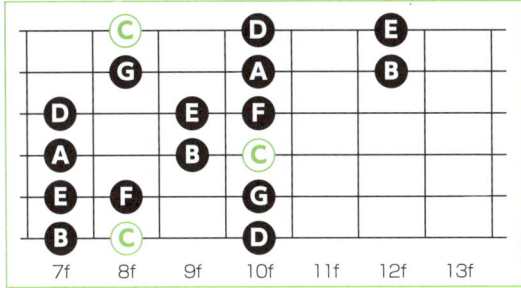

포지션 ④

포지션④는 6번 줄을 패턴 B의 첫 번째로 간주합니다. 그다음
운지는 Bx1, Cx2, Ax2가 됩니다. 패턴이 두 줄씩 한 세트로
되어 있으므로 비교적 연주하기 쉬운 포지션입니다.

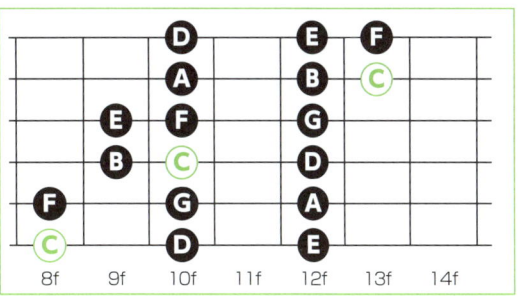

포지션 ⑤

포지션⑤는 6번 줄을 패턴 A의 두 번째로 간주합니다. 그다음
운지는 Ax1, Bx2, Cx2가 됩니다. 이것 역시 패턴이 두 줄씩
한 세트로 되어 있는 데다가 최저 음이 토닉 음이어서 가장
연주하기 쉬운 포지션이라고 할 수 있습니다.

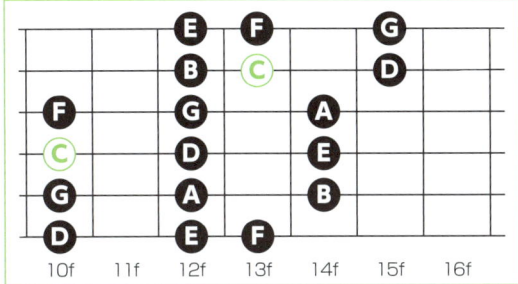

포지션 ⑥

포지션⑥은 6번 줄을 패턴 C의 두 번째로 간주합니다. 그다음
운지는 Ax3, Bx2가 됩니다.

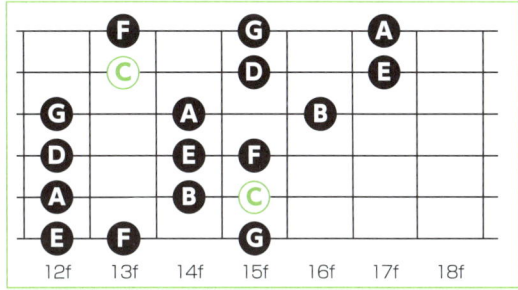

포지션 ⑦

포지션⑦은 6번 줄을 패턴 B의 두 번째로 간주합니다. 그다음
운지는 Cx2, Ax3이 됩니다.

질문 4

Q 쳐도 되는 스케일과 치면 안되는 스케일은 무슨 기준으로 정하는 것입니까?

A 스케일은 코드와 밀접한 관계가 있습니다. 기본적으로 스케일을 기반으로 코드가
만들어졌기 때문에 그 코드의 기반이 되는 스케일이 무엇인가를 생각합니다. 코드
나 텐션에 관한 이론을 이해하면 이에 대한 판단이 가능해질 것입니다. 하지만 수
많은 이론적인 해석은 「사람 귀에 듣기 좋도록」 나중에 정리한 것에 지나지 않기
때문에 엄밀하게 말하면 「치면 안되는 스케일」은 없습니다. 사용 방법에 따라서는
12음 모두를 자유롭게 사용할 수 있는데 이에 관한 감각은 다양한 곡을 들으며 음
악적인 센스를 키워야 할 것입니다!

QR Track 18

메이저&마이너 스케일 마스터하기 ⑤

메이저 스케일의 3노트 퍼 스트링 ①

Key=C

이 스케일의 완성 포인트

3노트 퍼 스트링 중에서 포지션②를 중심으로 연주한 솔로입니다. 3노트 퍼 스트링의 장점은 한 개의 포지션으로 넓은 범위의 줄을 잡을 수 있다는 것인데 이 점을 의식하며 음정이 넓은 멜로디를 만들어 보도록 합시다. 특히 2~4마디에 걸친 상행 프레이즈는 편리하게 사용할 수 있는 프레이즈이므로 반드시 익혀 두기 바랍니다. 언뜻 보기에는 복잡해 보일 수도 있지만 「3도 상행하고 1음 내려가는 패턴」을 반복하는 단순한 프레이즈입니다.

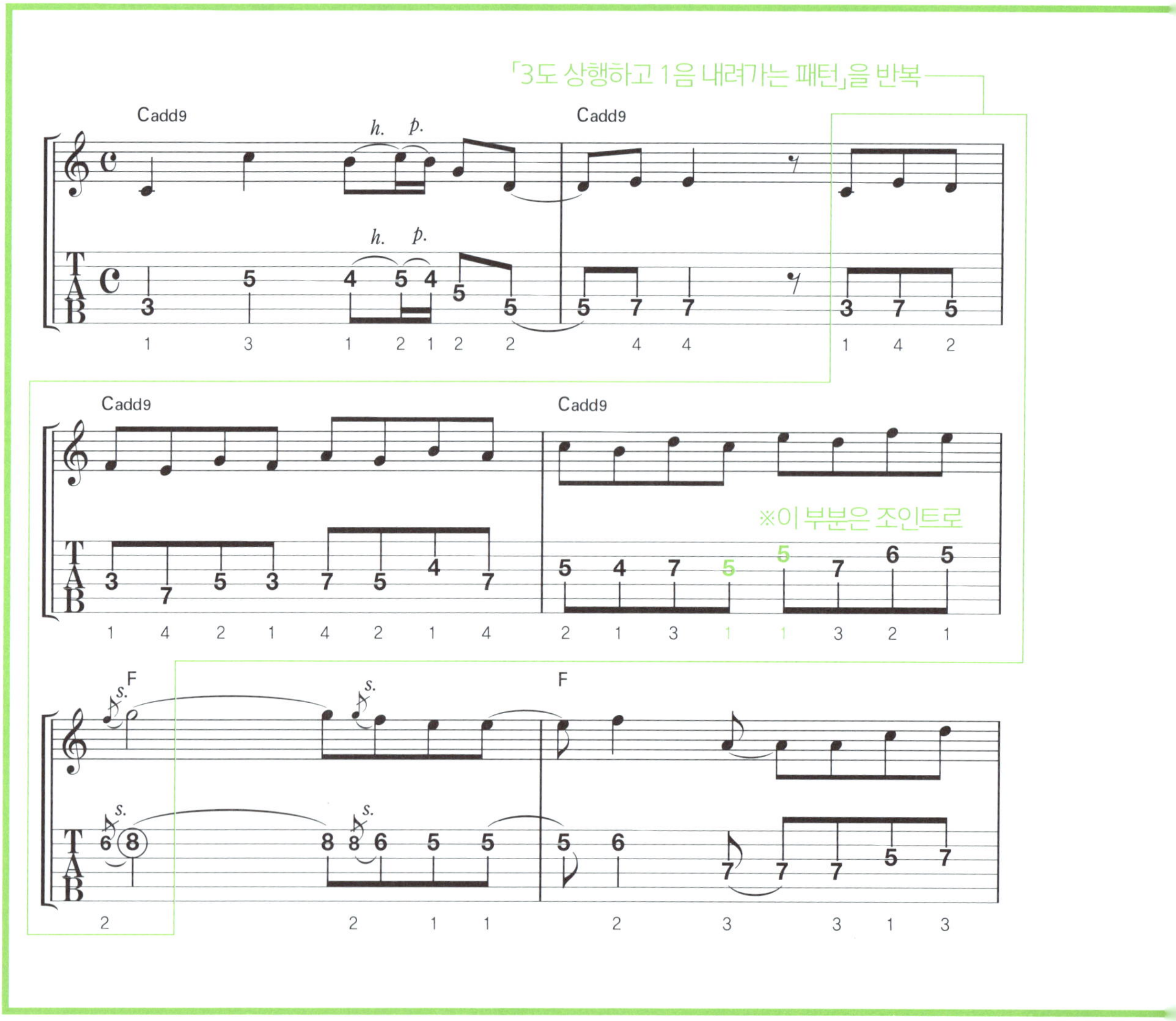

→ 블루스를 연주하면서 익히는 프로급 스케일 워크 18

4마디의 2박 뒷부분~3박 시작 부분의 조인트는 주의해서 연주해야 하는데 부분적으로 반복해서 연습하면 비교적 간단하게 익힐 수 있을 것입니다. 완성되면 다른 포지션에서도 응용해 보기 바랍니다.

이 악보에서 익혀두면 좋은 다이어그램
C 메이저 스케일

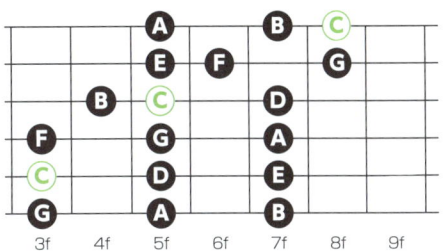

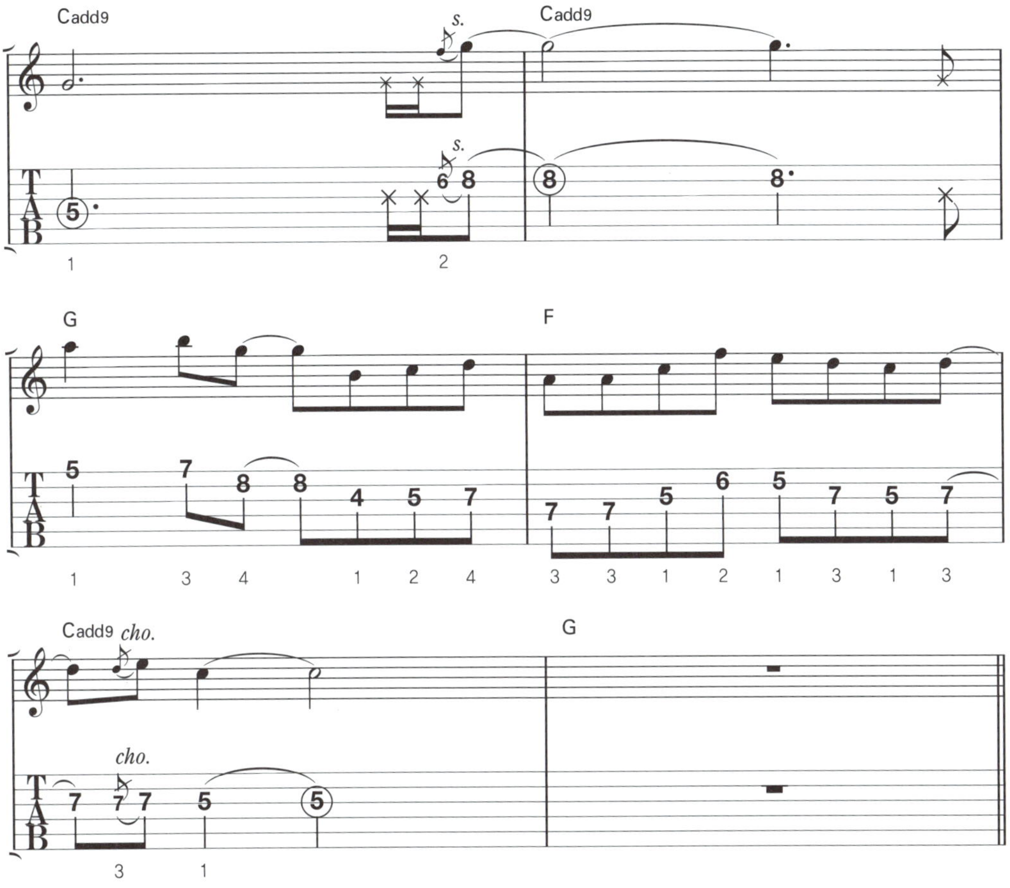

메이저&마이너 스케일 마스터하기 ⑥

메이저 스케일의 3노트 퍼 스트링 ②

Key=**C**

이 스케일의 완성 포인트

이것은 3노트 퍼 스트링 중에서 포지션⑥을 중심으로 연주한 솔로입니다. C Key에서는 하이 포지션이 되므로 줄을 균등하게 잘 잡아서 피치가 불안정해지지 않도록 주의합니다. 2번 줄 15프렛은 사용하기 편한 초킹 포인트입니다. 4마디 4박째의

1번 줄 15프렛과 하모나이즈드 초킹 등으로 사용해서 와일드한 분위기를 만드는데 필요한 중요한 테크닉입니다. 이것은 기타 특유의 주법이므로 활용할 수 있는 범위 내에서 적극적으로 사용해 보도록 합시다. 9~10마디에서는 앞에서도 설명한 적 있는 상행 프레이즈를 사용하는데 이번에는 리듬

→ 블루스를 연주하면서 익히는 프로급 스케일 워크 19

이 3연음으로 바뀌어서 프레이즈가 약간 밀리는 것 같은 교묘한 울림이 됩니다. 이 부분도 메트로놈을 사용해서 집중적으로 연습한 후에 전체적으로 다시 연주하도록 합시다.

이 악보에서 익혀두면 좋은 다이어그램
C 메이저 스케일

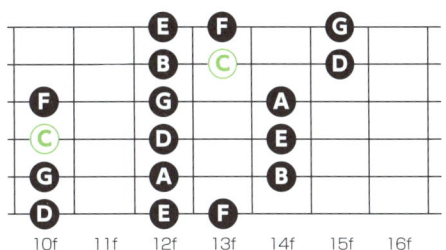

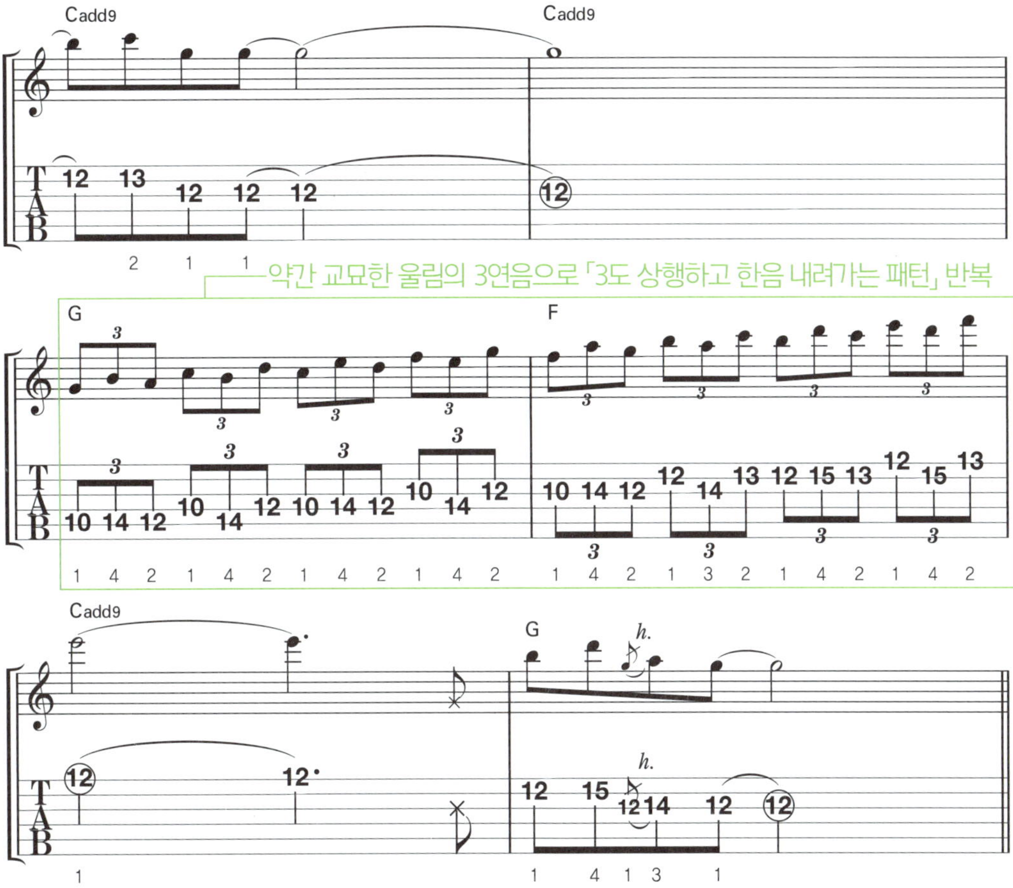

약간 교묘한 울림의 3연음으로 「3도 상행하고 한음 내려가는 패턴」 반복

3노트 퍼 스트링(마이너 스케일)

네추럴 마이너 스케일도 3노트 퍼 스트링으로 파악해 두도록 합시다. 앞서 설명한 것처럼 릴레이티브와 연관 지어서 생각하면 3노트 퍼 스트링에서

도 메이저 스케일과 네추럴 마이너 스케일은 같은 폼입니다. 토닉의 위치가 다르다는 점만 주의하도록 합시다.

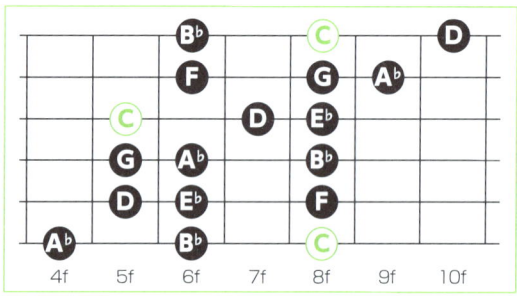

포지션 ①

포지션①은 6번 줄을 패턴 A의 세 번째로 간주합니다. 그다음 운지는 Bx2, Cx2, Ax1이 됩니다.

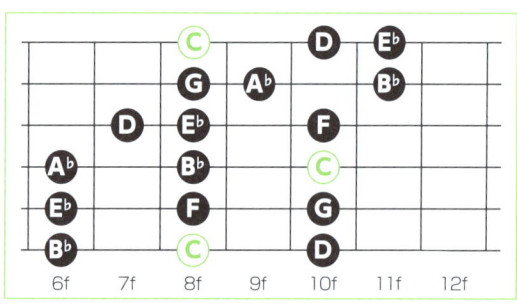

포지션 ②

포지션②는 6번 줄을 패턴 A의 첫 번째로 간주합니다. 그다음 운지는 Ax2, Bx2, Cx1이 됩니다.

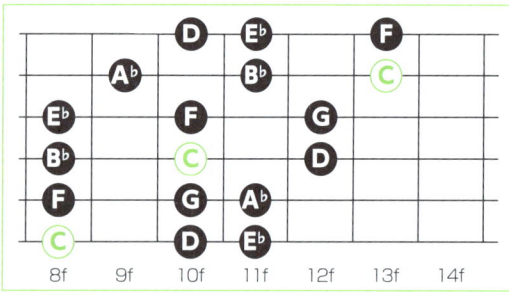

포지션 ③

포지션③은 6번 줄을 패턴 C의 첫 번째로 간주합니다. 그다음 운지는 Cx1, Ax3, Bx1이 됩니다.

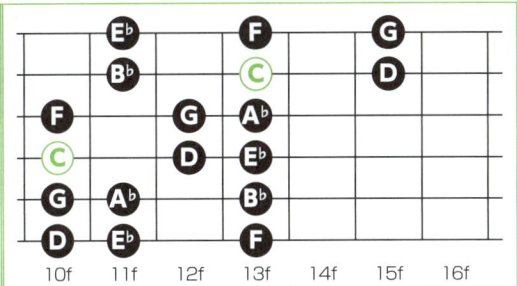

포지션 ④

포지션④는 6번 줄을 패턴 B의 첫 번째로 간주합니다. 그다음 운지는 Bx1, Cx2, Ax2가 됩니다. 두 줄이 한 세트로 되어 있는 패턴이므로 비교적 연주하기 쉬운 포지션입니다.

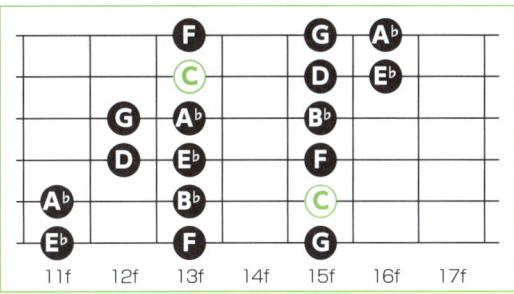

포지션 ⑤

포지션⑤는 6번 줄을 패턴 A의 두 번째로 간주합니다. 그다음 운지는 Ax1, Bx2, Cx2가 됩니다. 이것 역시 두 줄이 한 세트로 되어 있어서 가장 연주하기 쉬운 포지션이라고 할 수 있습니다.

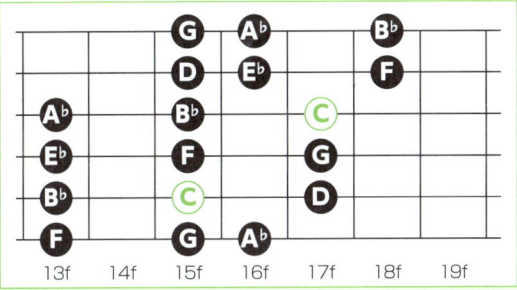

포지션 ⑥

포지션⑥은 6번 줄을 패턴 C의 두 번째로 간주합니다. 그다음 운지는 Ax3, Bx2가 됩니다.

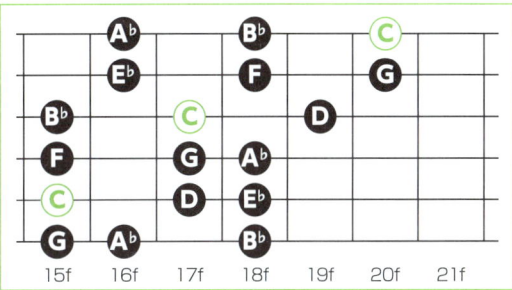

포지션 ⑦

포지션⑦은 6번 줄을 패턴 B의 두 번째로 간주합니다. 그다음 운지는 Cx2, Ax3이 됩니다.

질문 5

Q 보통 솔로 연주 중에는 " 지금 무슨 스케일을 연주하고 있고 다음 코드에서는 무슨 스케일을 연주해야지. " 하고 생각하며 연주하나요?

A 그렇습니다. 하지만 모든 연주를 스케일만으로 해석해서 연주하는 것은 아닙니다. 여기까지는 펜타토닉을 사용하고 여기부터는 코드 톤, 그다음은 암을 걸고⋯ 등과 같이 경우에 따라 다릅니다. 스케일 여러 개를 필요에 따라 바로바로 연주하는 것은 꽤 어려운 작업이기 때문에 자칫 잘못하면 그 생각으로 머릿속이 꽉 차서 음악적인 부분을 놓치기 쉽습니다. 저는 솔로 할 때 이 책에서 소개할 몇 가지 방법으로 최대한 자연스러운 진행이 되도록 주의해서 연주하면서 경우에 따라서는 너무 어려운 스케일은 사용하지 않기도 합니다. 머릿속을 비우고 연주하는 것이 결과적으로는 좋은 연주가 되는 것 같습니다.

마이너 스케일의 3노트 퍼 스트링 ①

Key=**Cm**

이 스케일의 완성 포인트

이것은 C 마이너 스케일의 3노트 퍼 스트링 중에서 62p의 포지션②를 중심으로 연주한 솔로입니다. 도입부의 프레이즈는 54p와 음 사용이 비슷한데 음의 배치, 운지 등을 변화시켜서 분위기를 바꾸어 보았습니다. 특히 3노트 퍼 스트링 특유의 넓은 운지에 주목하면서 연주해 봅시다. 9마디도 각 줄을 3음씩 풀링 오프로 하행하는 3노트 퍼 스트링 특유의 프레이징입니다.

이 「각 줄을 3음씩 연주할 수 있는 시스템」을 음악

3 노트 퍼 스트링 특유의 넓은 운지

적으로 승화시키는 것이 이 운지 활용의 포인트입니다. 반드시 다양한 시도를 통해 새로운 프레이즈를 만들어 봅시다.

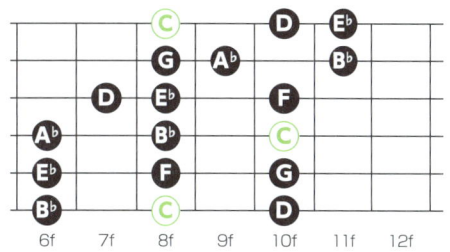

이 악보에서 익혀두면 좋은 다이어그램
C 마이너 스케일

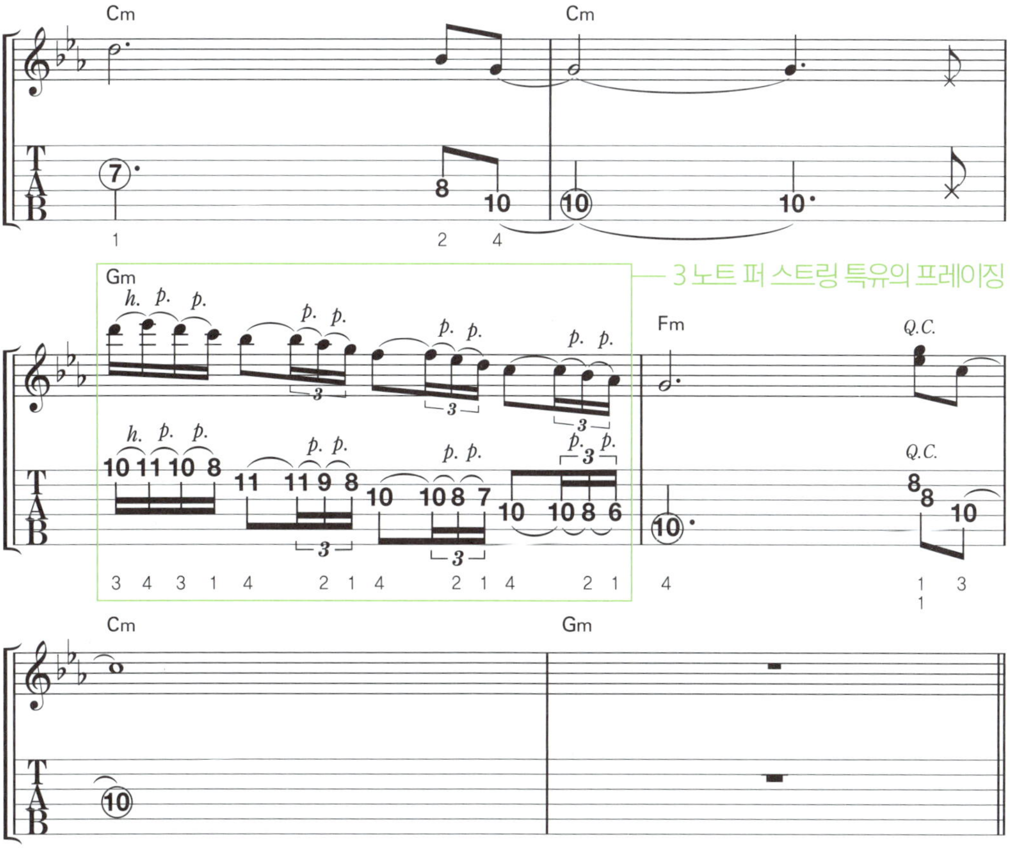

3 노트 퍼 스트링 특유의 프레이징

QR Track 21

메이저&마이너 스케일 마스터하기 ⑧

마이너 스케일의 3노트 퍼 스트링 ②

Key=Cm

이 스케일의 완성 포인트

63p의 포지션⑥을 1옥타브 내려서 사용한 솔로입니다. 5번 줄 루트의 m7코드 폼(5번 줄 3프렛, 4번 줄 5프렛, 3번 줄 3프렛, 2번 줄 4프렛, 1번 줄 3프렛)과 바짝 붙어있는 형태로 배치되어 있어서 사용하기 쉬운 포지션입니다. 또 1~2줄, 3~4줄이 같은 운지로 구성되어 있다는 점도 편리합니다. 도입부의 16분음표 프레이즈는 「4보 전진 후, 3보 후퇴」하는 프레이즈인데 4음을 연주하는 상행 패턴의 첫 음을 1개씩 올려서 치는 형태로 되어 있습니다. Fm의 프레이즈도 단순히 시작 음을 F로 바꾼 것뿐이므로 기본 구성은 도입부의 프레이즈와 같

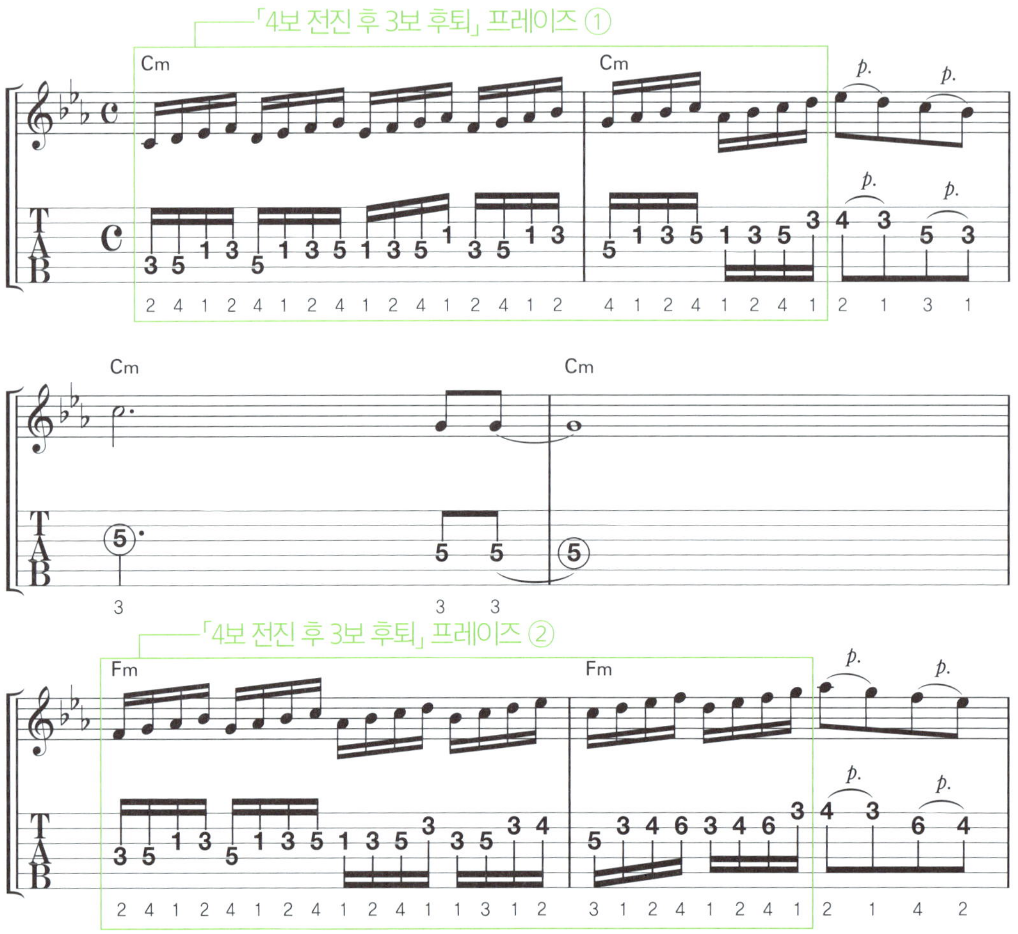

→ 블루스를 연주하면서 익히는 프로급 스케일 워크 21

습니다. 로우 포지션이라서 손가락을 뻗어서 연주하는 것에 약간 애를 먹을 수도 있는데 분명한 톤을 만들 수 있는 위치(대체로 프렛 사이의 브릿지 근처 1/7지점 정도)를 정확하게 파악한 후 연주합시다.

이 악보에서 익혀두면 좋은 다이어그램

C 마이너 스케일

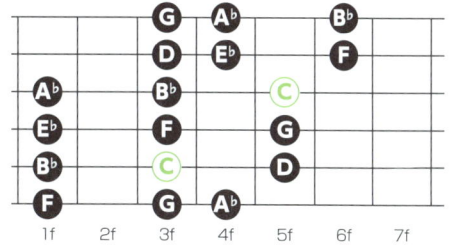

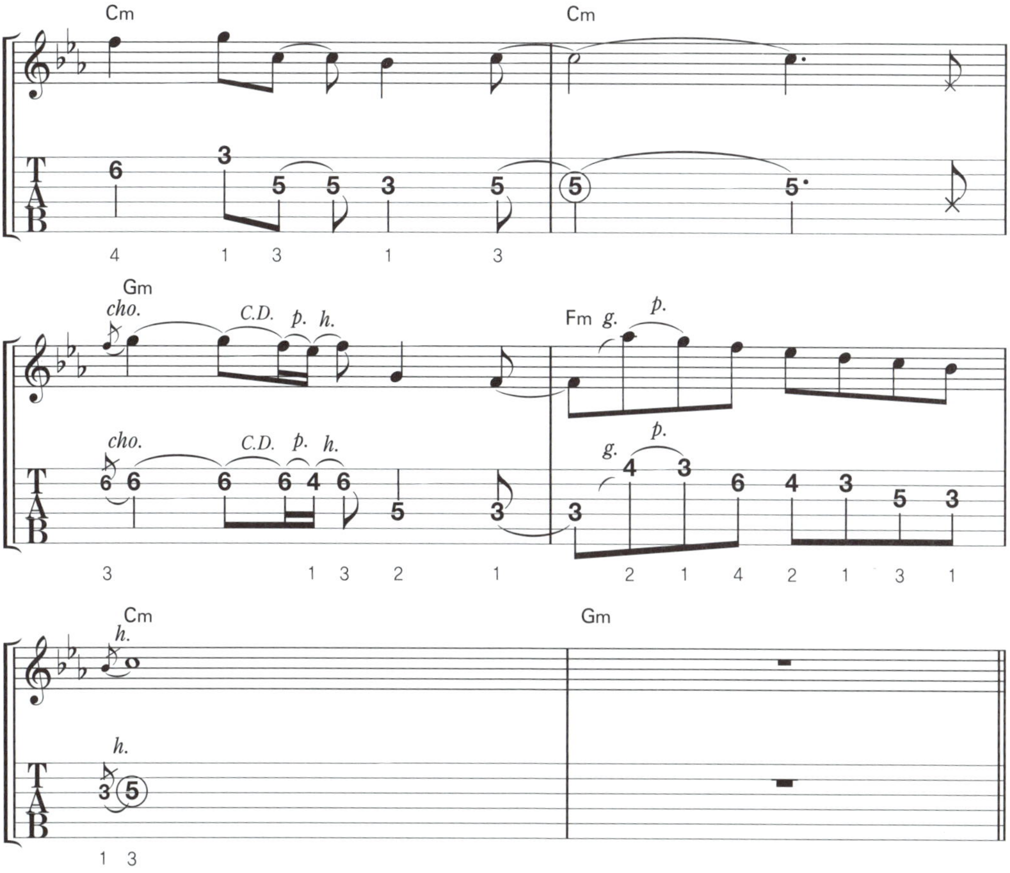

제3장
펜타토닉 스케일을 응용해서 연주할 수 있습니까? ①

제2장에서는 메이저 스케일과 마이너 스케일을 살펴보았습니다. 어느 정도 스케일의 구조와 포지션을 파악했다면 이것들을 사용해서 멜로디를 만들어 보거나 솔로 연주를 해 봅시다. 그런 시도와 시행착오를 통해 손가락과 귀가 연동되고, 스케일에 대한 이해가 더욱 깊어질 것입니다.

단 메이저 스케일&마이너 스케일은 7개의 음으로 구성된 음계(다이아토닉 스케일)입니다. 구성음이 5개밖에 없는 펜타토닉 스케일과 비교했을 때 정돈된 느낌의 멜로디나 솔로 연주를 어렵게 느끼는 분도 있을 것입니다. 그렇습니다. 이 책의 도입부에서 「인간이 편하게 노래할 수 있는 음의 개수는 5개까지」라고 했었죠. 7개 음으로 구성된 스케일을 완벽하게 사용하기 위해서는 어느 정도의 훈련이

필요합니다. 그래서 이번에는 이 7음계로 구성된 스케일의 공략 방법 중 한 가지를 전수하겠습니다! 무턱대고 스케일의 7음계를 마구 사용해서 연주하면 역효과를 가져올 뿐입니다. 스케일의 7개의 구성음을 "5개 음+2개 음"으로 나누어서 취급하면 컨트롤하기 쉬운 스케일로 탈바꿈합니다.

즉 메이저 스케일과 마이너 스케일을 펜타토닉 스케일과는 별개의 스케일로 생각하는 것이 아니라 메이저 스케일→메이저 펜타토닉 스케일의 발전형→마이너 스케일→마이너 펜타토닉 스케일의 발전형으로 생각하는 것입니다.

지금부터 소개하는 다이어그램을 통해 펜타토닉에 추가되는 음과 해당 포지션을 살펴보도록 하겠습니다.

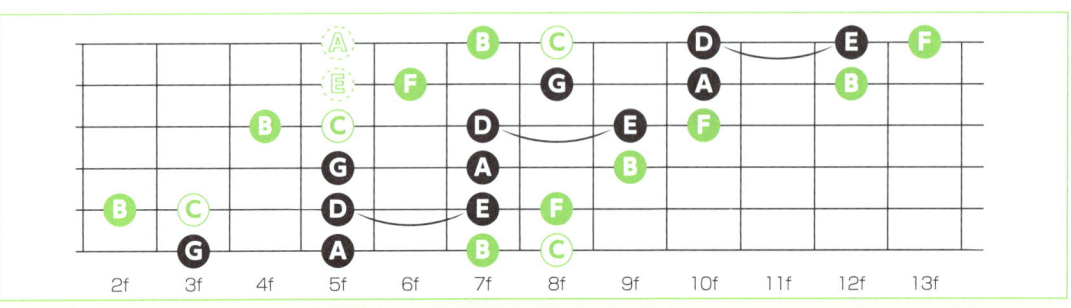

포지션 ①

이 포지션의 토대가 된 것은 C 메이저 펜타토닉의 확장 포지션(5번 줄 루트)입니다. 잘 살펴보면 여기에 추가로 메이저 스케일의 음 몇 개(F와 B)가 곳곳에 배치된 것을 알 수 있습니다. 얼핏 보기에는 어려워 보일 수도 있지만, 펜타토닉 때와 마찬가지로 1~2번 줄, 3~4번 줄, 5~6번 줄의 3개의 옥타브로 같은 운지가 연결되어 있을 뿐입니다.

우선 가운데 3~4번 줄로 익혀보겠습니다. 헷갈리지 않도록 손가락 사용을 어느 정도 고정한 상태에서 시작하는 것이 스케일 마스터의 지름길입니다. 펜타토닉 부분은 앞에서와 마찬가지로 검지&

약지로 연주합니다. 추가된 음인 F와 B의 운지가 이 포지션의 포인트인데 4번 줄의 B는 약지를 슬라이드 해서 연주하고 3번 줄 B는 C부터 검지를 하나씩 옮겨 가면서 연주합니다. F는 새끼손가락으로 잡습니다.

우선 이 운지로 가볍게 솔로 연주를 하면서 손에 붙인 다음 옥타브 위, 아래로 이동시키면 완성됩니다.

마지막으로 이 슬라이드가 많고 멜로디적인 느낌이 강한 운지와 기계적인 움직임의 3노트 퍼 스트링의 운지를 접목해서 프레이즈의 폭을 넓히도록 합니다.

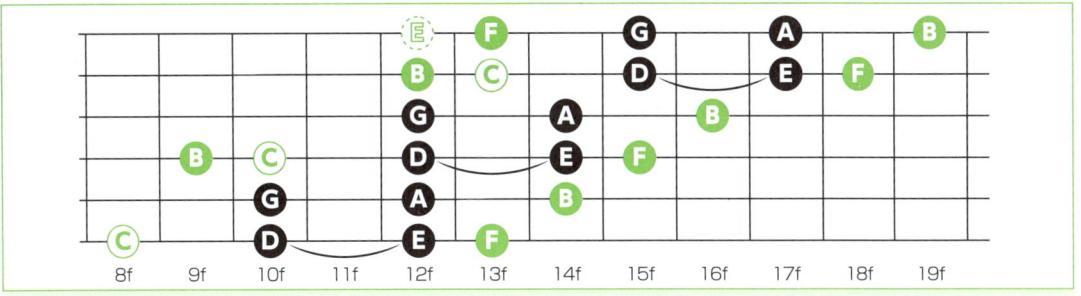

포지션 ②

이것은 C 메이저 펜타토닉의 확장 포지션(6번 줄 루트)이 토대가 된 것입니다. 4~5 번 줄을 보면 알 수 있듯이 기본 구조는 포지 션①과 같습니다. 2~3번 줄은 튜닝 때문에 반음 차이가 생기므로 약간의 주의가 필요합니다.

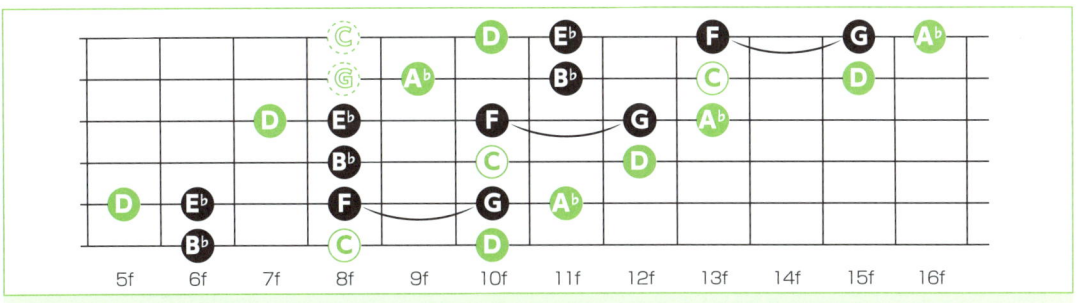

포지션 ③

C 마이너 펜타토닉의 확장 포지션(6번 줄 루트)이 토대가 된 것입니다. 키와 토닉의 위치는 다르지만 운지 형태는 ①과 같습니다. 이것도 앞에서와 마찬가지로 펜타토닉 부분은 검지&약지만으로 연주하고 이외의 음은 메이저 때와 마찬가지로 잡습니다. 우선 가운데의 3~4번 줄로 연주하며 분위기를 파악해 봅시다. 형태가 같으므로 메이저적인 프레이징이 되지 않도록 주의가 필요한데 토닉인 C를 중심으로 프레이즈를 안정시키는 것이 메이저와의 차이를 만드는 요령입니다.

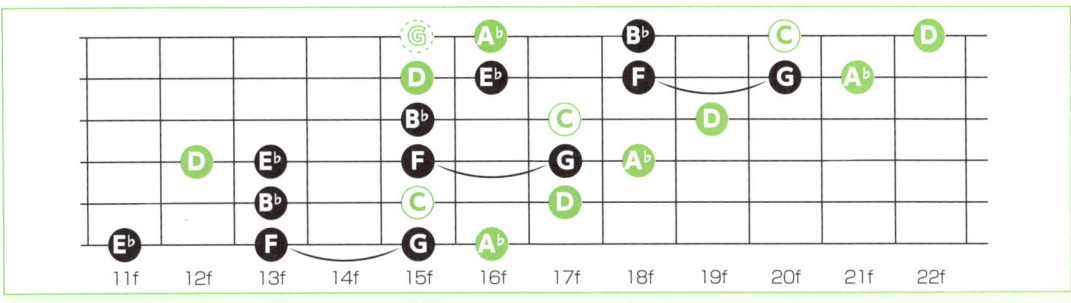

포지션 ④

C 마이너 펜타토닉의 확장 포지션(5번 줄 루트)이 토대가 된 것입니다. 형태는 ②와 같습니다. 마이너적인 느낌을 연출하면서 4~5번 줄 정도부터 공략해 갑시다. 2~3번 줄은 튜닝 때문에 형태가 흐트러지므로 주의하시기 바랍니다.

QR Track 22

펜타토닉 스케일의 응용 ①

메이저 펜타토닉 +2음으로 연주할 수 있습니까?

Key=C

이 스케일의 완성 포인트

확장 C 메이저 펜타토닉 스케일에 두 음(F, B)을 추가해서 프레이즈를 구축한 예입니다. 특히 2마디까지는 슬라이드를 포함한 펜타토닉 상행 프레이즈 중에 이 두 음이 자연스럽게 사용되고 있다는 것을 쉽게 파악할 수 있을 것입니다. 3마디 2박 도입부의 F음도 음을 살짝 추가한 예인데 블루스 느낌이 없어지고 시원한 느낌의 프레이즈로 바뀌었습니다. 9마디 1박 뒷부분, 10마디 1박 뒷부분 등은 코드 톤을 사용해서 코드와 일체감을 만들 수 있는데 사용할 부분을 잘 선택하면 좋은 효과를 볼 수 있는 프레이즈입니다. 9, 10마디 2박의 스케일

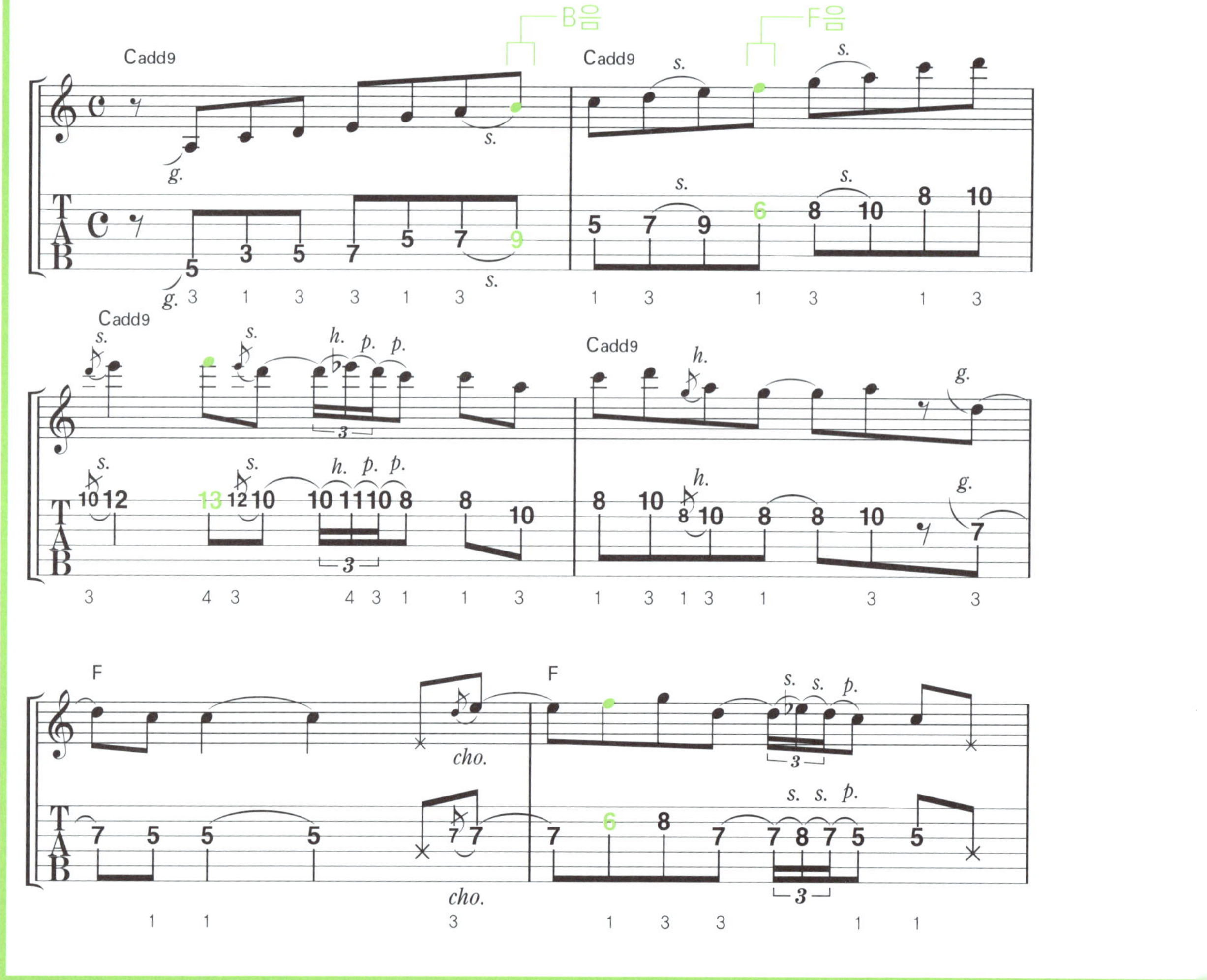

→ 블루스를 연주하면서 익히는 프로급 스케일 워크 22

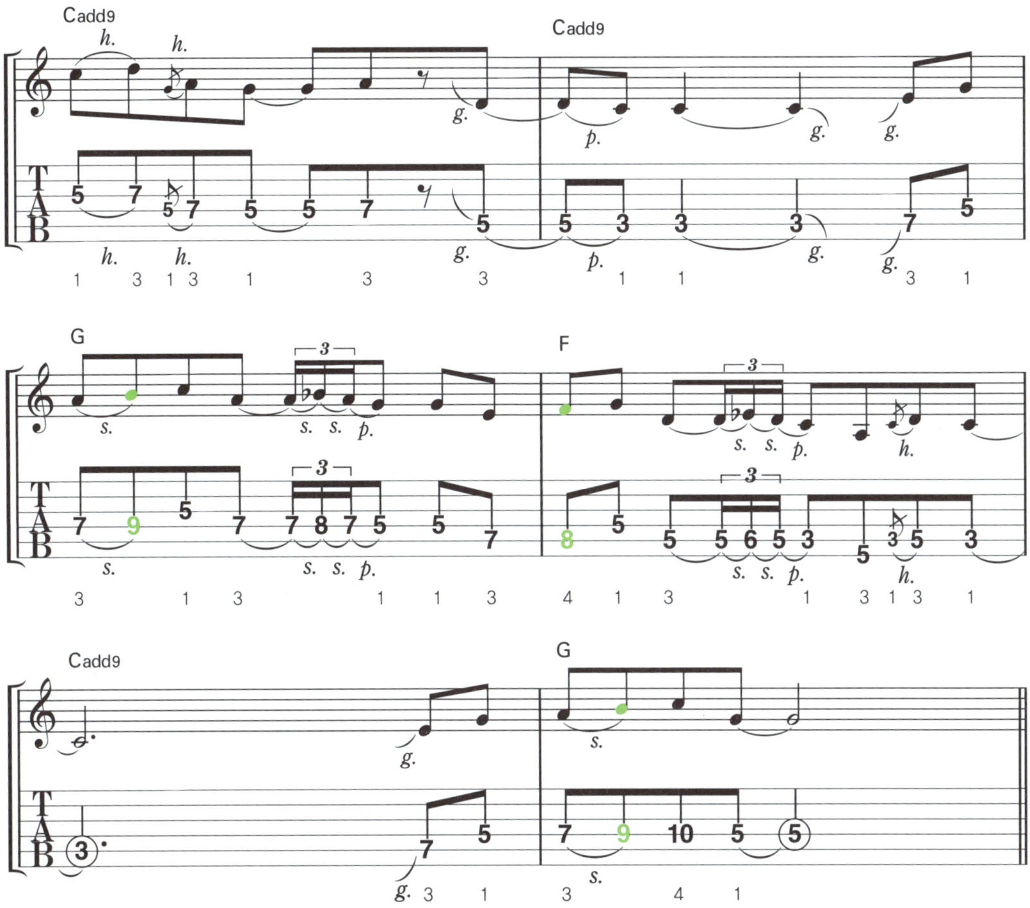

외의 음은 단순히 멜로디 페이크하며 추가한 장식음이기 때문에 굳이 무슨 스케일인지 따져보지 않아도 됩니다.

이 악보에서 익혀두면 좋은 다이어그램

C 메이저 펜타토닉 스케일+B&F

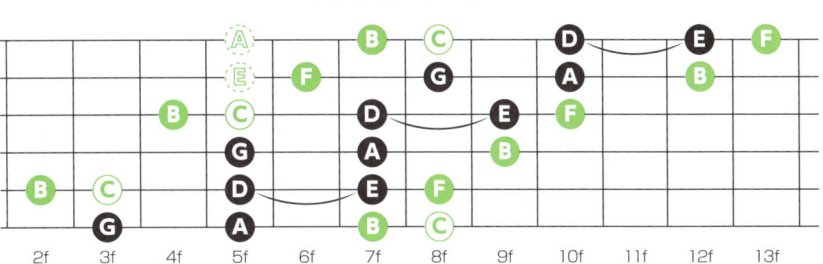

QR Track 23

펜타토닉 스케일의 응용 ②
마이너 펜타토닉 +2음으로 연주할 수 있습니까?

Key=**Cm**

이 스케일의 완성 포인트

C 마이너 펜타토닉 스케일 또는 확장 포지션에 마이너 스케일의 2음(D, A♭)을 추가했습니다. 1마디 3~4박은 반음 초킹을 사용한 전형적인 예입니다. 다이아토닉 스케일을 떠올리게 하는 사운드

상 피치 컨트롤이 힘들게 되어 있으므로 주의하면서 연주합시다. 5마디 도입부, 10마디 2박 뒷부분도 새끼손가락으로 음을 살짝 추가해서 연주합니다. 펜타토닉 스케일로 멜로디를 연주할 때 사용하는 해머링, 풀링, 슬라이드, 초킹 등의 테크닉을 적

→ 블루스를 연주하면서 익히는 프로급 스케일 워크 23

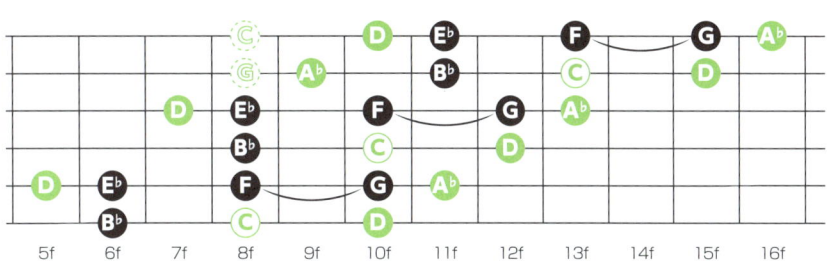

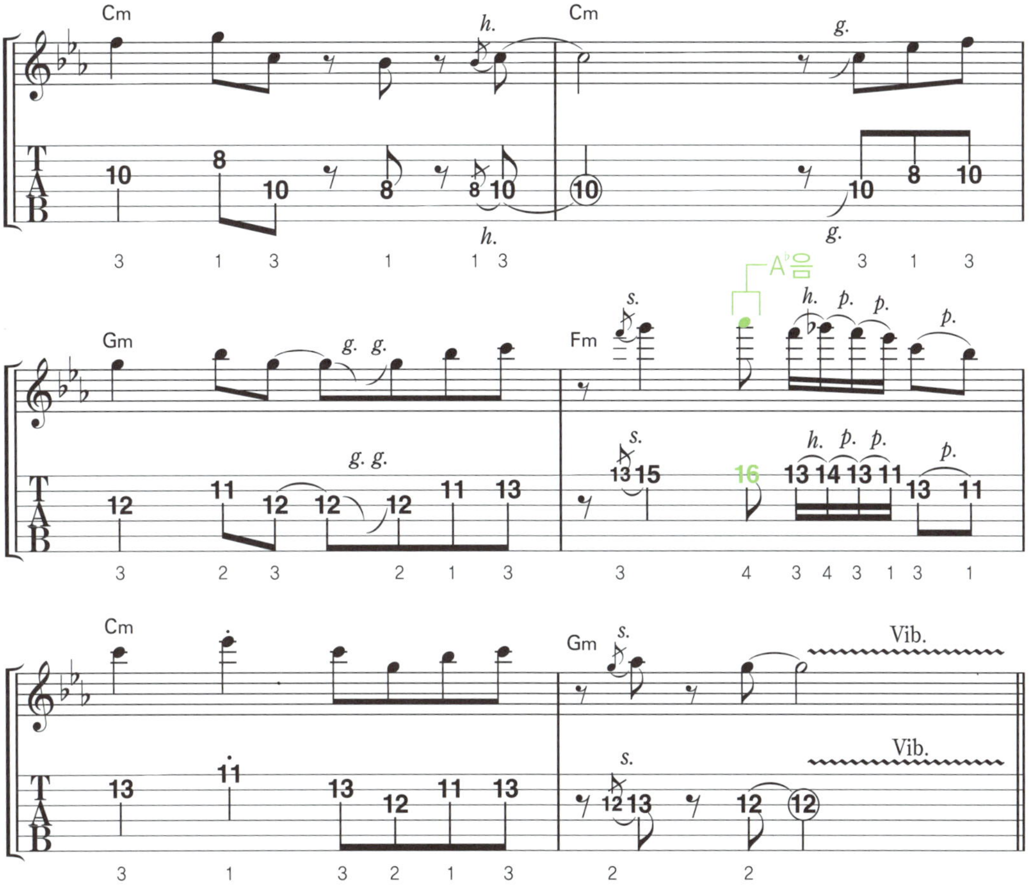

극적으로 사용해서 사운드를 화려하게 만드는 것이 이 악보의 최대 목표입니다. 반복해서 연주하며 분위기를 파악하도록 합시다.

이 악보에서 익혀두면 좋은 다이어그램

C 마이너 펜타토닉 스케일+A♭&D

펜타토닉 스케일을 응용해서 사용하기

지금까지 같은 토닉을 가진 「메이저 펜타토닉 스케일과 메이저 스케일」, 「마이너 펜타토닉 스케일과 마이너 스케일」의 관계를 살펴보았습니다. 그러나 또 다른 각도에서 펜타토닉 스케일과 다이아토닉 스케일을 조합해도 화려한 연주를 쉽게 할 수 있습니다.

잠시 많은 기타리스트가 경험하는 상황을 한 가지 살펴보겠습니다.

다이아토닉으로 진행하는 코드 악보를 주며 「메이저 펜타토닉 스케일과 메이저 스케일로 적당히 연주해 보라」고 해서 연주해보면 그럭저럭 느낌은 표현하겠는데 그다지 만족스럽지 않고 결국 「자네,

각각의 코드 톤을 골고루 잘 사용해야 한다」는 지적을 당하는… 경험을 해 본 적이 있을 것입니다. '코드 톤을 연주해야지!', '어보이드 노트는 조심해야지!'와 같은 생각은 당연히 옳은 것이지만 멜로디적인 연주를 하면서 이런 규칙을 지키는 것은 결코 단시간에 되는 것이 아닙니다.

이럴 때는 「3개의 펜타토닉 스케일을 적절히 응용」해서 대처합니다. 메이저 스케일 안에는 3개의 펜타토닉 스케일이 숨어 있는데, C 메이저 스케일을 예로 살펴보면 D 마이너 펜타토닉과 E 마이너 펜타토닉과 A 마이너 펜타토닉 스케일이 포함되어 있습니다.

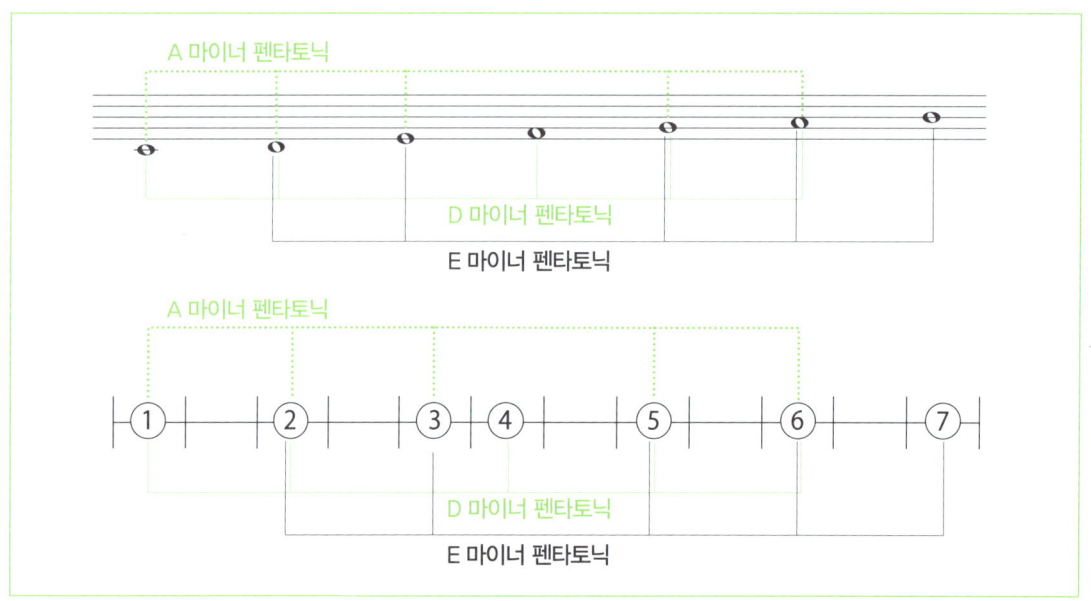

각각의 코드에 대해 메이저 스케일(7음)이 아닌 펜타토닉(5음)으로 연주한다는 것은 2개의 음을 피해서 연주하는 것과 마찬가지인데, 그 2개의 음이 어보이드 노트나 코드에 잘 어울리지 않는 음이 되

도록 펜타토닉을 선택하면 「적절한 5음」을 항상 연주할 수 있게 되는 것입니다.

아래의 코드 예에 추천 펜타토닉 스케일을 정리해 보았습니다.

Key=C

C, C6일 때는→A 마이너 펜타토닉(6th의 사운드가 의외의 느낌)

CMaj7일 때는→E 마이너 펜타토닉(어보이드 노트인 FMaj7과 부딪치는 루트 C를 배제할 수 있다)

Dm7일 때는→D 마이너 펜타토닉 또는 A 마이너 펜타토닉(9th가 포함되어 있어서 좋은 느낌)

Em7 일 때는→E 마이너 펜타토닉(다른 펜타토닉 스케일을 사용하면 어보이드가 포함된다)

FMaj7일 때는→A 마이너 펜타토닉(IVMaj7은 어보이드 노트가 없으므로 어느 펜타토닉 스케일을 사용해도 상관없지만, 이것이 가장 자연스럽게 들릴 것입니다)

G7일때는→E 마이너 펜타토닉(3rd인 B음이 포함된 것은 이 펜타토닉뿐)

Am7일 때는→A or E 마이너 펜타토닉 스케일(9th의 텐션 느낌을 원할 때는 E마이너 펜타토닉)

Bm7(^{b}5)일 때는→D or E 마이너 펜타토닉 스케일(D마이너 펜타토닉 스케일은 어보이드 노트인 C음을 포함하고 있지만 ^{b}5가 있어서 전체적으로 코드와 구조가 비슷함)

포지션 예: 5프렛 근처 3개의 펜타토닉

D 마이너 펜타토닉

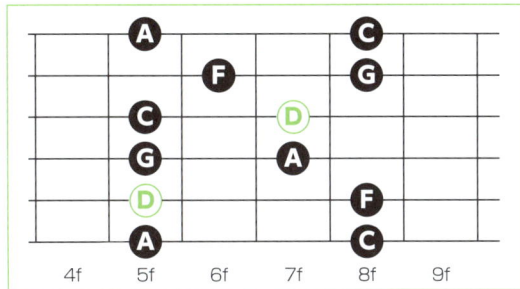

포지션 예 : 12프렛 근처 3개의 펜타토닉

D 마이너 펜타토닉

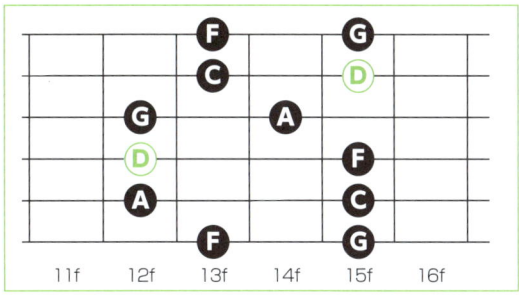

E 마이너 펜타토닉

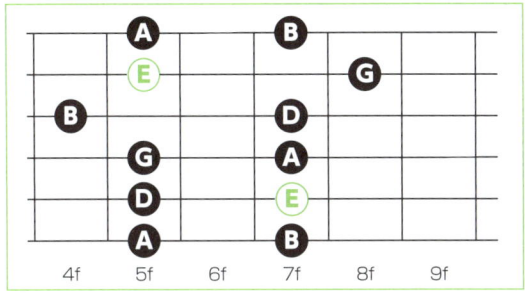

E 마이너 펜타토닉

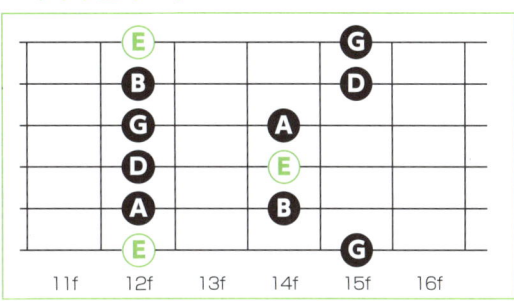

A 마이너 펜타토닉

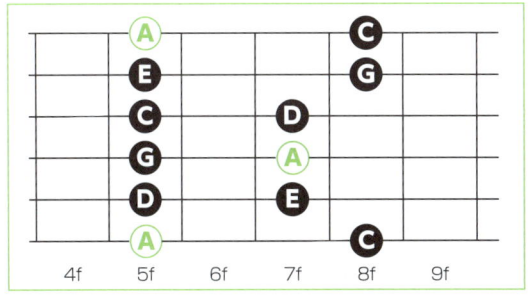

A 마이너 펜타토닉

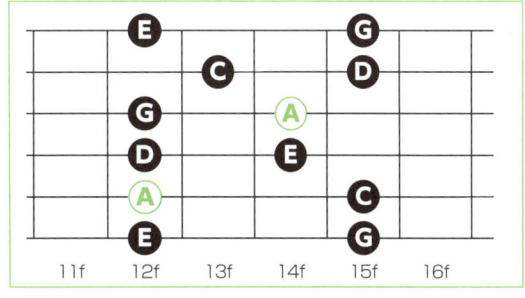

QR Track 24

펜타토닉 스케일의 응용 ③

펜타토닉 스케일을 응용해서 사용할 수 있습니까? ①

Key=C

이 스케일의 완성 포인트

팝 스타일의 블루스 진행에서 펜타토닉 스케일을 응용한 프레이징입니다. 여기서는 매우 간단하면서도 이론에 충실하게 펜타토닉을 바꾸어 가며 사용하는데 포지션과 사운드를 확인하며 천천히 쳐 보기 바랍니다. 기본적으로 Cmaj7과 G7, Em7일 때 E 마이너 펜타토닉, FMaj7, Am7일 때 A 마이너 펜타토닉, Dm일 때 D 마이너 펜타토닉 스케일을 연주합니다. 앞에서도 설명한 것처럼 다른 선택지도 있으므로 부분적으로 바꾸어 보며 사운드가 어떻게 변하는지 체크하는 것도 좋습니다. 퍼즐과 같은 발상이지만 이럴 때일수록 음악적인 부분을 놓치지 말고 센스를 최대한 발휘합시다.

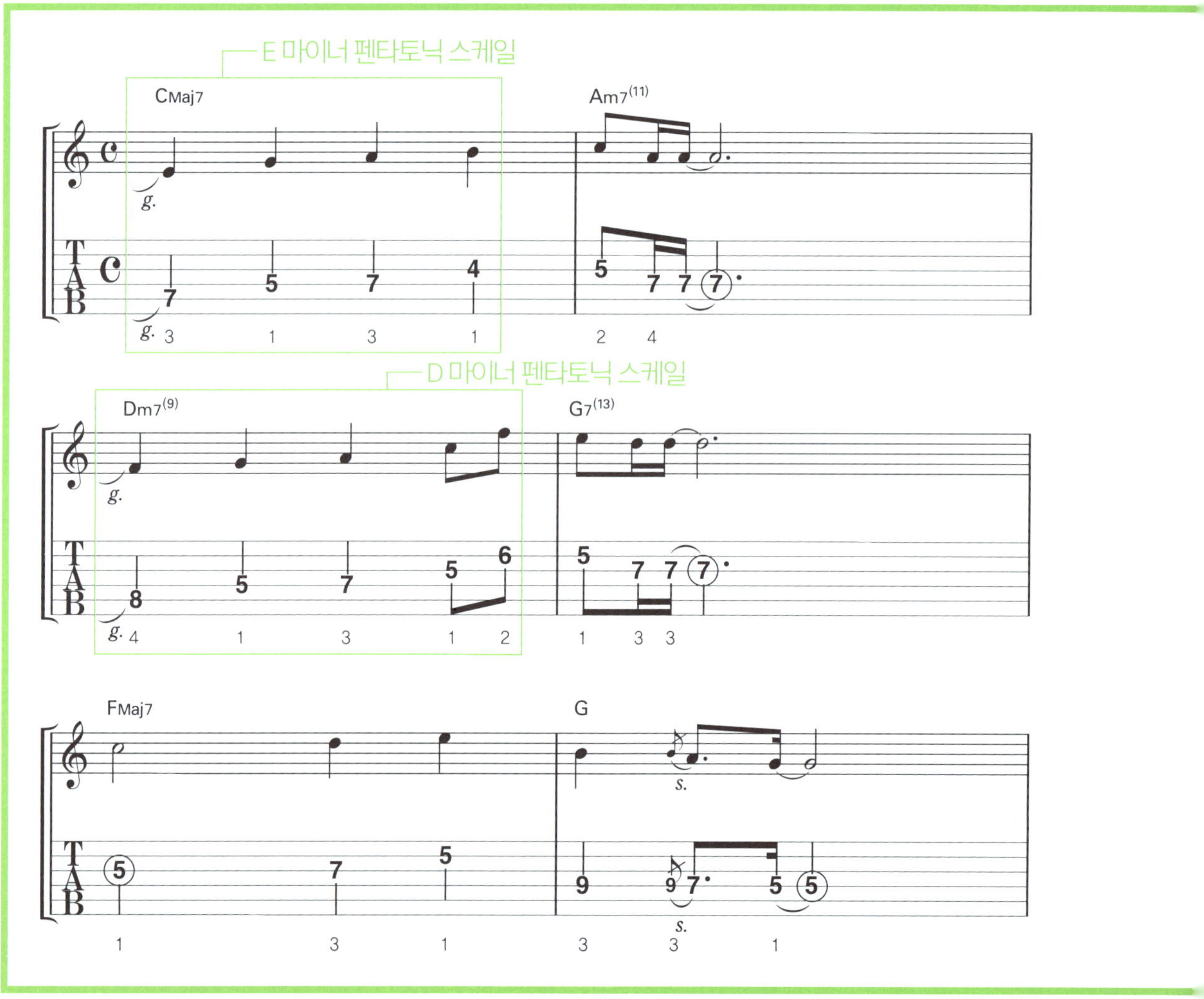

→ 블루스를 연주하면서 익히는 프로급 스케일 워크 24

이 악보에서 익혀두면 좋은 다이어그램

D 마이너 펜타토닉 스케일

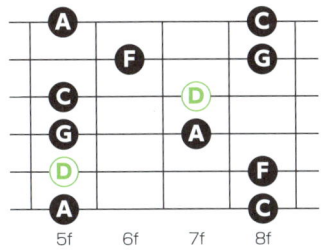

E 마이너 펜타토닉 스케일

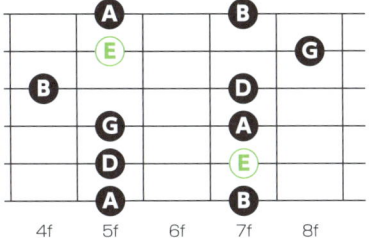

A 마이너 펜타토닉 스케일

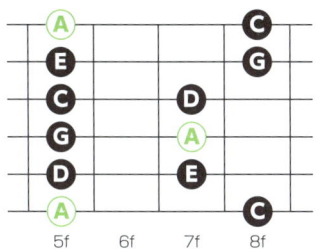

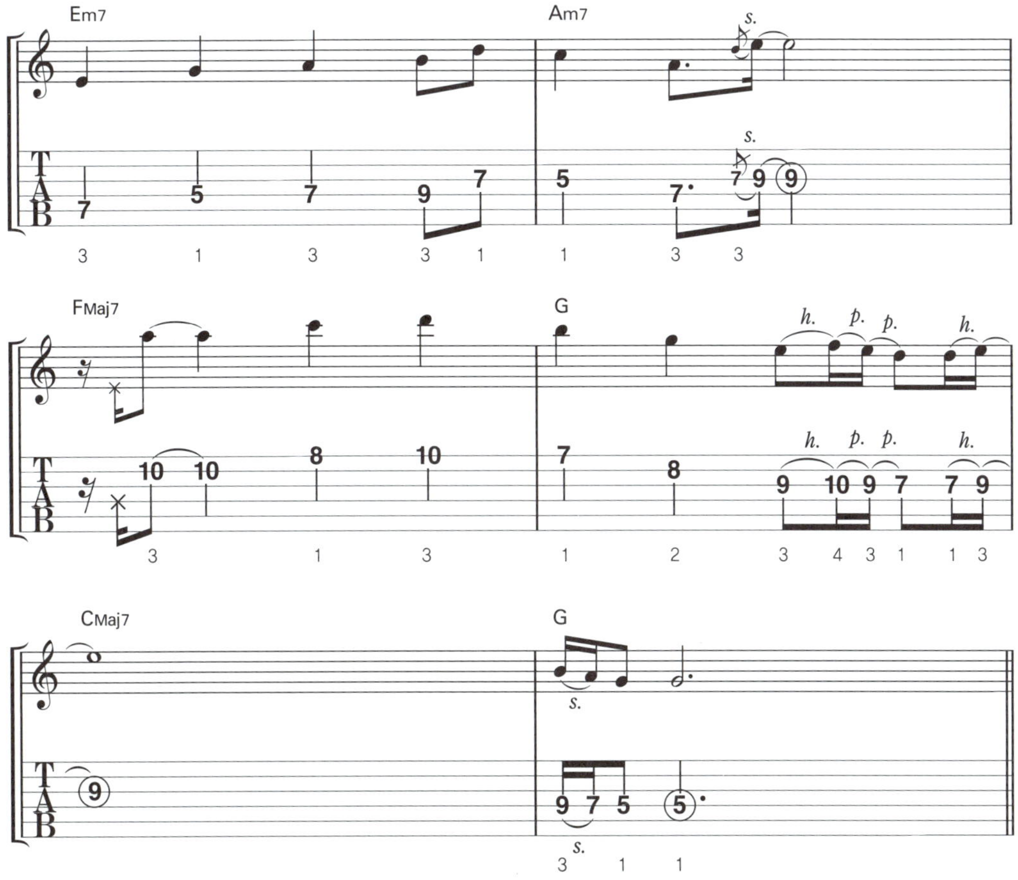

펜타토닉 스케일의 응용 ④

펜타토닉 스케일을 응용해서 사용할 수 있습니까? ②

Key=**Am**

이 스케일의 완성 포인트

음을 많이 사용한 범용적인 프레이즈 패턴입니다. 1~4마디는 E 마이너 펜타토닉 상행으로 시작해서 A 마이너 펜타토닉으로 하행, 그다음에는 다시 E 마이너 펜타토닉으로 상행합니다. 5~8마디도 이 두 개의 펜타토닉 스케일을 바꿔가면서 사용하는데 5마디는 A 마이너 펜타토닉, 6~7마디는

E 마이너 펜타토닉, 8마디는 A 마이너 펜타토닉 스케일을 사용합니다. 9마디는 A 마이너 펜타토닉을 사용하고 10마디 후반은 지금까지의 접근 방식과 다르게 블루 노트를 사용하기 위해서 C 마이너 펜타토닉을 연주하며 잠시 양념을 첨가하는 것 같은 블루지한 느낌을 표현합니다. 곡의 느낌에 맞는다면 더 효과적으로 사용 가능합니다. 11~12마디

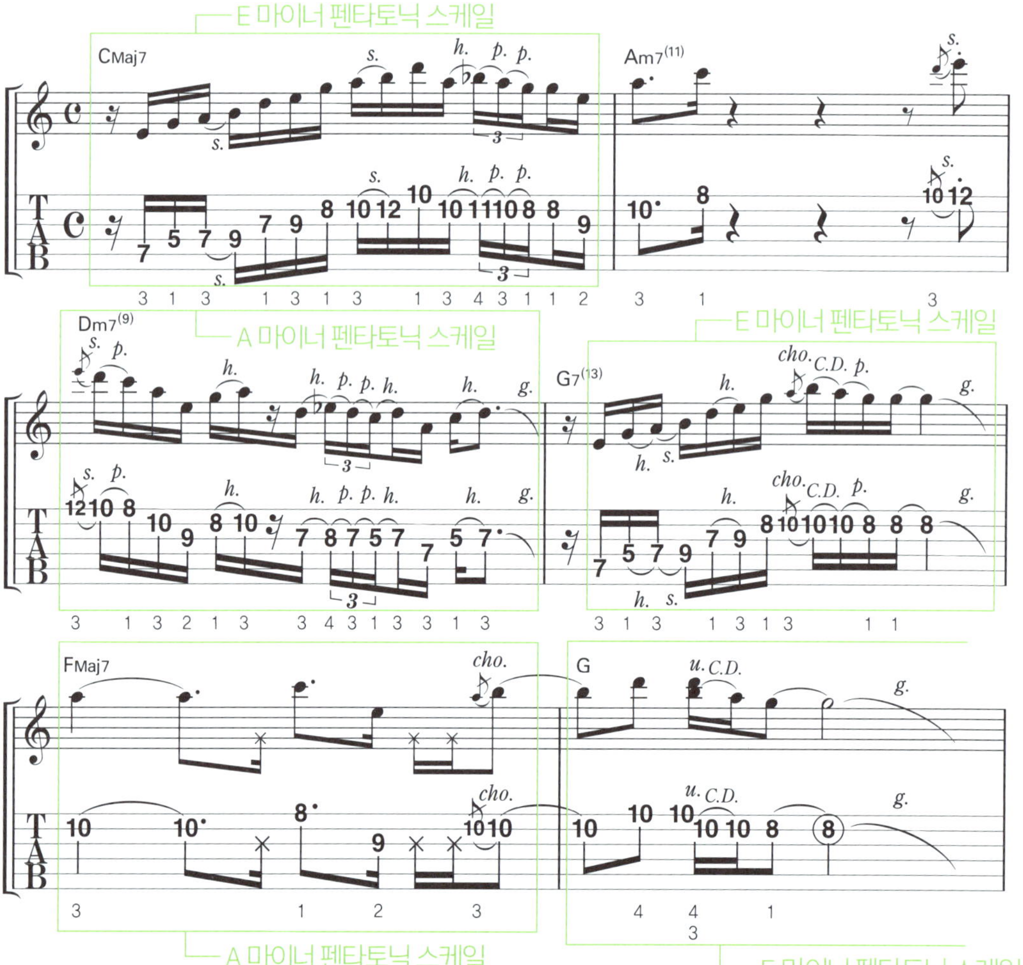

이 악보에서 익혀두면 좋은 다이어그램

는 A 마이너 펜타토닉 ~ E 마이너 펜타토닉 스케일을 자연스럽게 연결해서 연주합니다.

C 마이너 펜타토닉 스케일

E 마이너 펜타토닉 스케일

A 마이너 펜타토닉 스케일

※ C 마이너 펜타토닉 부분에서는 장식음으로 ♮6th(A음), ♭5th(G♭음)이 사용되었습니다.

제4장
모드 스케일을 사용해서 연주할 수 있습니까?

모드 스케일이란 다이아토닉 스케일의 시작 음을 바꾼 스케일입니다.

중세 유럽에서는 리듬의 개념이 확립되어 있지 않아서 종교 음악 등에서는 단선율이 주를 이루고 있었습니다. 즉 코드가 없던 시대에 멜로디만으로 「용감함」, 「관능적인 느낌」 등의 다양한 표현을 하기 위해 생겨난 것이 모드입니다. 현대에서는 다양한 음악에 사용되며 모달 하모니라고 불리는 모드를 위한 코드 이론도 확립되어 있는데, 기본적으로 「적은 코드 진행에서 주로 멜로디로 표현하는 것」이 일반적인 형태입니다. 우선 각 모드 스케일을 하나씩 살펴보겠습니다.

도리안 스케일

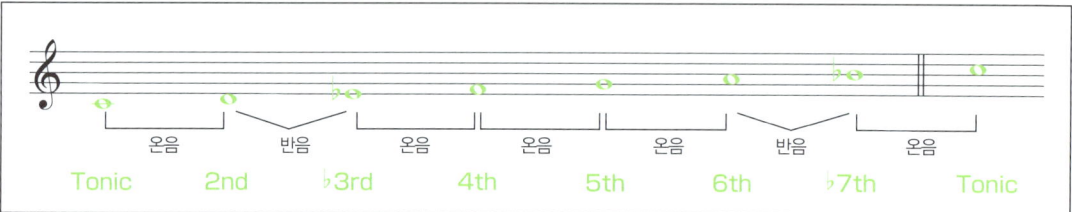

Tonic	2nd	♭3rd	4th	5th	6th	♭7th	Tonic
온음	반음	온음	온음	온음	반음	온음	

줄 1개로 확인하는 도리안 스케일의 음정 간격

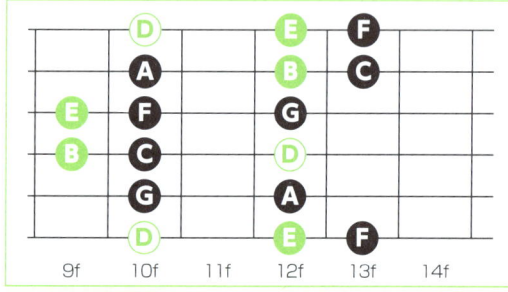

9f 10f 11f 12f 13f 14f

포지션 ①_ 도리안 1

도리안은 마이너 계통의 모드(※3)입니다. 모드 역시 펜타토닉을 축으로 생각하면 연주하기가 쉬워지는데 D 마이너 펜타토닉 스케일+2nd(E음), 6th(B음)=D 도리안이 됩니다. B음은 캐릭터 노트(특징 음)라고 하는데 이 스케일의 개성을 표현하는 중요한 음입니다. 마이너 펜타토닉 스케일+특징음인 6음으로의 어프로치도 모드의 특색을 강하게 표현할 수 있으므로 추천합니다.

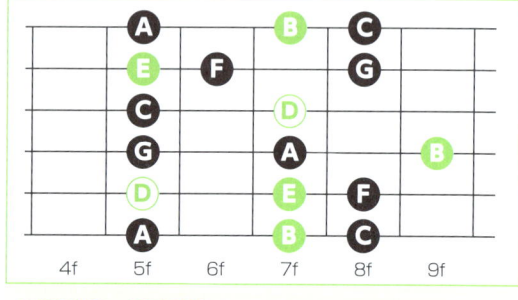

4f 5f 6f 7f 8f 9f

포지션 ②_ 도리안 2

위의 다이어그램은 D마이너 펜타토닉 스케일을 5번 줄 루트를 중심으로 잡은 포지션입니다. 도리안은 팝 뮤지션이 가장 많이 접하는 모드이므로(마이클 잭슨의 「스릴러」 등도 도리안 곡입니다) 반드시 마스터 합시다. 이 포지션에서는 1 번 줄 B음을 반음 초킹으로 감싸듯이 프레이징 하는 것을 추천합니다.

※3: 스케일의 제3음이 메이저인지 마이너인지에 따라 판단합니다.

다이아토닉 스케일의 대표라고 할 수 있는 C 메이저 스케일(CDEFGAB)의 시작 음을 순서대로 바꾸어 보면

CDEFGAB

DEFGABC

EFGABCD

FGABCDE

GABCDEF

ABCDEFG

BCDEFGA

가 되는데 시작 음을 앞에 붙여서 스케일 명을 부르기 때문에 각각의 호칭은

C 아이오니안

D 도리안

E 프리지안

F 리디안

G 믹소리디안

A 에이올리안

B 로크리안

이 됩니다.

C 아이오니안은 C 메이저 스케일, A 에이올리안은 네추럴 마이너 스케일과 같은 형태(※1)이므로 여기서는 도리안, 프리지안, 리디안, 믹소리디안에 대해 살펴보는 것으로 하겠습니다(※2).

※1 : 모달 하모니에 있어서는 각각 용법이 다른데 스케일 자체의 기본적인 사운드는 같기 때문에 여기서는 생략합니다.

※2 : 로크리안은 이론적으로 불안정한 스케일이라서 파퓰러 음악에서 별로 사용하지 않기 때문에 여기서는 생략합니다.

프리지안 스케일

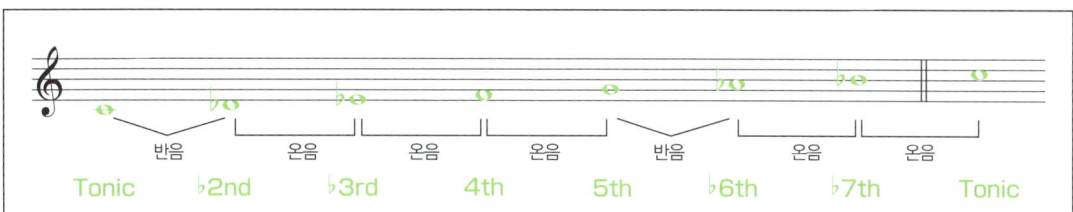

줄 1개로 확인하는 프리지안 스케일의 음정 간격

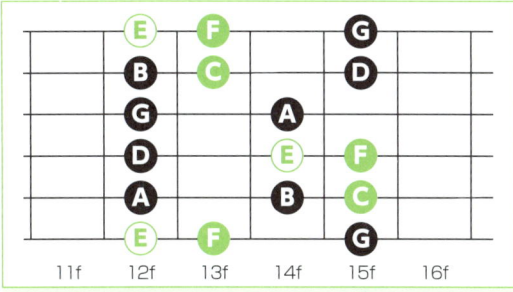

포지션 ③ _ 프리지안 1

E 프리지안은 E 마이너 펜타토닉+♭2nd(F음), ♭6th(C)음으로 생각할 수 있습니다. 캐릭터 노트는 ♭2nd인 F음입니다. 조금 무서운 느낌의 울림이 특징인데 스래시 메탈 리프 등에서 자주 사용하는 모드입니다. 토닉인 E음을 중심으로 양옆의 D음과 F음을 적절히 사용해서 연주하는 것만으로도 느낌을 충분히 표현할 수 있을 것입니다. 다이어그램은 6번 줄 루트의 E 프리지안입니다.

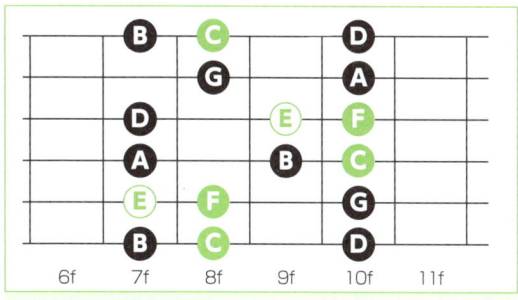

포지션 ④ _ 프리지안 2

5번 줄 루트의 E 프리지안인데 E 마이너 펜타토닉 중심의 포지션입니다. 3~4번 줄의 약지로 반음 초킹을 연결해서 F음과 C음을 연주합니다.

리디안 스케일

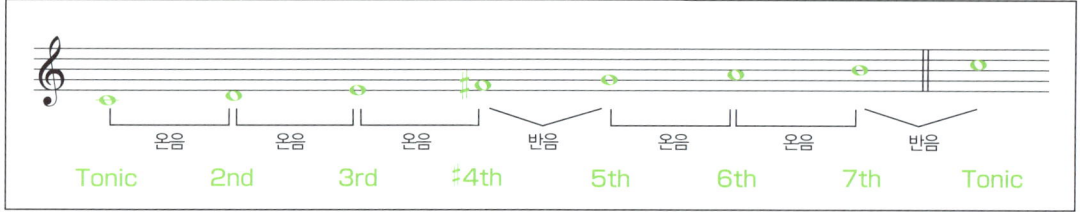

| Tonic | 2nd | 3rd | ♯4th | 5th | 6th | 7th | Tonic |

온음 / 온음 / 온음 / 반음 / 온음 / 온음 / 반음

줄 1개로 확인하는 리디안 스케일의 음정 간격

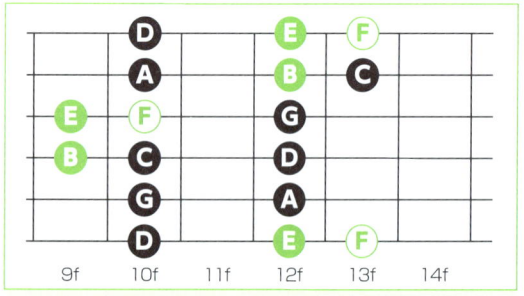

포지션 ⑤_ 리디안 1

스티브 바이 등 최첨단 장비를 자랑하는 기타리스트들이 애용하는 모드로 허공에 떠 있는 것 같은 사운드가 리디안의 특징입니다. 리디안은 메이저 모드이기 때문에 F 메이저 펜타토닉 +♯4th(B), 7th(E)로 생각할 수 있습니다. 캐릭터 노트는 ♯4th인 B음입니다. 다이어그램은 6번 줄 루트의 F 메이저 펜타토닉 중심의 포지션입니다.

포지션 ⑥_ 리디안 2

다이어그램은 5번 줄 루트의 F 메이저 펜타토닉 중심의 포지션입니다. 리디안 스케일 다운 느낌을 만들기 원한다면 ♯4th를 최대한 자주 사용해 봅시다. 캐릭터 노트를 연주하지 않는 한 메이저 스케일과의 차이를 표현할 수 없으므로 「어떻게」, 「어떤 타이밍에」, 「♯4th」를 사용하는 지가 센스를 발휘할 수 있는 중요한 포인트입니다.

Q 「○○ 스케일의 5번째부터 치면 ○○ 스케일」과 같은 설명이 앞부분에 있었는데 예를 들어 어떤 스케일을 연주하고 있을 때 그 5번째 음부터 프레이즈를 연주하면 다른 스케일을 치는 것이 되는 건가요?

믹소리디안 스케일

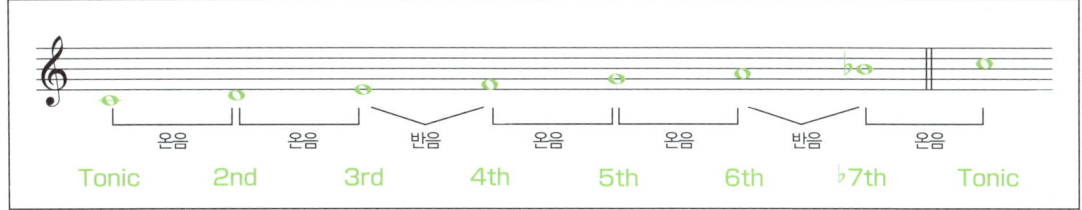

줄 1개로 확인하는 믹소리디안 스케일의 음정 간격

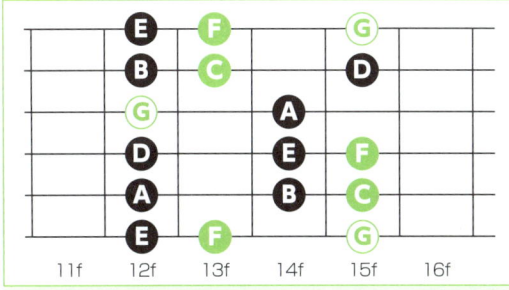

포지션 ⑦_ 믹소리디안 1

블루스, 컨트리, 펑크 등 소위 흑인 음악에서 자주 사용하는 모드입니다. 다이어그램은 6번 줄 루트 포지션인데 메이저 모드 계열이기 때문에 G 메이저 펜타토닉+4th(C음), ♭7th(F음)으로도 생각할 수 있습니다. 캐릭터 노트는 ♭7th인 F음입니다. 전체적으로는 메이저 느낌이지만 마이너 느낌이 나는 ♭7th음이 포함되어 있다는 점이 블루지한 울림의 비결입니다.

포지션 ⑧_ 믹소리디안 2

5번 줄 루트의 G 메이저 펜타토닉 중심의 포지션입니다. 제1장에서 마이너&메이저 두 펜타토닉을 섞는 것에 관해 설명했는데 이 믹소리디안도 두 펜타토닉을 섞은 스케일이라고 볼 수 있습니다. 여기에 G 메이저 펜타토닉, G 마이너 펜타토닉을 섞어서 사용하면 하이브리드적인 블루스 연주도 가능해집니다.

※여기서 소개한 포지션의 다이어그램은 펜타토닉 포지션을 중심으로 소개한 것인데 모드 스케일은 메이저 스케일을 회전시킨 것으로 생각할 수 있어서 앞서 설명했던 5포지션, 3노트 퍼 스트링으로도 응용할 수 있습니다. 반드시 사용해보기 바랍니다.

A 프레이즈적인 관점에서는 어느 음부터 시작해도 스케일 이름이 바뀌지는 않습니다. 원래 스케일과 같은 명칭은 편의상 붙인 것에 불과하므로 너무 이론적인 부분에 얽매이면 자연스러운 연주를 할 수 없습니다. 중요한 것은 연주하는 곡의 진행과 화성 안에서 어떤 울림의 음을 사용하느냐 하는 것입니다. 예를 들어 C-Dm-Em-F와 같은 코드 진행이 있는데 C 아이오니안, D 도리안, E 프리지안, F 리디안과 같이 각각의 코드에 스케일을 대입해서 생각하는 것은 오버입니다. 사용하는 음만 놓고 봤을 때는 결국 C 메이저 스케일이기 때문에 우선 종적인 라인(코드에서는 어떤 화음이 되는가)과 횡적인 라인(어떤 리듬과 인터벌로 진행하는가)에 주의하며 멜로디를 만들어 갑시다.

모드 스케일 ①

도리안 스케일로 연주할 수 있습니까?

Key=**Dm**

이 스케일의 완성 포인트

D 도리안에 의한 프레이징 예입니다. 스케일의 특성과 울림을 이해하기 쉽게 하려고 MR은 블루스 진행이 아닌 원 코드 진행을 사용했습니다(장식적인 코드가 포함되어 있지만 Dm7 원 코드라고 생각하면 됩니다). 블루지한 연주가 목표라면 D 마이너 펜타토닉 스케일을 중심으로 연주하면 되는데, 여기에 캐릭터 노트인 ♮6th를 추가함으로써 특유의 쿨한 마이너 느낌을 만들 수도 있습니다. 포인트는 3, 5마디 3박에서 ♮6th를 강조한 부분과 4마디 3박에서 반음 초킹을 사용한 부분입니다.

※ ♮6th(장6도)의 B음이 포인트

→ 블루스를 연주하면서 익히는 프로급 스케일 워크 26

이 악보에서 익혀두면 좋은 다이어그램
D 도리안 스케일

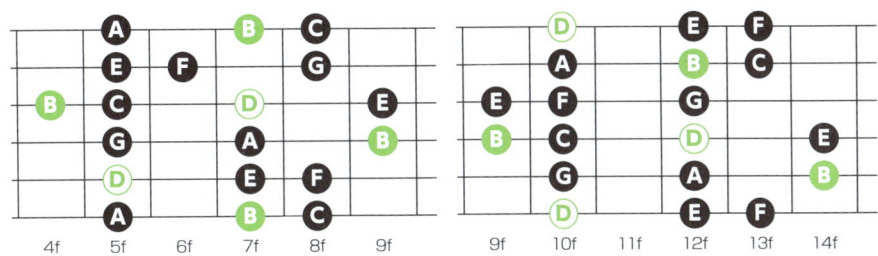

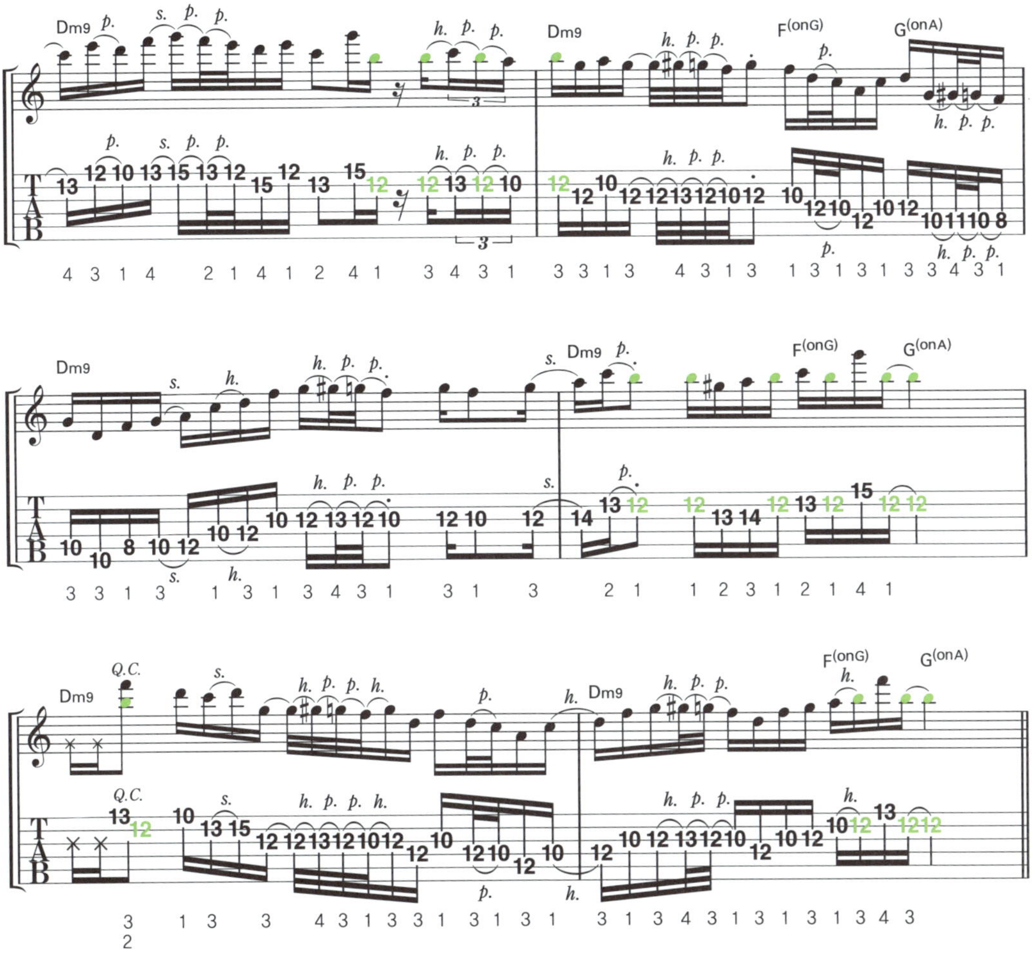

QR Track 27

모드 스케일 ②

프리지안 스케일로 연주할 수 있습니까?

Key=Em

이 스케일의 완성 포인트

E 프리지안에 의한 프레이징 예입니다. 여기서도 E 마이너 원 코드의 MR에 맞춰 연주합니다. 보통 블루스와 펑크 계열의 잼 연주 시에 Em7 한 코드로 연주하는 경우가 많은데, 이처럼 프리지안으로 솔로 하는 것은 흔치 않을 것입니다. 하지만 충분한 임팩트와 오리엔탈적인 분위기가 특징이므로 연주하는 중에 악센트로 사용하거나 음악 제작(영화나 게임 음악에서 프리지안 사용이 많습니다) 등에 활용할 것을 염두에 두고 익히면 좋을 것입니다. 캐릭터 노트인 ♭9th(F음)의 사용법에 주의하면서 연주해 봅시다.

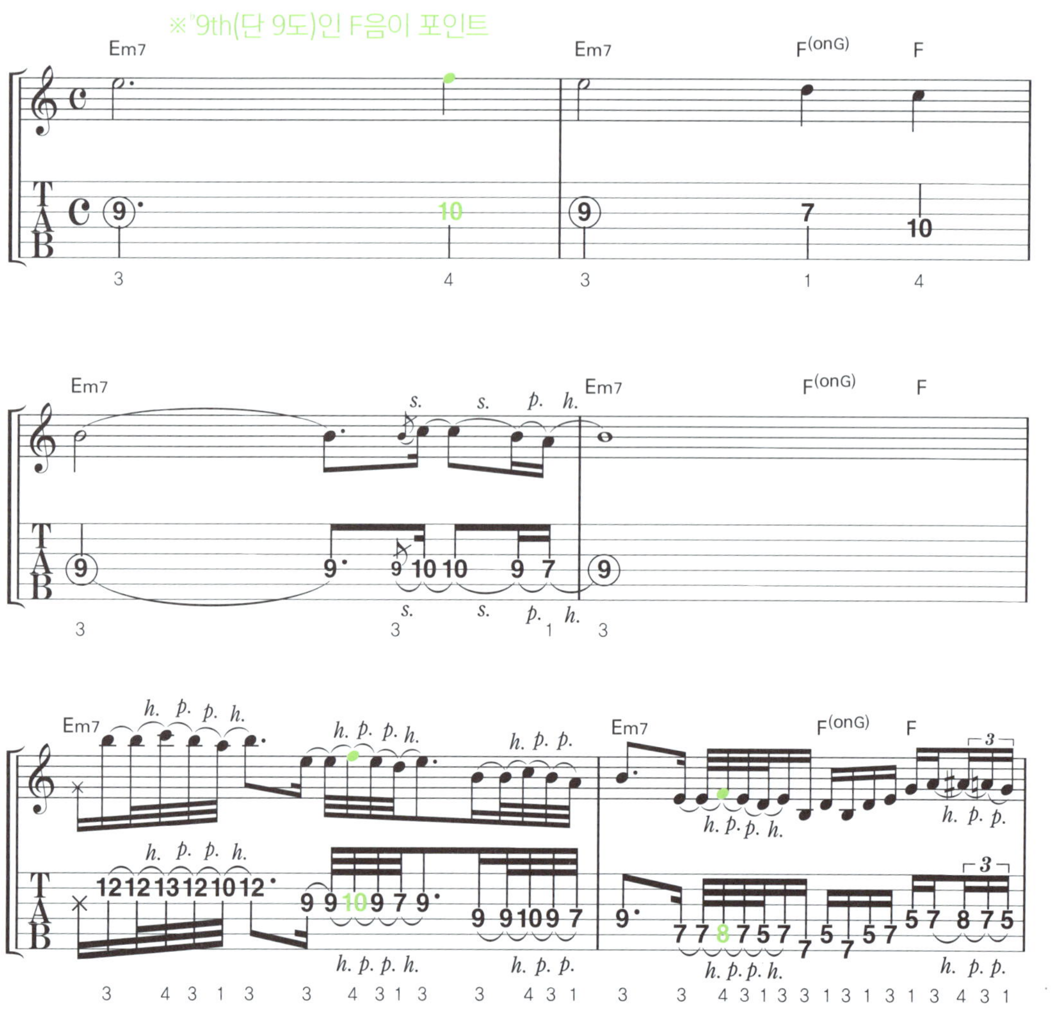

→ 블루스를 연주하면서 익히는 프로급 스케일 워크 27

이 악보에서 익혀두면 좋은 다이어그램

E 프리지안 스케일

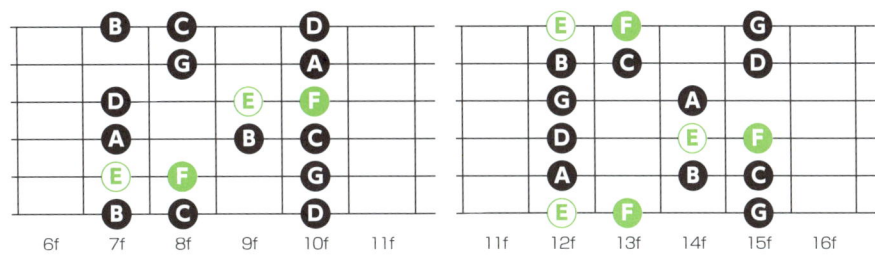

QR Track 28

모드 스케일 ③

리디안 스케일로 연주할 수 있습니까?

Key=F

이 스케일의 완성 포인트

F코드만으로 된 진행에 맞춰 연주한 F 프리지안에 의한 프레이징 예입니다. 리디안은 허공에 떠 있는 느낌이 강해서 처음에는 어떻게 연주해야 안정적일지 감도 안 오고 어렵게 느낄 수도 있는데, F코드의 구성음(F, A, C)에 종속된 프레이징을 기본으로 연주하면서 중간중간 넓은 음정으로 캐릭터 노트인 #4th의 B음을 사용하면 좋습니다. 리디안 뿐만 아니라 모드 음악은 멜로디가 가장 중요하므로 설득력 있는 연주가 요구됩니다. 이 악보로 보면 1마디와 같은 형태의 프레이즈를 5마디에서 다시 반복하거나 9~10마디처럼 다른 마디보다 부분적

※ #4th(증4도)인 B음이 포인트

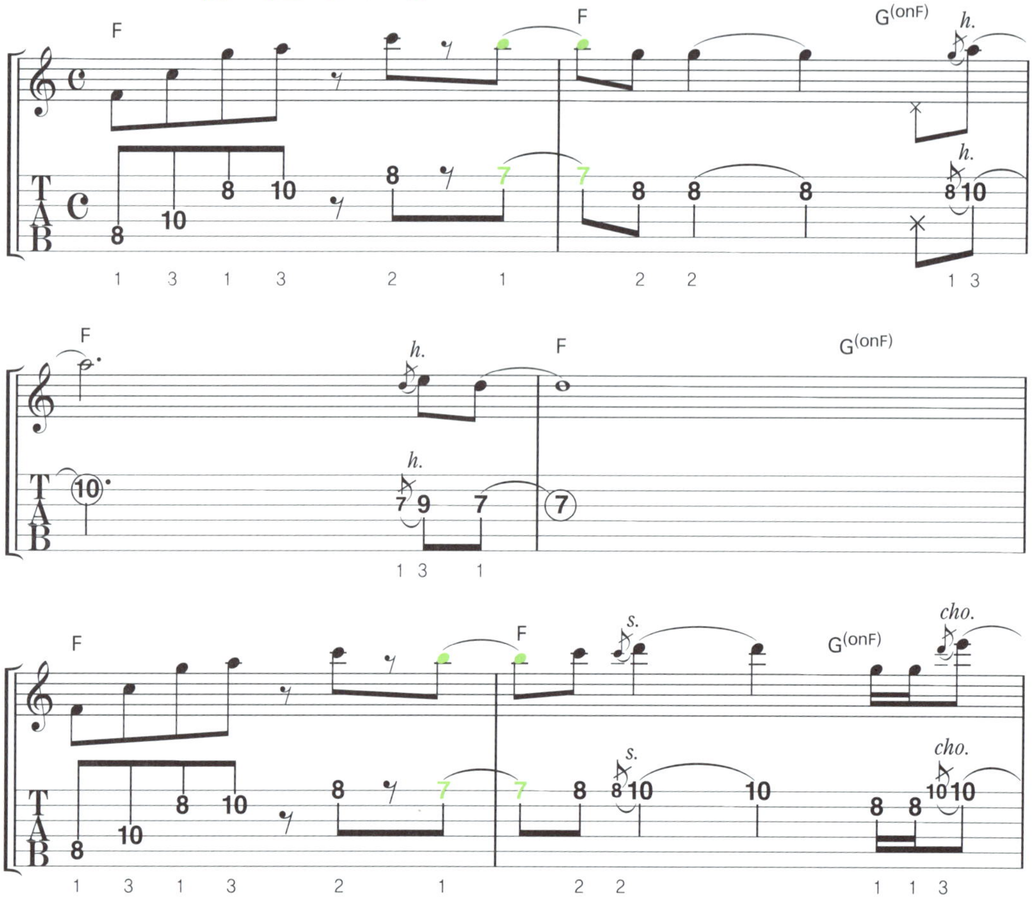

→ 블루스를 연주하면서 익히는 프로급 스케일 워크 28

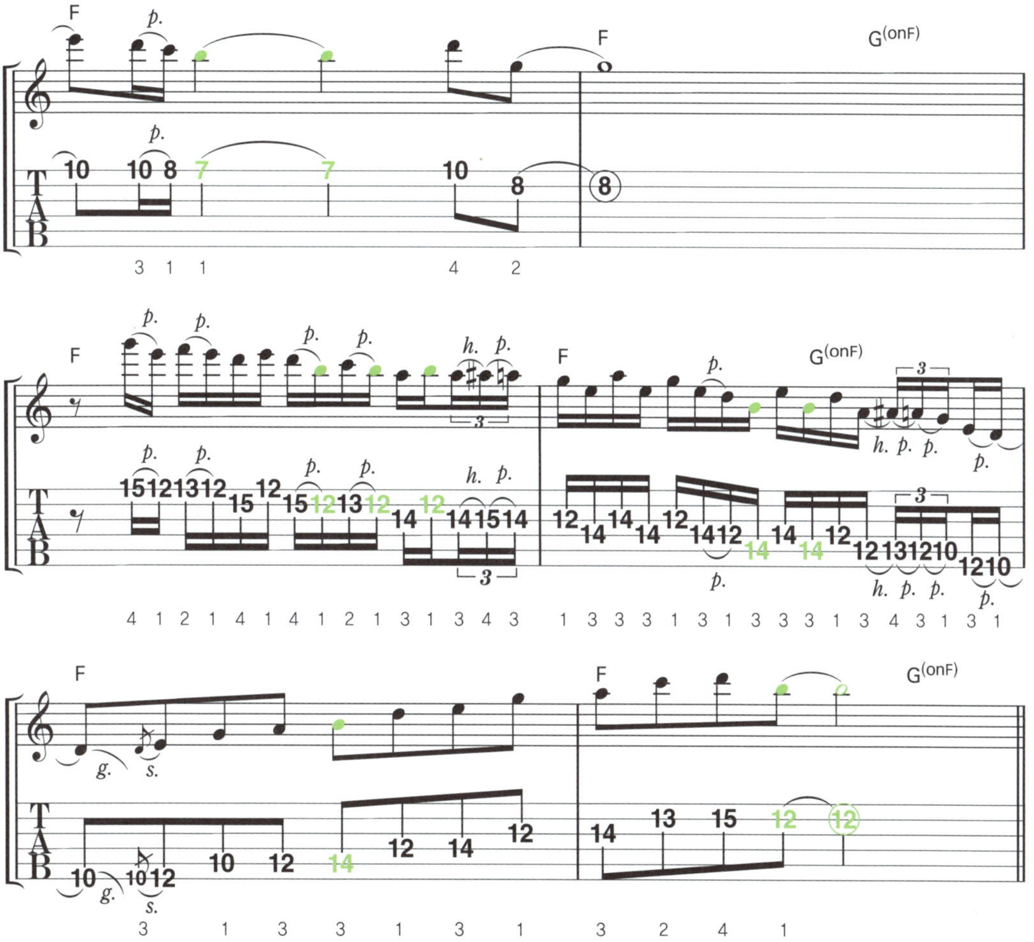

으로 음 수를 늘려서 분위기를 고조시키는 등 각각의 프레이즈가 「주제」를 가질 수 있도록 발전시켜 봅시다.

이 악보에서 익혀두면 좋은 다이어그램

F 리디안 스케일

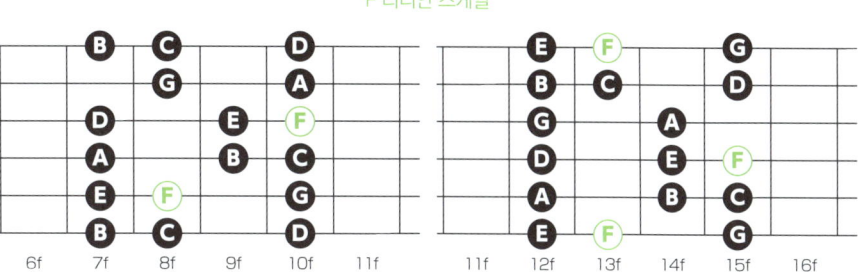

QR Track 29

모드 스케일 ④

믹소리디안 스케일로 연주할 수 있습니까?

Key=G

이 스케일의 완성 포인트

G7코드만으로 된 MR에 맞춰 연주한 G 믹소리디안 솔로 프레이즈 예입니다. 세븐 코드로 된 원 코드 곡을 연주할 때는 믹소리디안을 가장 많이 사용하는데, 여기서는 캐릭터 노트인 ♭7th(F음)부터 토닉(G음)으로 해결하는 프레이즈(3, 4, 8, 12마디 등)를 중심으로 전체를 구축해 보았습니다. 5마디에 반음 초킹을 이용해서 ♭7th로 어프로치 하는 방법도 주목할 만한 포인트입니다. 물론 G 메이저 펜타토닉+두 음(C, F)으로 접근해도 좋고, 블루 노트를 추가하여 연주할 것을 생각하면 믹소리디안적인 느낌은 조금 떨어지지만, 마이너 펜타토닉이나 도리안 스케일과 번갈아가며 사용해도 어색하지 않을 것입니다. 원 코드 곡에서 자유롭게 사용-

※ ♭7th(단7도)인 F음이 포인트

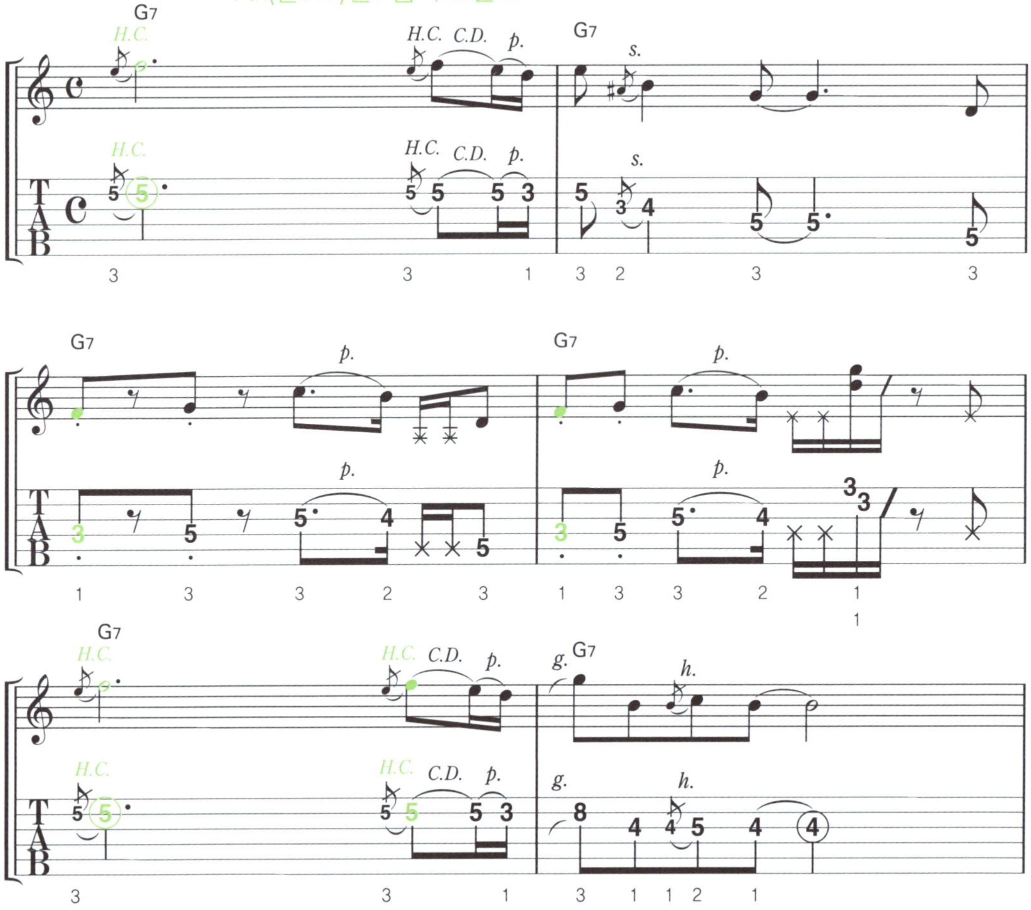

이 악보에서 익혀두면 좋은 다이어그램

G 믹소리디안 스케일

할 수 있는 특징이 믹소리디안을 자주 사용하는 이유일 것입니다.

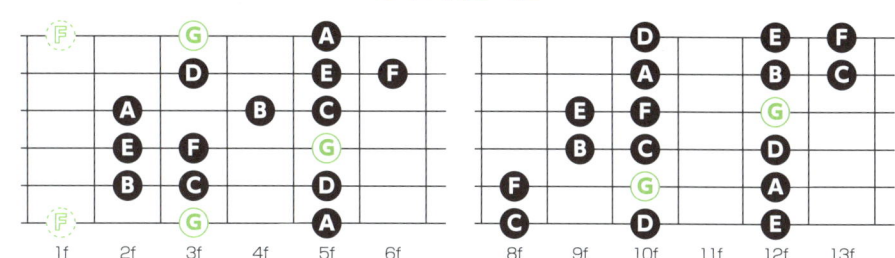

QR Track 30

모드 스케일 ⑤

믹소리디안 스케일을 평행 이동으로 연주할 수 있습니까?

Key=C

이 스케일의 완성 포인트

마지막으로 3코드로 된 블루스 진행에 맞춰 모드를 사용하면 어떻게 되는지 경험해 봅시다. MR은 C의 3코드로 된 펑크 블루스인데 이번에는 이 3개의 코드에 각각의 루트를 토닉으로 하는 믹소리디안을 대입한 프레이즈를 사용해 보았습니다.

일부러 블루지한 느낌을 피하고 최대한 매커니컬한 프레이즈를 사용했는데 음원을 들어보면 퓨전 재즈적인 사운드라는 것을 알 수 있을 것입니다. 이런 수법은 퓨전 재즈 계열의 사운드를 만들 수

※ C7일 때는 ♭7th(단7도)인 B♭음이 포인트

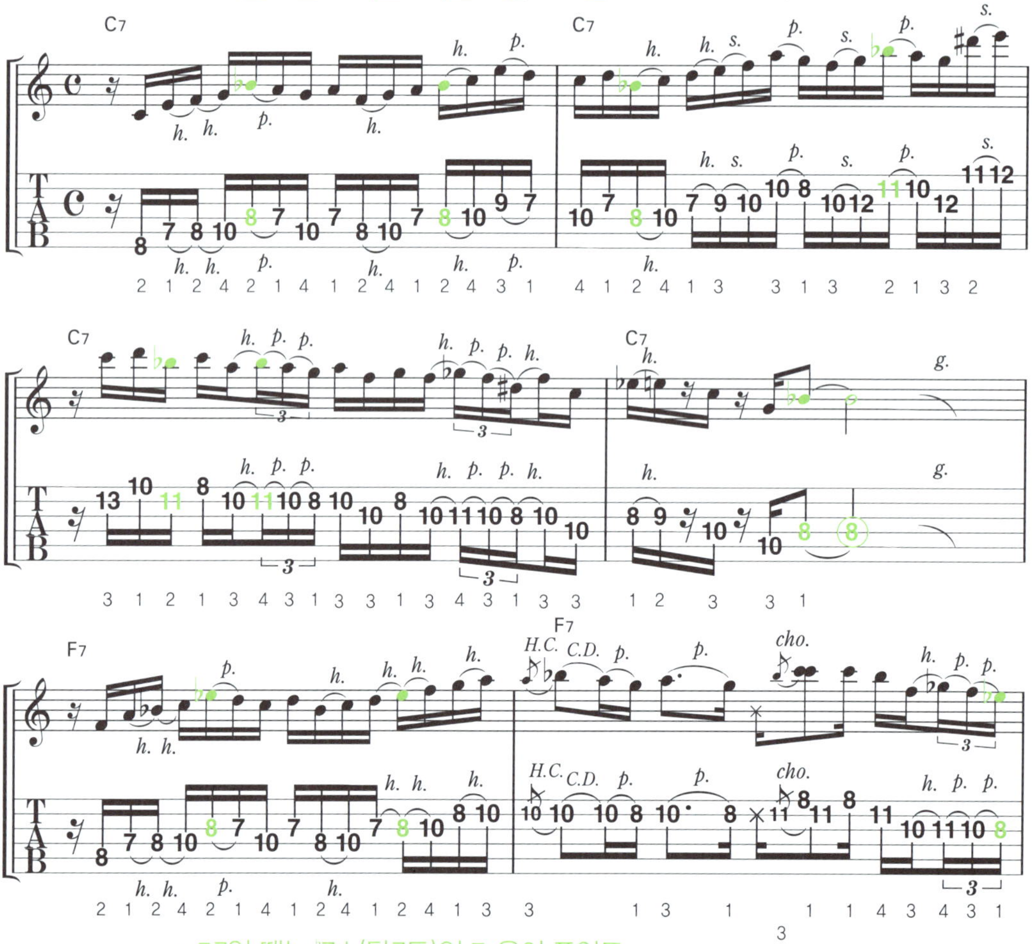

※ F7일 때는 ♭7th(단7도)인 E♭음이 포인트

→ 블루스를 연주하면서 익히는 프로급 스케일 워크 30

있으므로 블루스 특유의 느낌을 벗어나 세련된 분위기를 만들고 싶을 때 필요한 방법입니다. 또한, 테크니컬한 록 뮤지션들로부터도 사랑받는 방법인데 조 새트리아니 등의 연주자는 프리지안의 평행 이동 등을 사용한 블루스곡을 연주하므로 반드시 체크해보기 바랍니다.

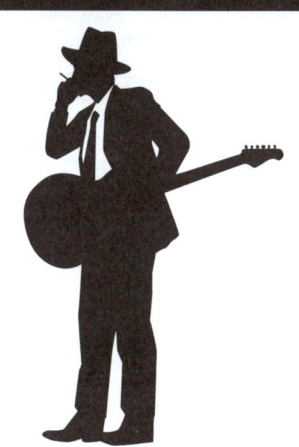

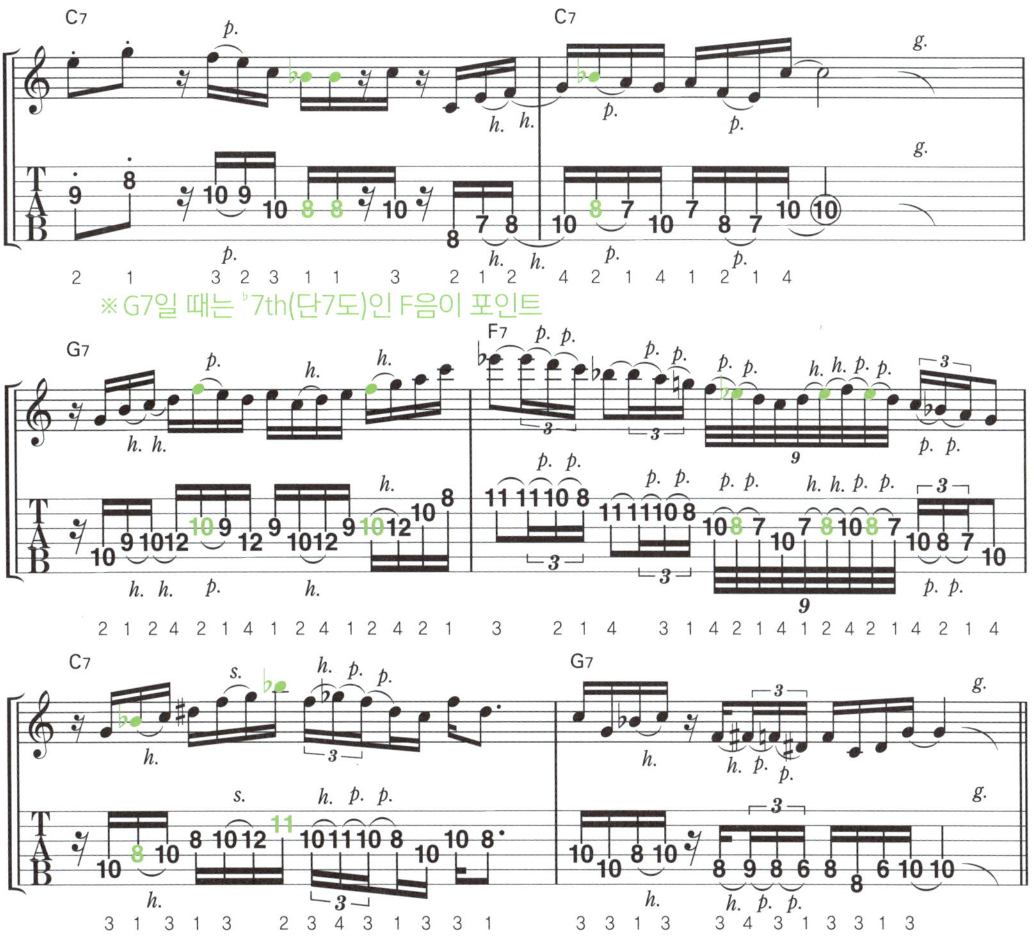
C7
C7
※ G7일 때는 ♭7th(단7도)인 F음이 포인트
G7
F7
C7
G7

제5장
재즈적인 스케일을
연주할 수 있습니까?

제5장에서는 보다 재즈적인 어프로치에 대응하기 위한 스케일을 배워보도록 하겠습니다. 우선은 네추럴 마이너 스케일과 세트인 하모닉 마이너 스케

일과 멜로딕 마이너 스케일부터 살펴보도록 하겠습니다.

하모닉 마이너 스케일

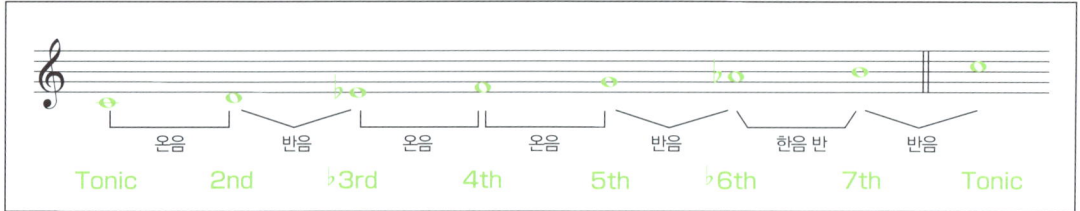

줄 1개로 확인하는 하모닉 마이너 스케일의 음정 간격

하모닉 마이너 스케일은 우리말로 화성 단음계라고 불리는 스케일입니다. 네추럴 마이너 스케일과 비교해보면 7음이 단7도에서 장7도로 반음 올라가 있다는 점이 다릅니다. 따라서 7음 → 루트가 반음

간격으로 자연스럽게 진행하는 음계가 됩니다. 또 6음과 7음의 간격이 한음 반씩이나 넓게 벌어져 있는 것도 이 스케일의 특징입니다.

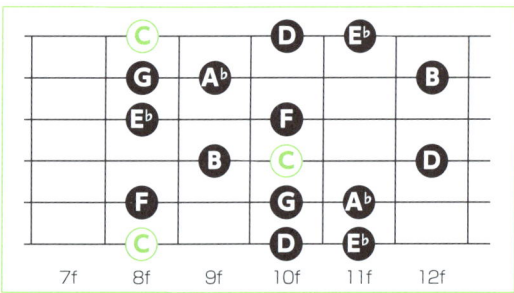

포지션 ①
6번 줄에 루트가 위치한 C 하모닉 마이너 스케일입니다. 2번 줄에서 B음을 잡기 위해 새끼손가락을 뻗어야 하는 것이 조금 불편하지만, 6번 줄에 루트가 있어서 가장 파악하기 쉬운 포지션입니다.

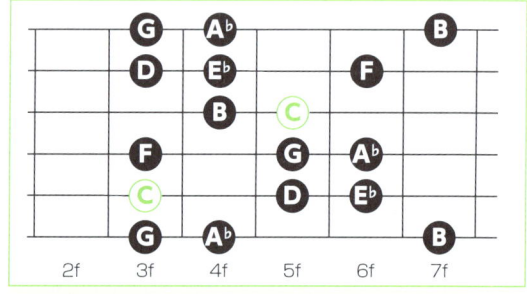

포지션 ②
5번 줄에 루트가 위치한 C 하모닉 마이너 스케일입니다. 1&6번 줄의 B음을 잡을 때는 새끼손가락을 뻗어야 하는데 손가락을 잘 벌려서 적절한 위치에서 줄을 잡도록 합니다.

멜로딕 마이너 스케일

Tonic	2nd	♭3rd	4th	5th	6th	7th	Tonic
온음	반음	온음	온음	온음	온음	반음	

줄 1개로 확인하는 멜로딕 마이너 스케일의 음정 간격

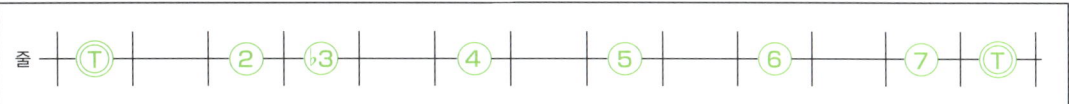

다음으로 멜로딕 마이너 스케일을 살펴보겠습니다. 이 스케일은 우리말로 가락 단음계라고 합니다. 하모닉 마이너 스케일의 음정 중에서 6음과 7음 사이의 한음 반 간격이 멜로디의 부자연스러운 흐름을 만드는 경우가 있어서 6음도 반음 올린 스케일이 이 스케일입니다.

결과적으로 메이저 스케일과 비교해 보면 3음만 달라졌습니다. 고전 음악(클래식)에서는 이 "부자연스러운 흐름"을 피하게 위해 프레이즈가 상행하는 경우에는 멜로딕 마이너, 프레이즈가 하행하는 경우에는 네추럴 마이너를 사용하는 것을 원칙으로 합니다.

그러나 현대의 팝이나 재즈에서 멜로딕 마이너를 사용할 때는 상행은 물론이고 하행 프레이즈에서도 네추럴 마이너가 아닌 하모닉 마이너를 그대로 연주하는 것이 일반적입니다.

m6코드일 때는 대부분의 경우 이 코드로 연주하는 것이 가능합니다.

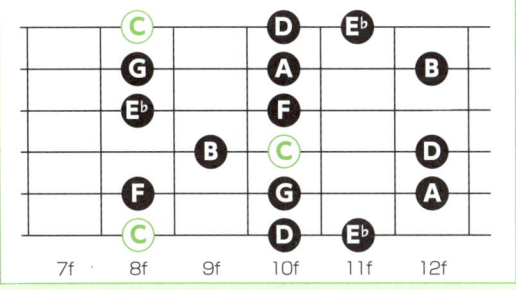

포지션 ①

6번 줄에 루트가 위치한 C 멜로딕 마이너 스케일입니다. 네추럴 마이너나 하모닉 마이너와의 차이를 통해 익힐 것인지, 메이저 스케일과의 차이를 통해 익힐 것인지는 자유지만 가능하면 3종류의 마이너 스케일을 세트로 익혀 두는 편이 정리하기 쉬울 것입니다.

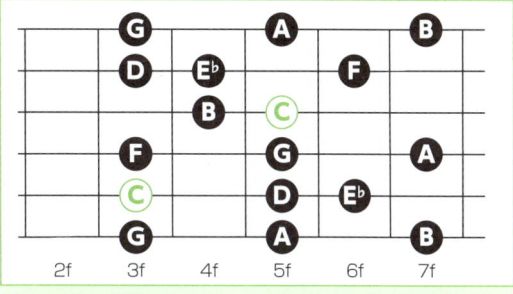

포지션 ②

5번 줄에 루트가 위치한 C 멜로딕 마이너 스케일입니다. 1&4&6번 줄의 운지는 새끼손가락을 뻗어야 하는데 손가락을 넓게 벌려서 줄을 잡도록 합니다.

하모닉 마이너 퍼펙트 5th 빌로우 스케일

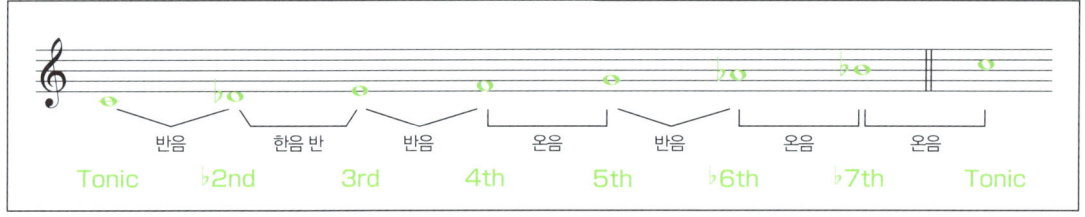

줄 1개로 확인하는 하모닉 마이너 퍼펙트 5th 빌로우 스케일의 음정 간격

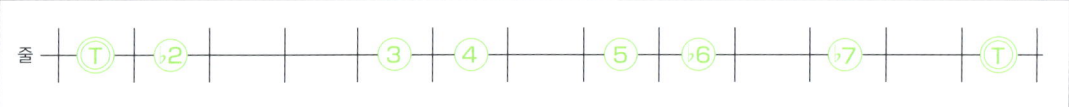

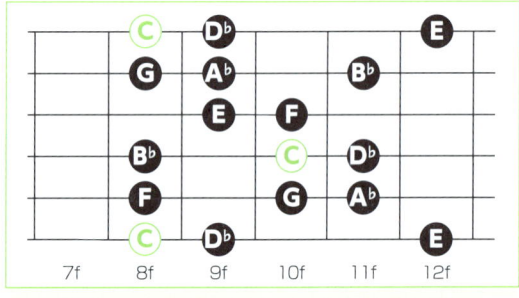

포지션 ①

6번 줄에 루트가 위치한 C 하모닉 마이너 퍼펙트 5th 빌로우 스케일입니다. 하모닉 마이너 스케일의 ②의 폼과 같습니다.

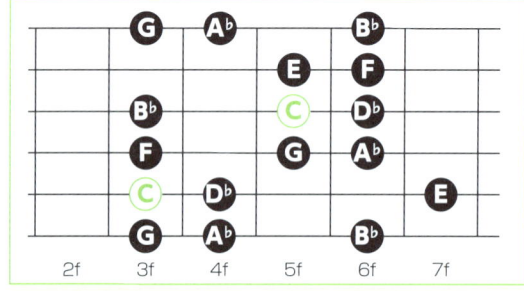

포지션 ②

5번 줄에 루트가 위치한 C 하모닉 마이너 퍼펙트 5th빌로우 스케일입니다.

하모닉 마이너 스케일과 멜로딕 마이너 스케일 모두 이름 뒤에 「퍼펙트 5th 빌로우(P5B)」를 붙이면 "각각의 스케일 구성음의 5도 음부터 시작하는 스케일"이라는 의미가 됩니다.

예를 들어 A 하모닉 마이너 스케일의 5도는 E음인데, A 하모닉 마이너 스케일과 E 하모닉 마이너 퍼펙트 5th 빌로우 스케일은 시작하는 음만 다를 뿐 실제로는 같은 음열의 스케일입니다.

이 퍼펙트 5th 빌로우 스케일은 세컨더리 도미넌트에서 자주 사용합니다.

코드가 V7/II(V7 of 2)일 때에는 멜로딕 마이너 퍼펙트 5th 빌로우 스케일을 사용할 수 있습니다.

또 코드가 V7/III(V7 of 3), V7/VI(V7 of 6)일 때는 하모닉 마이너 퍼펙트 5th 빌로우 스케일을 사용할 수 있습니다.

멜로딕 마이너 퍼펙트 5th 빌로우 스케일

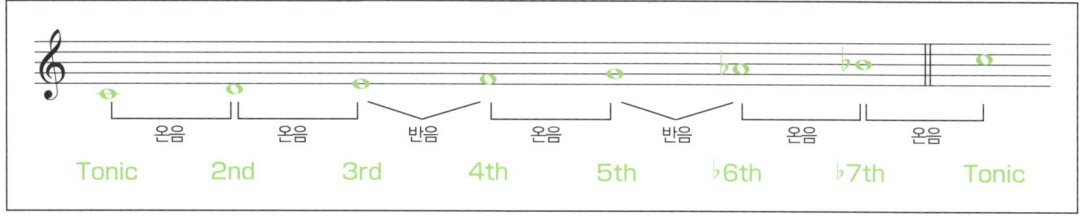

	온음	온음	반음	온음	반음	온음	온음	
Tonic	2nd	3rd	4th	5th	♭6th	♭7th	Tonic	

줄 1개로 확인하는 멜로딕 마이너 퍼펙트 5th 빌로우 스케일의 음정 간격

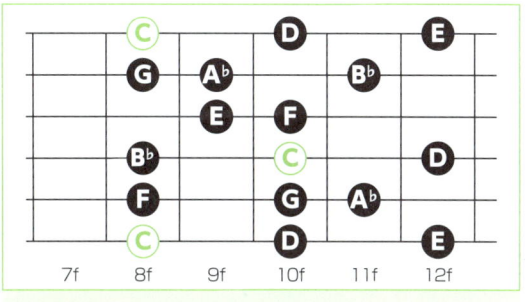

포지션 ①

6번 줄에 루트가 위치한 C 멜로딕 마이너 퍼펙트 5th 빌로우 스케일입니다. 멜로딕 마이너 스케일의 ②와 폼이 같습니다.

포지션 ②

5번 줄에 루트가 위치한 C 멜로딕 마이너 퍼펙트 5th 빌로우 스케일입니다.

질문 7

Q 다양한 학생들을 지도해온 교사의 입장에서 자주 접한 학생들이 "착각하거나 오해하기 쉬운 스케일"이 있다면 알려주세요.

A 많은 학생이 「믹소리디안」이나 「하모닉 마이너 퍼펙트 5th빌로우」 등과 같은 용어를 익히기 힘들어합니다. 사용하는 음 자체에 대한 이야기가 아닌 글자 그대로 이름을 잘 기억하지 못한다는 의미인데 믹소라(?)디안, 하모닉 퍼펙트 발로우(?) 등으로 잘못 말해서 레슨 시간 중에 웃음을 선사하기도 합니다. 참고로 "캐릭터 노트"는 「특징음」이라고도 하므로 편한 이름으로 기억해두면 좋습니다.

재즈적인 스케일 ①

멜로딕 마이너 스케일로 연주할 수 있습니까?

Key=**Cm**

이 스케일의 완성 포인트

멜로딕 마이너 스케일을 사용한 블루스 솔로입니다. 1~4 마디는 C 멜로딕 마이너 스케일을 사용해서 M7th(B음) 사운드를 강조한 프레이징을 사용합니다. 이 스케일은 재즈적인 사운드라 최대한 자연스럽게 레가토로 연주합니다.

5~6마디의 Fm에서는 F 멜로딕 마이너를 사용하는데 여기서는 ♭6th를 거치면서 더욱 멜로딕 마이너적인 사운드를 만듭니다. 일부러 강조하는 것보다 이렇게 흐름 중에 잠재적으로 사용하는 것이 억지스럽지 않고 더 효과적일 것입니다.

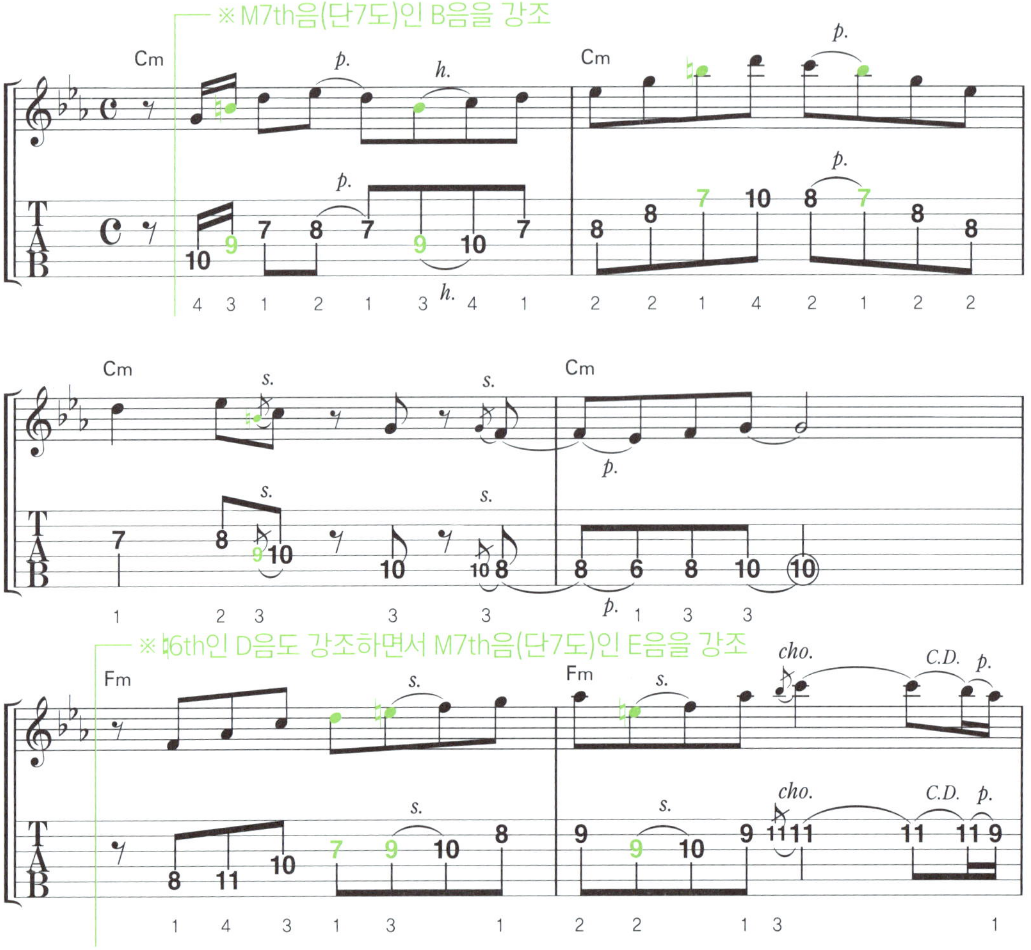

→ 블루스를 연주하면서 익히는 프로급 스케일 워크 31

이 악보에서 익혀두면 좋은 다이어그램

C 멜로딕 마이너 스케일   F 멜로딕 마이너 스케일

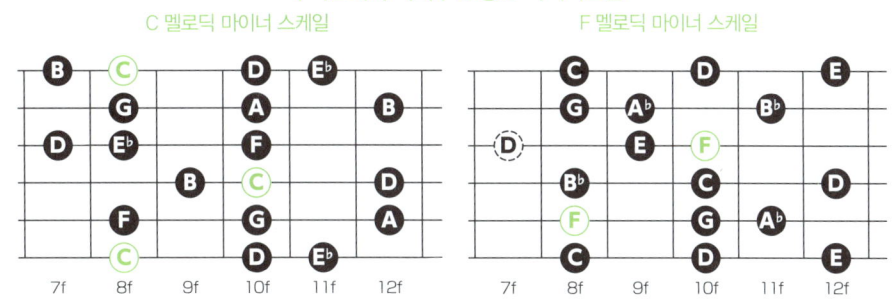

※ 다시 Cm에서 M7th음(장7도)인 B음을 강조

재즈적인 스케일 ②

하모닉 마이너 스케일로 연주할 수 있습니까?

Key=**Cm**

이 스케일의 완성 포인트

하모닉 마이너 P5B를 사용한 마이너 블루스에서의 프레이즈 패턴입니다. 코드는 도미넌트 7th코드를 사용한 마이너 블루스 진행으로 되어 있습니다. 잼 세션 등에서는 이 진행을 사용해서 연주하는 경우가 많은데 4마디에서 사용한 C7은 세컨더리 도

미넌트로 분석이 가능하므로 C 하모닉 마이너 P5B로 연주합니다. 심플한 스케일의 하행 프레이즈인데, 이것만으로도 독특한 마이너 느낌을 만들 수 있습니다. 10마디의 G7은 G 하모닉 마이너 P5B를 사용했는데 익히기 쉬운 프레이즈이므로 외워두기 바랍니다.

※C 하모닉 마이너 P5B

→ 블루스를 연주하면서 익히는 프로급 스케일 워크 32

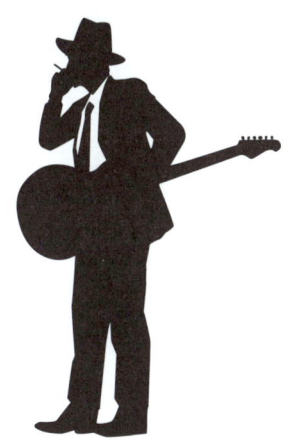

이 악보에서 익혀두면 좋은 다이어그램

C 하모닉 마이너 퍼펙트 5th 빌로우 스케일

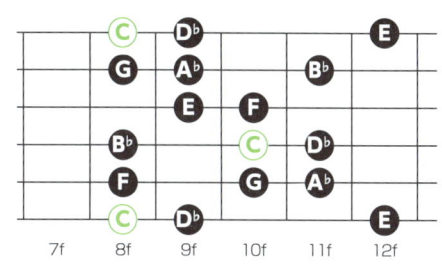

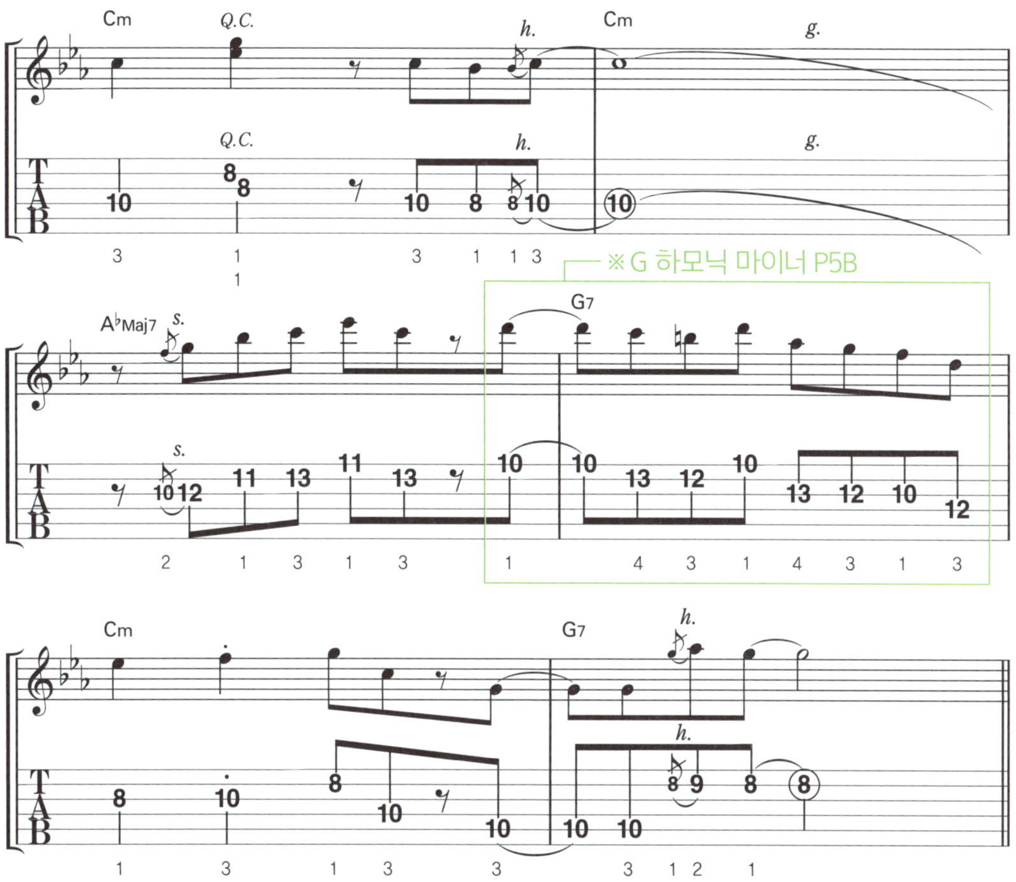

스케일 메커니컬 트레이닝

－

Exercise 1

스케일을 자연스럽게 연주하기 위해서는 각 손가락의 독립이 중요합니다.
손가락의 독립과 약점이 되기 쉬운 새끼손가락의 강화를 목적으로 한 연습 과제입니다.

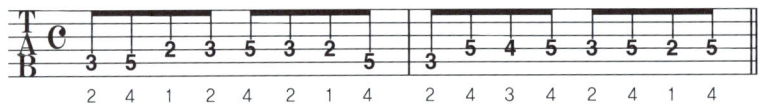

Exercise 2

메이저 스케일을 3도 음정으로 상, 하행하는 연습 과제입니다.
프레이즈의 특성상 솔로 중에도 응용하기 쉬운 패턴입니다.

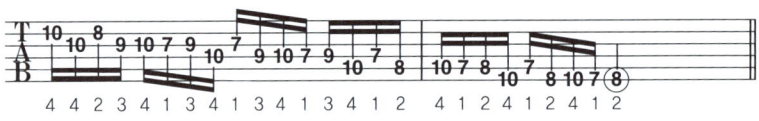

Exercise 3

메이저 스케일을 6도 음정으로 상, 하행하는 음정 차가 있는 프레이즈로 임팩트가 있습니다.
항상 가까운 음만 연주하는 버릇이 있는 분들께 특히 추천합니다.

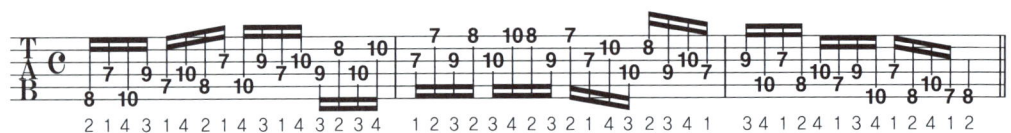

Exercise 4

마이너 펜타토닉 스케일을 2도 간격으로 연주하는 음정 차가 있는 프레이즈입니다. 조인트 운지에 주의합시다.

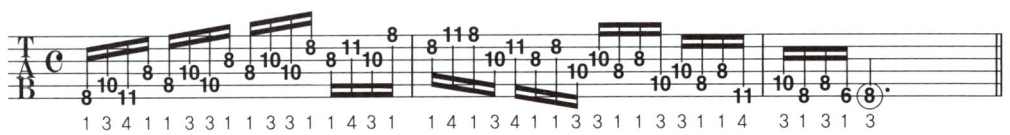

얼터드 스케일에 도전해보자!

얼터드 스케일

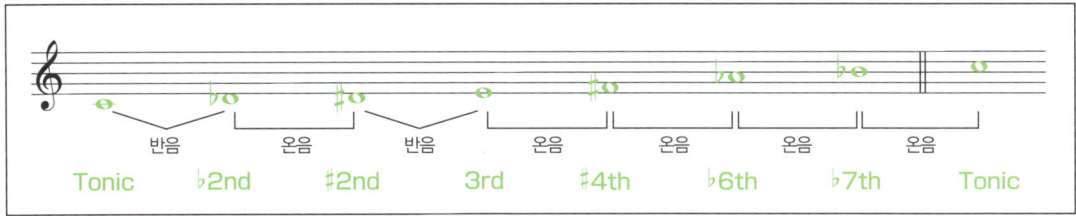

| 반음 | 온음 | 반음 | 온음 | 온음 | 온음 | 온음 |

| Tonic | ♭2nd | #2nd | 3rd | #4th | ♭6th | ♭7th | Tonic |

줄 1개로 확인하는 얼터드 스케일의 음정 간격

얼터드 스케일은 도미넌트 세븐스 코드에서 사용 가능한 얼터드 텐션(♭9, #9, #11, ♭13)을 모두 포함하는 스케일입니다. 프라이머리 도미넌트(예: Key=C에서는 G7) 등 모든 세컨더리 도미넌트(예: Key=C 의 경우에는 C7, D7, E7, A7, B7)에서 사용 가능한 전지전능한 도미넌트 스케일이라

고 할 수 있습니다. 단 사운드가 지극히 재즈적인 스케일이므로 재즈적인 느낌을 특별히 요구하지 않는 한 사용에 주의하는 것이 좋습니다.

얼터드 스케일은 멜로딕 마이너 스케일의 전위형인데 멜로딕 마이너 스케일의 7음을 시작 음으로 하면 이 스케일이 됩니다.

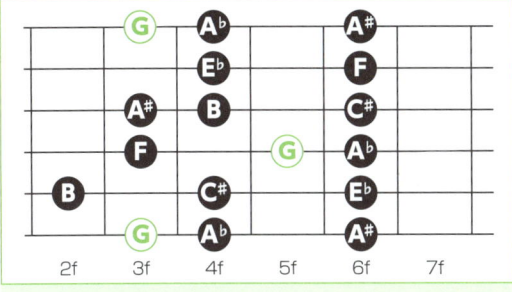

포지션 ①
6번 줄에 루트가 위치한 G 얼터드 스케일입니다. 구성음은 A♭ 멜로딕 마이너 스케일과 같습니다.

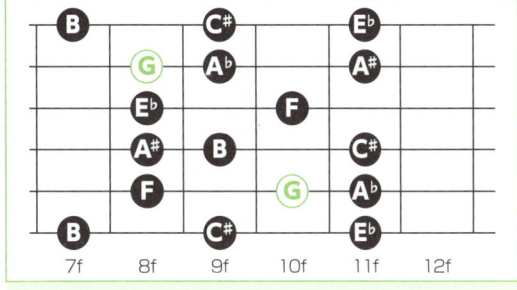

포지션 ②
5번 줄에 루트가 위치한 G 얼터드 스케일입니다. 2번 줄 8프렛, 3번 줄 10프렛, 4번 줄 9프렛, 5번 줄 10프렛의 G7코드 폼과 연결해서 익히도록 합니다.

QR Track 33

재즈적인 스케일 ③

얼터드 스케일로 재즈 연주에 도전해보자!

Key=C

이 스케일의 완성 포인트

도미넌트 코드와 II-V가 사용된 재즈 블루스 진행에 의한 솔로입니다. 재즈 잼 세션에서 블루스 연주할 때는 이런 코드 진행이 기본이 된다고 생각하면 좋습니다. 여기서는 포인트로 얼터드 스케일을 사용합니다. 우선 4마디는 마디 전체에서 얼터드 스케일을 사용합니다. 이 마디는 Gm7-C7이 II-V 진행으로 되어 있는데 전체를 C7으로 보고 연주한 것입니다. 8마디와 10마디는 모두 얼터드 스케일을 사용한 전통적인 비밥 프레이즈입니다. 해결되는 음인 코드 톤을 향해 달려가는 느낌으로 연주합시다.

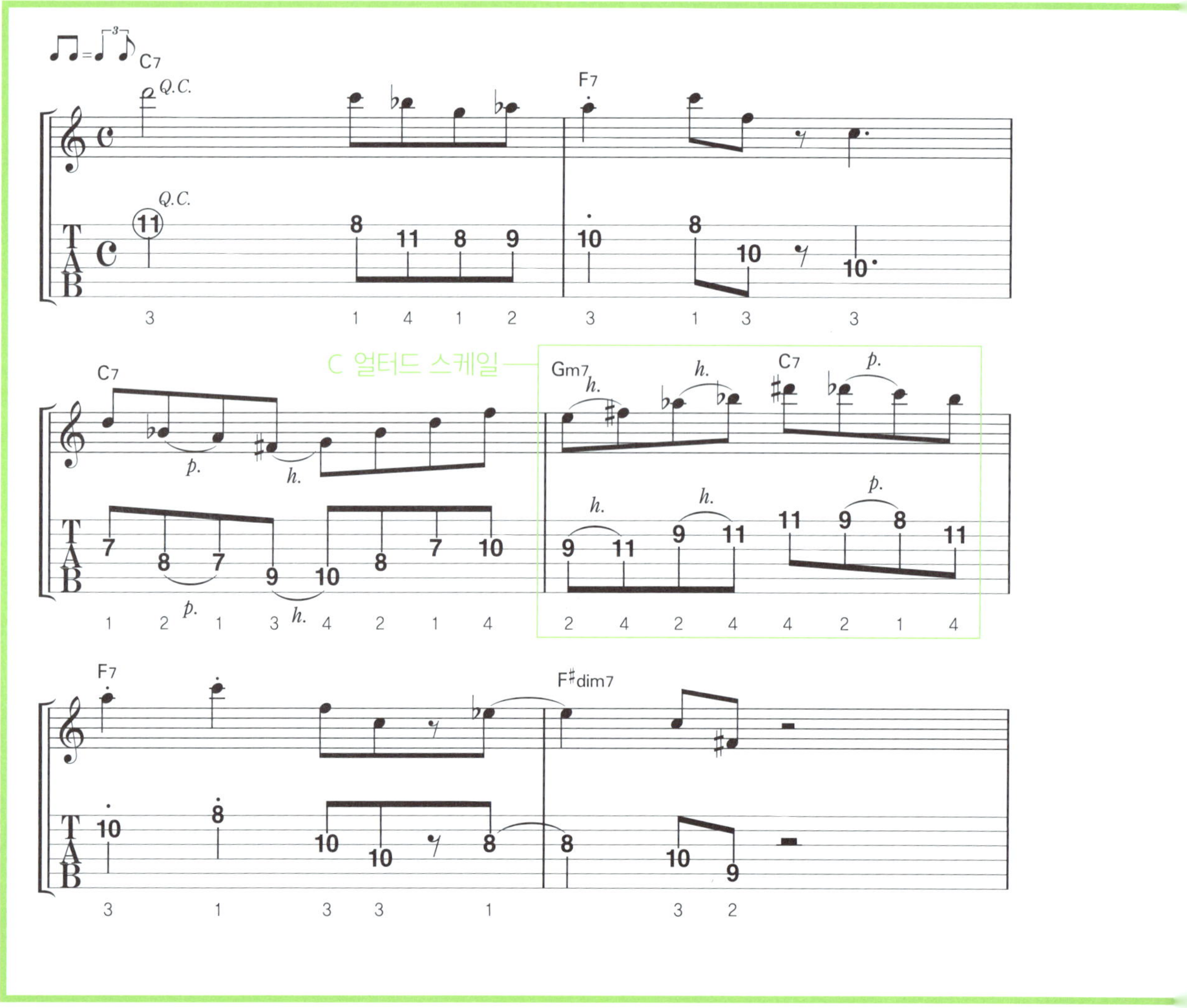

→ 블루스를 연주하면서 익히는 프로급 스케일 워크 33

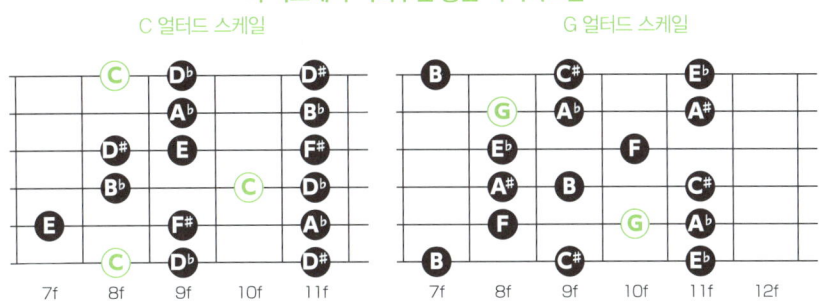

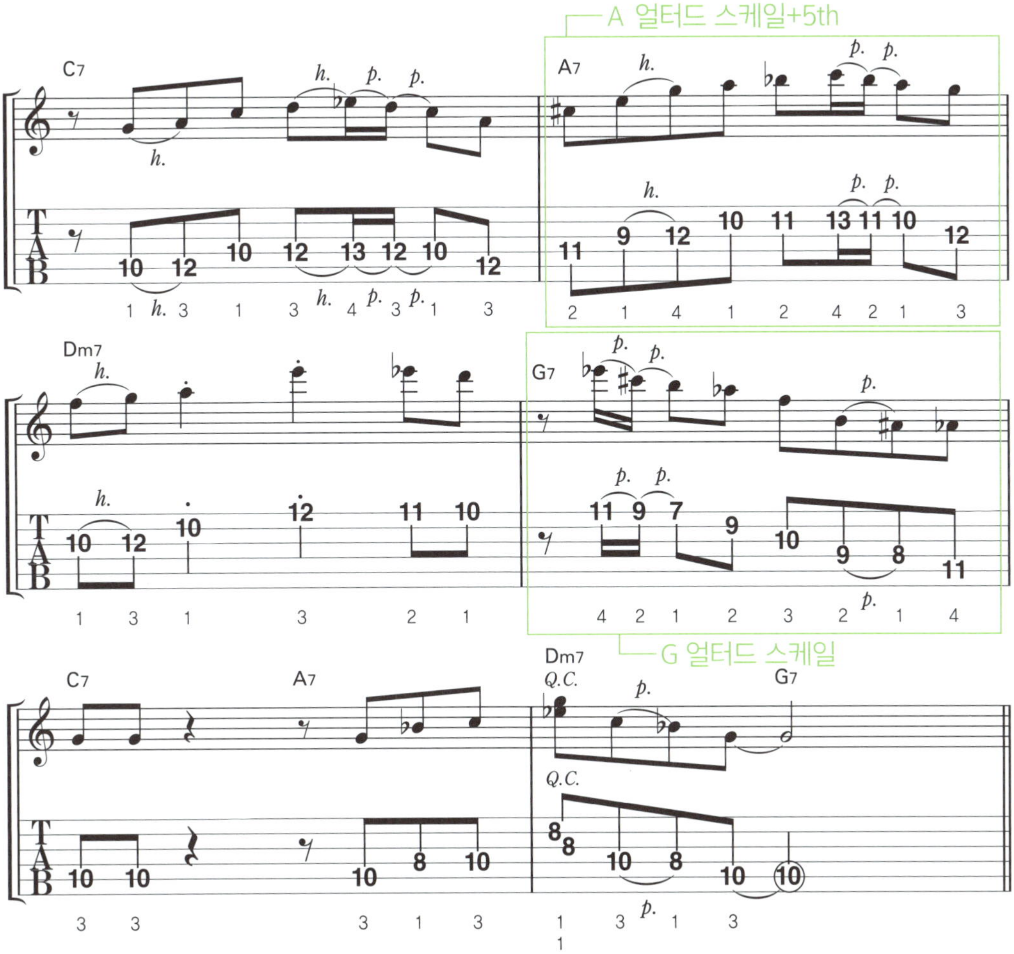

재즈적인 스케일 ④

얼터드 스케일로 펑크 연주에 도전해보자!

Key=C

이 스케일의 완성 포인트

16비트 펑크 블루스에서 연주한 솔로 예입니다. 여기서도 포인트로 얼터드 스케일을 사용합니다.

1~3마디는 펜타토닉, 믹소리디안 등을 사용한 혼합 프레이즈입니다. 4마디에서는 F7으로의 진행을 보조하는 용도로 얼터드 스케일을 사용합니다.

9~10마디는 G7 원 코드로 간주하고 G 얼터드 스케일을 중심으로 연주하는데, C 마이너 펜타토닉 스케일을 조금 섞어서 블루스적인 뉘앙스를 추가했고 마지막 12마디에서는 전형적인 얼터드 프레이즈를 사용합니다.

얼터드 프레이즈를 효과적으로 사용하고 싶다면

└─ C 얼터드 스케일

→ 블루스를 연주하면서 익히는 프로급 스케일 워크 34

전반부에서는 자유롭게 연주하되 후반부에서는 다음 코드로 자연스럽게 진행하도록 프레이즈를 정리할 필요가 있습니다. 악보를 참고하며 각자의 프레이즈를 만들어 봅시다.

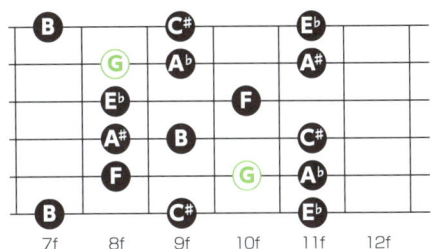

이 악보에서 익혀두면 좋은 다이어그램
G 얼터드 스케일

기억해두면 좋은 스케일
1

도절 음계

일본의 전통적인 스케일 중 하나. 동요 「토끼」(토 ~끼야 토끼야, 뭘 보고 깡충~)는 이 스케일을 사용한 곡입니다. 평조라고 불리는 이 음계를 사용한 쟁(일반적으로 고토라고 불리는 악기의 정식 명칭)의 튜닝으로도 유명합니다.

줄 1개로 확인하는 도절 음계의 음정 간격

기억해두고 싶은 포지션 ①

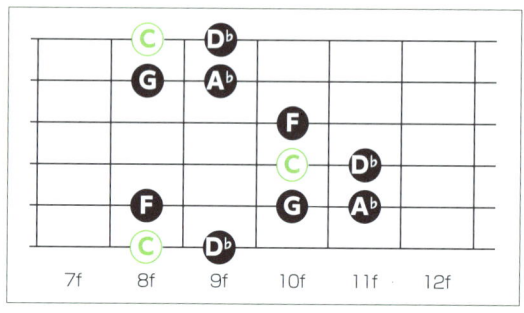

기억해두고 싶은 포지션 ②

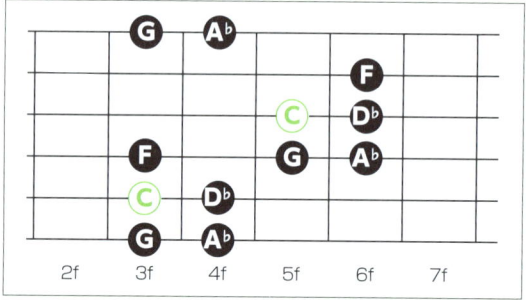

류구 음계

오키나와 지방에 전해지는 전통적인 스케일. 「하이 사이 오지상」의 멜로디는 이 스케일로 작곡된 것입니다. 메이저 스케일(장음계)의 레(스케일의 2번째)와 라(스케일의 6번째)가 빠진 음계이기 때문에 라, 가 (2, 6) 음이 없는 스케일이라고도 합니다.

줄 1개로 확인하는 류구 음계의 음정 간격

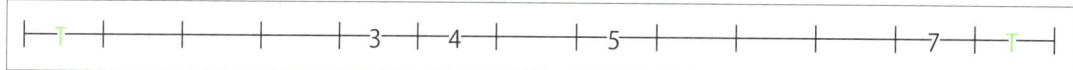

기억해두고 싶은 포지션 ①

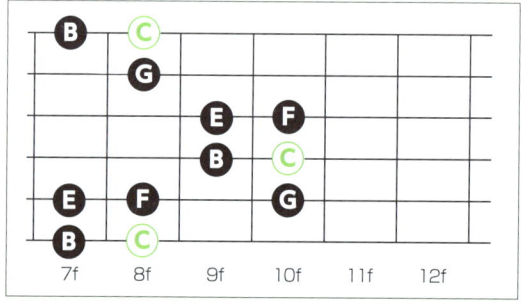

기억해두고 싶은 포지션 ②

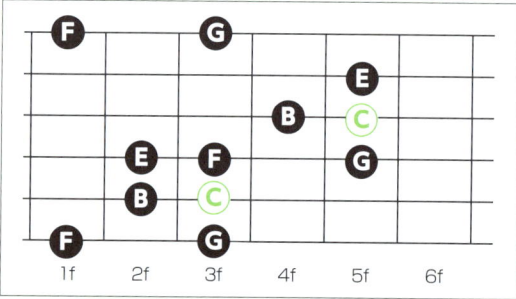

리디안 ♭7th 스케일

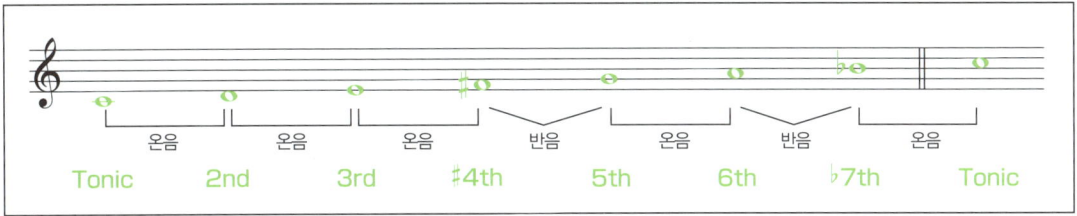

| | 온음 | 온음 | 온음 | 반음 | 온음 | 반음 | 온음 | |
| Tonic | 2nd | 3rd | ♯4th | 5th | 6th | ♭7th | Tonic |

줄 1개로 확인하는 리디안 ♭7th 스케일의 음정 간격

리디안 ♭7th 스케일은 믹소리디안과 마찬가지로 도미넌트인 V7이나 3코드 블루스의 각각의 도미넌트 7th코드에서 사용할 수 있는 것 외에도 서브스티튜트 도미넌트 코드에서도 사용 가능한 스케일입니다. 서브스티튜 도미넌트란 대리 코드로 사용되는 도미넌트 코드를 말하는데 예를 들어 C Key일 때 G7의 서브스티튜 도미넌트는 D♭7이 됩니다. 즉 G7 대신에 D♭7을 사용할 수 있다는 뜻입니다. 그리고 이때 사용하는 스케일이 바로 리디안 ♭7th 스케일입니다. D♭7을 대리 코드로 사용할 수 있는 이유는 이 D♭7이 G7안에 있는 트라이톤(증 4도 또는 감 5도의 음정. 도미넌트 코드의 기능을 갖게 하는 중요한 음정)인 F음과 B음을 공유하고 있기 때문입니다.

이 리디안 ♭7th 스케일도 멜로딕 마이너 스케일 또는 얼터드 스케일의 전위형이기 때문에 D♭ 리디안 ♭7th 스케일의 구성음은 G 얼터드 스케일, A♭ 멜로딕 마이너 스케일과 같습니다.

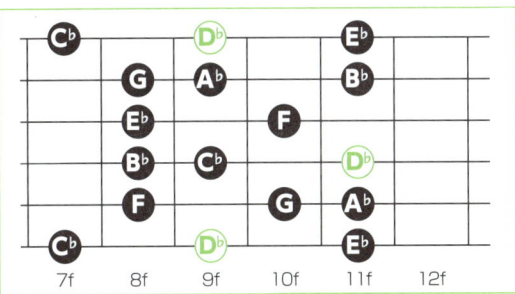

포지션 ①
6번 줄에 루트가 위치한 D♭ 리디안 ♭7th 스케일입니다. G 얼터드 스케일, A♭ 멜로딕 마이너 스케일과 구성음이 같습니다.

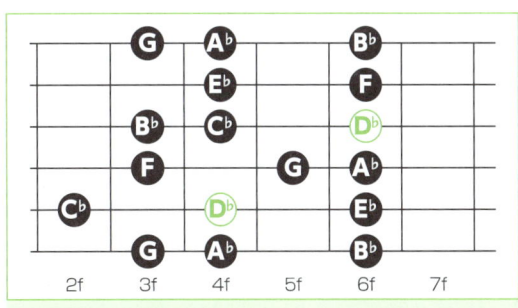

포지션 ②
5번 줄에 루트가 위치한 D♭ 리디안 ♭7th 스케일입니다.

QR Track 35

재즈적인 스케일 ⑤

대리 코드에 리디안 ♭7th 스케일을 사용해보자!

Key=C

이 스케일의 완성 포인트

서브스티튜트 도미넌트를 사용해서 작곡된 재즈 블루스 진행입니다. 이 서브스티튜트 도미넌트는 리디안 ♭7th 스케일을 사용해서 공략합시다. 우선 4마디의 G♭7은 반음 아래의 F7으로 해결되는 서브스티튜트 도미넌트인데 G♭리디안 ♭7th 스케일로 연주합니다. 이 외에 8마디 E♭7, D♭7도 마찬가지로 리디안 ♭7th 스케일을 사용합니다.

이 리디안 ♭7th 스케일도 다음 코드로 자연스럽게 진행하도록 프레이즈를 정리하지 않으면 적절한 기능을 발휘할 수 없으므로 처음에는 다음 코드의 코드 톤(안정적인 음)에서 역으로 프레이즈를 구축

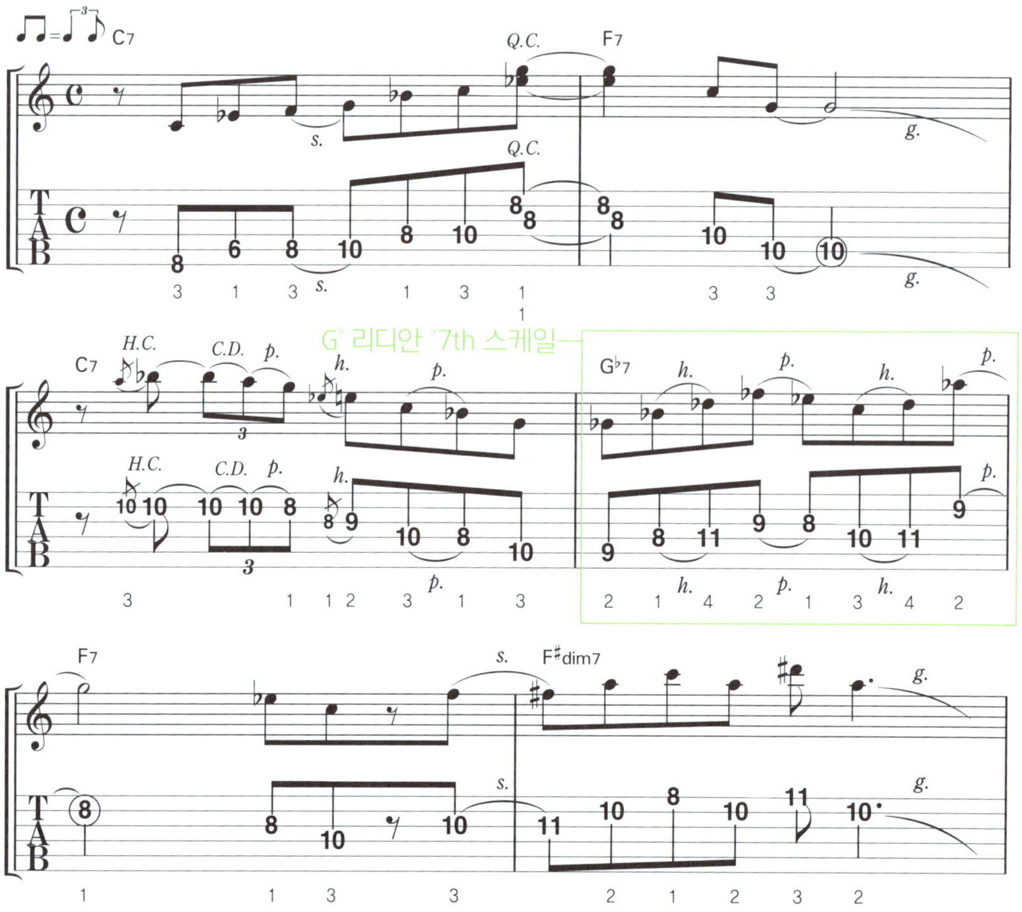

이 악보에서 익혀두면 좋은 다이어그램

G♭ 리디안 ♭7th 스케일

D♭ 리디안 ♭7th 스케일

하는 방법을 사용하는 것도 좋습니다.

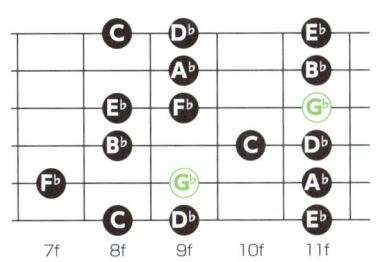

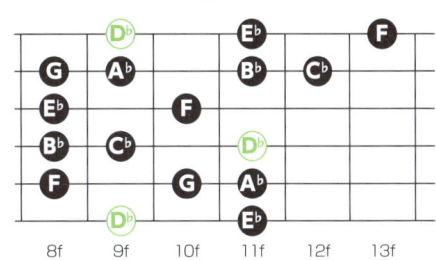

E♭ 리디안 ♭7th 스케일

D♭ 리디안 ♭7th 스케일

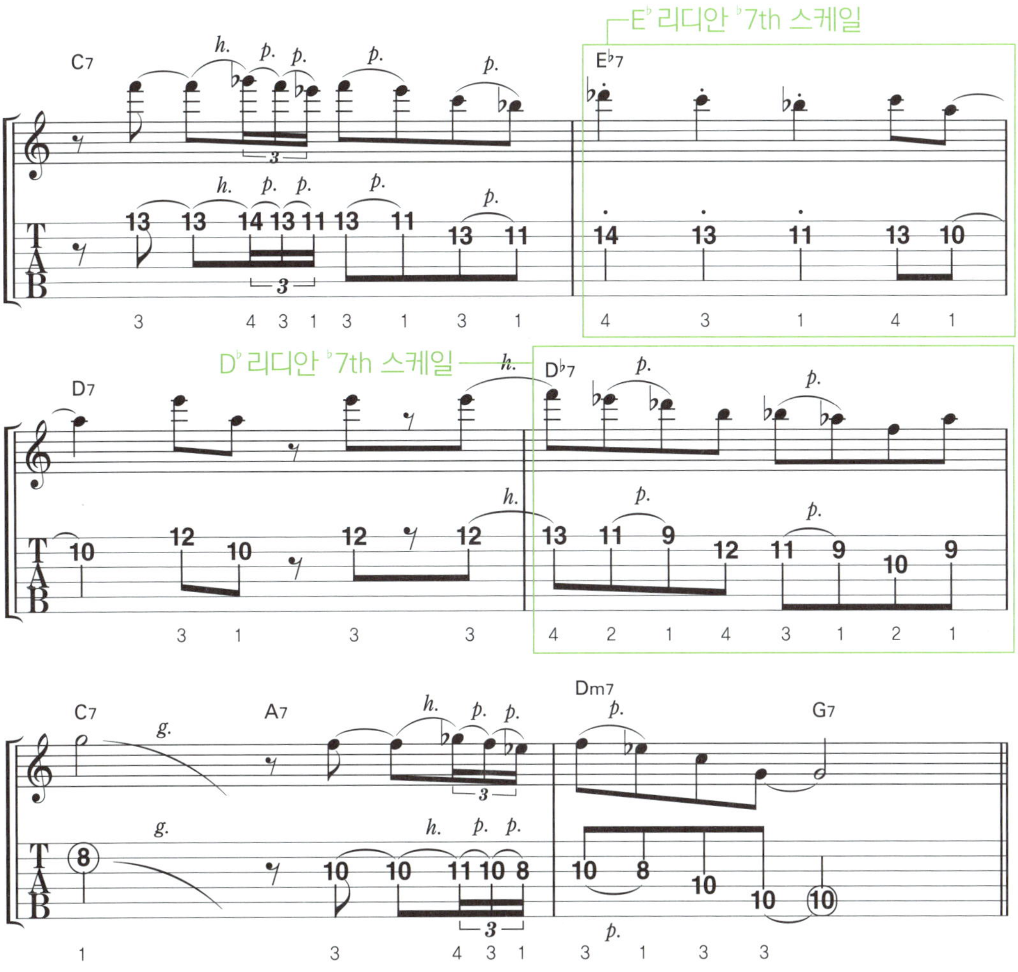

재즈적인 스케일 ⑥

리디안 ♭7th 스케일의 평행 이동

Key=C

이 스케일의 완성 포인트

이번에는 서브스티튜트 도미넌트에서 리디안 ♭7th 스케일을 사용하지 않고 일반적인 블루스 진행의 3 코드에 맞춰서 평행 이동하면서 프레이즈를 연주해 보겠습니다. C7에서는 C 리디안 ♭7th 스케일, F7 에서는 F 리디안 ♭7th 스케일, G7에서는 G 리디안 ♭7th 스케일과 같은 느낌으로 연주하는데 믹소리디안과 거의 같지만 1군데만 다른 ♯4th를 얼마나 잘 사용하느냐가 중요합니다. 조금 길게 음을 끌어서 강조한 후에 반음 위의 5th로 해결하는 것도 좋고(1마디 등) 음 수가 많은 흐름 중에 살짝 사용하는 것도(11~12마디) 좋습니다.

※ 포인트는 각 코드 상의 ♯4th음

112

→ 블루스를 연주하면서 익히는 프로급 스케일 워크 36

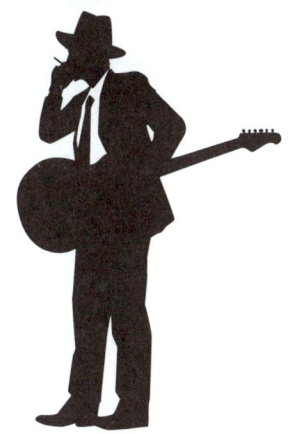

이 악보에서 익혀두면 좋은 다이어그램

C 리디안 ♭7th 스케일

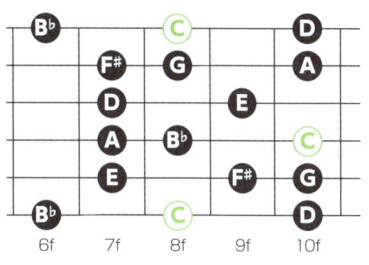

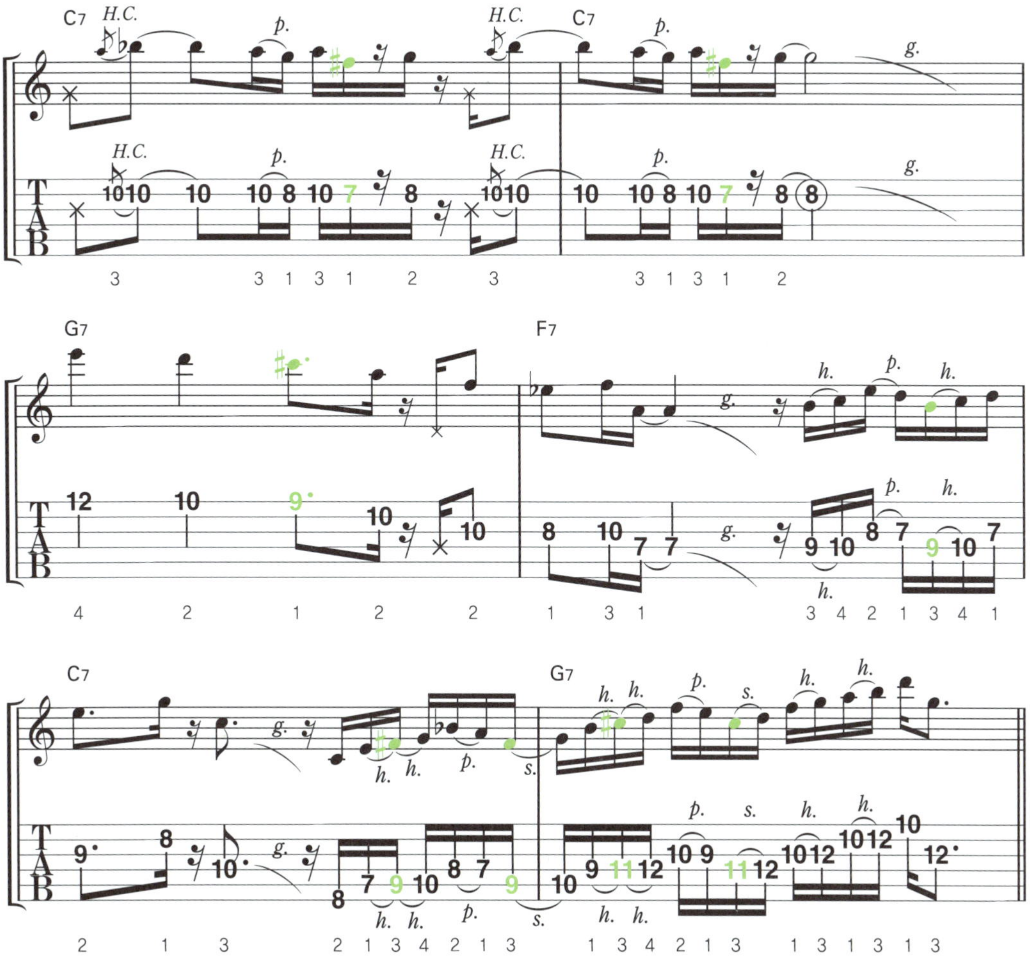

디미니쉬 스케일에 도전해보자!

디미니쉬 스케일

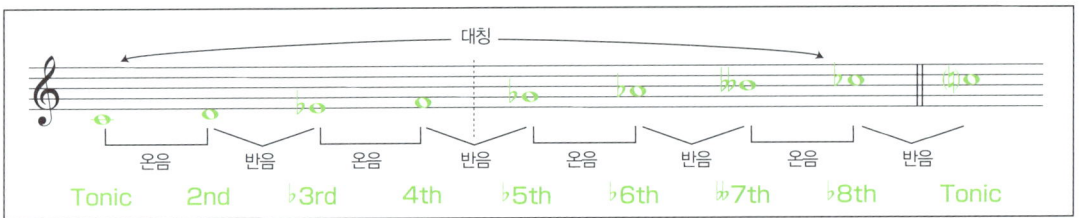

줄 1개로 확인하는 디미니쉬 스케일의 음정 간격

디미니쉬 스케일은 이름대로 디미니쉬 코드에서 항상 사용할 수 있는 스케일입니다.

디미니쉬 코드는 주로 코드와 코드를 연결하는 경과적인 코드로 자주 사용합니다. 디미니쉬 코드에서는 코드 톤의 온음 위의 음을 텐션으로 취급하는 것이 가능한데 〈코드 톤 + 온음 위〉의 텐션이 디미니쉬 스케일이고 총 8개의 음으로 구성 되어 있습니다.

이 스케일은 온음, 반음의 음정이 반복되는 구조 때문에 시메트릭 스케일이라고 불리며 종종 시메트릭 디미니쉬 스케일 홀 하프라는 이름으로 불리기도 합니다. 일상적인 대화에서는 디미니쉬 스케일로 다 통하므로 딱히 이름이 크게 문제 될 일은 없을 겁니다.

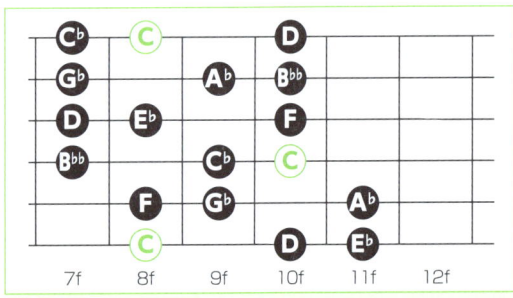

포지션 ①

6번 줄에 루트가 위치한 C 디미니쉬 스케일 포지션입니다. 134, 124의 운지가 번갈아가며 나오기 때문에 매우 익히기 쉽게 되어 있습니다.

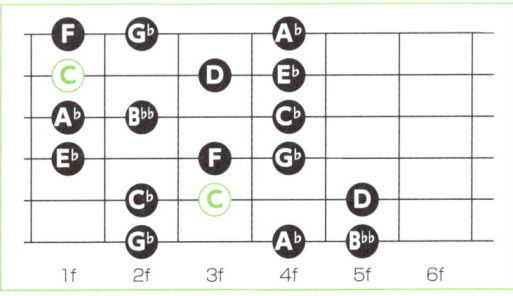

포지션 ②

5번 줄에 루트가 위치한 C 디미니쉬 스케일 포지션입니다. 운지 폼은 ①과 완전히 같습니다. 토닉 위치가 다를 뿐이므로 잘 파악해 둡시다.

콤비네이션 오브 디미니쉬 스케일

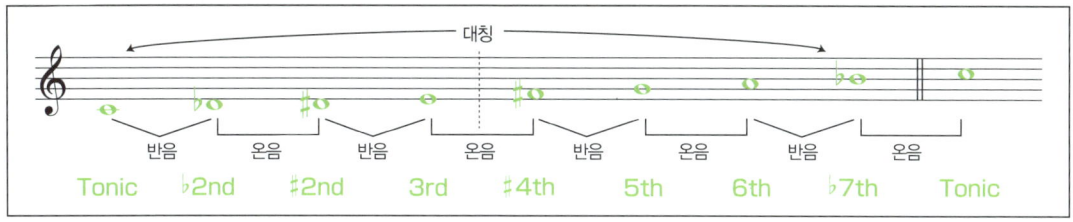

줄 1개로 확인하는 콤비네이션 오브 디미니쉬 스케일의 음정 간격

콤비네이션 오브 디미니쉬 스케일 역시 시메트릭 스케일입니다.

단, 앞서 설명한 디미니쉬 스케일과 반대로 「반음, 온음」이 반복되는 구조의 스케일로 시메트릭 디미니쉬 스케일 하프 홀이라고도 불립니다(하프=반음, 홀=온음).

사실 이 콤비네이션 오브 디미니쉬 스케일이라는 이름은 동양식 표기이고, 영어권에서는 시메트릭 디미니쉬 스케일 하프 홀이나 하프 홀 스탭 디미니쉬라고 하는 것이 일반적입니다.

이 스케일은 디미니쉬 코드에서 사용하기보다는 도미넌트 코드에서 아웃적인 느낌(조성에서 벗어난 느낌)을 표현할 때 자주 사용합니다. 특히 존 스코필드 등은 이 스케일의 애용자로 유명합니다.

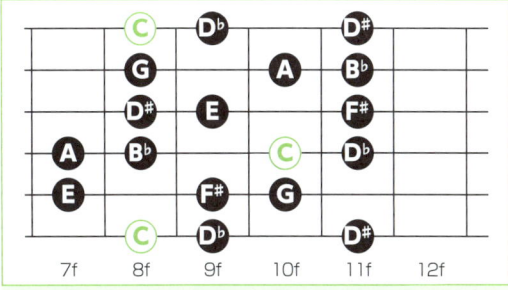

포지션 ①
6번 줄에 루트가 위치한 C 콤비네이션 오브 디미니쉬 스케일입니다. 4번 줄에서만 4음을 연주하는데 4번 줄의 A, B♭은 검지를 사용합시다.

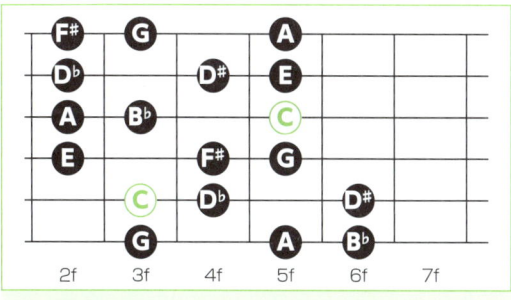

포지션 ②
5번 줄에 루트가 위치한 C 콤비네이션 오브 디미니쉬 스케일입니다. 디미니쉬 스케일의 폼과 완전히 같고 토닉 위치만 다릅니다. 완전히 새로운 스케일이라고 생각하지 말고 지금까지 배운 스케일들과의 다른 부분을 찾아보는 식으로 접근하면 좋을 것입니다.

QR Track 37

재즈적인 스케일 ⑦

디미니쉬 스케일로 연주할 수 있습니까?

Key=C

이 스케일의 완성 포인트

실제 연주에서도 자주 접하게 되는 변형 블루스 패턴 중 하나로 8마디 블루스를 소재로 한 패턴입니다. 이름처럼 8마디 코드 진행으로 진행하는데 전반부와 후반부가 4마디씩 나누어져 있는 형태입니다. 특징은 전반부 마지막 마디의 디미니쉬 코드입니다. 1마디밖에 나오지 않기 때문에 디미니쉬 코드의 코드 톤으로 적당히 얼버무리기 쉬운데 반드시 디미니쉬 스케일을 사용해 봅시다.

여기서는 심플하게 상행하는 프레이즈로 후반부의 하이라이트를 부각합니다. 4마디에 반음 초킹을 사용한 것도 돋보이는데, 이와 같은 기술을 적절히 사용하면 더욱 생동감 넘치는 프레이즈가 될 것입니다.

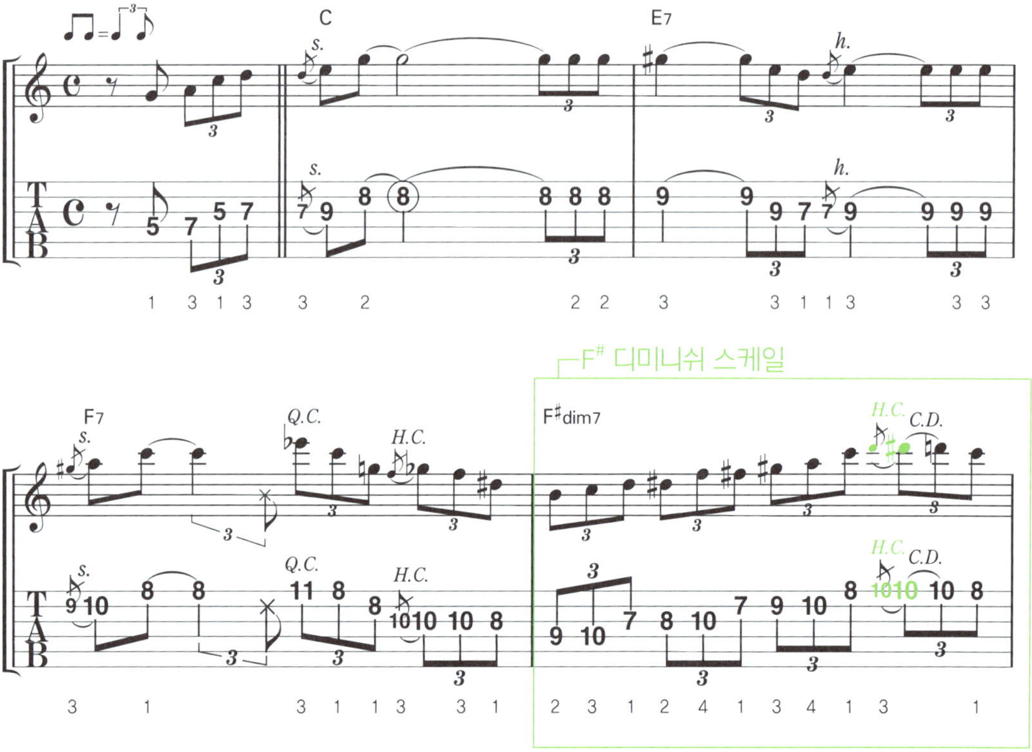

→ 블루스를 연주하면서 익히는 프로급 스케일 워크 37

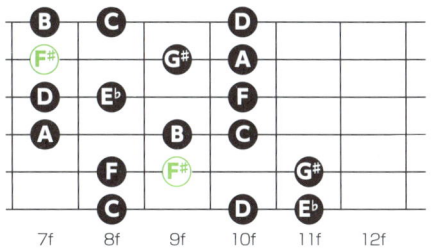

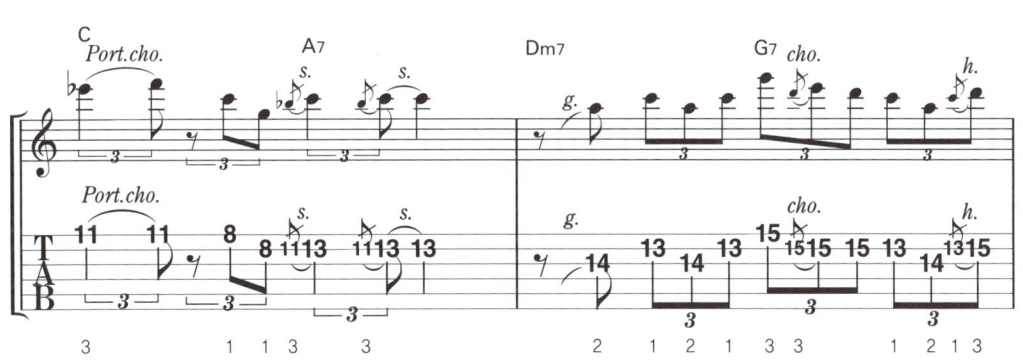

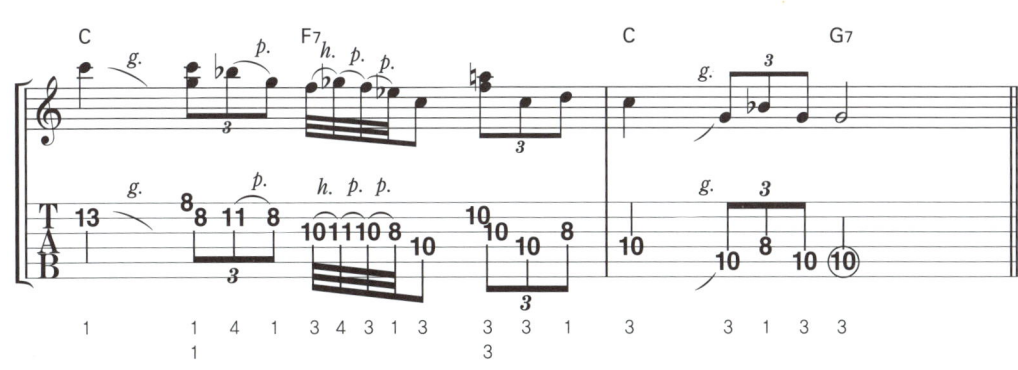

QR Track 38

재즈적인 스케일 ⑧

콤비네이션 오브 디미니쉬 스케일로 연주할 수 있습니까?

Key=C

이 스케일의 완성 포인트

재즈 블루스 진행에 맞춰서 콤비네이션 오브 디미니쉬 스케일, 디미니쉬 스케일, 얼터드 스케일 등을 다양하게 사용한 프레이징입니다. 무의식적으로 이와 같은 스케일을 사용할 수 있다면 스케일을 상당히 마스터 한 것이라고 할 수 있습니다. 4마디는 II-V 진행인데 크게 C7으로 보고 C 콤비네이션 오브 디미니쉬 스케일을 사용하는데 13th가 특징적입니다. 6마디의 F#dim7은 디미니쉬 스케일 하행을 사용하고, 8마디는 A7에 대해 얼터드 프레이

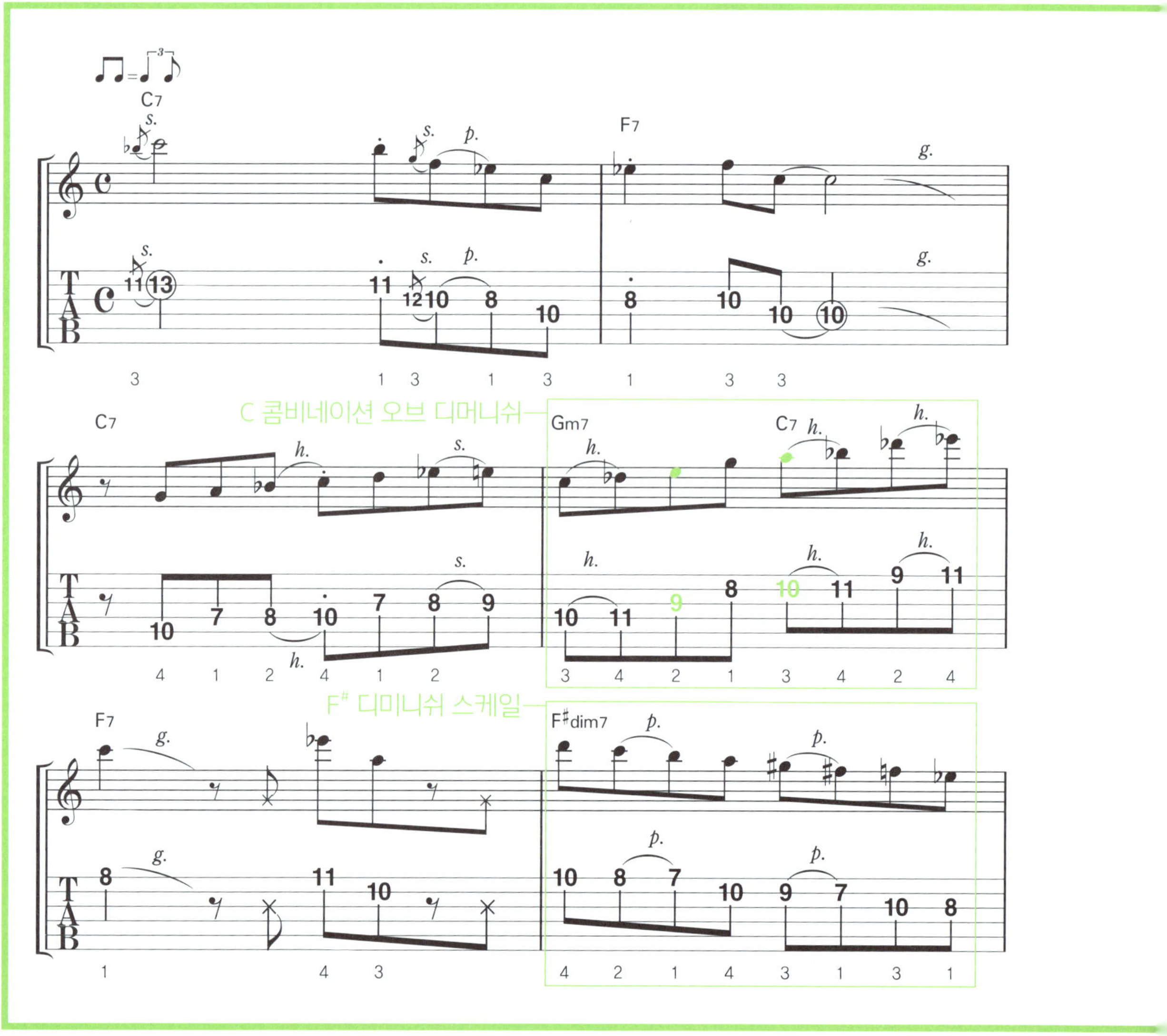

즈를 사용했습니다. 물론 이 부분에서 콤비네이션 오브 디미니쉬 스케일을 대신 사용하는 것도 가능하므로 시도해 봅시다.

이 악보에서 익혀두면 좋은 다이어그램
C 콤비네이션 오브 디미니쉬 스케일

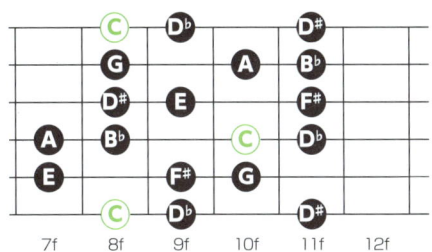

A 얼터드 스케일+5th

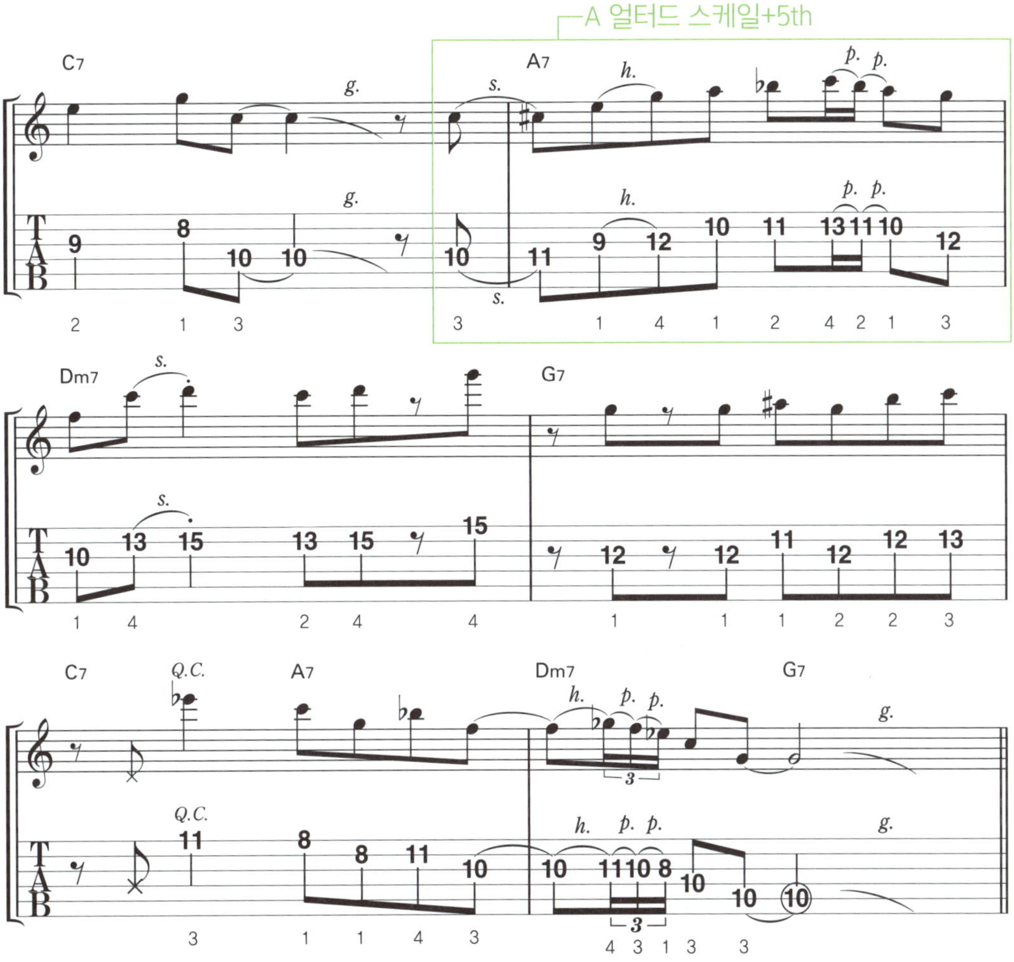

기억해두면 좋은 스케일
2

스페니쉬 스케일

이름대로 플라멩코 등의 음악에서 자주 사용하는 스케일입니다. 지금까지 살펴본 스케일 중에서는 프리지안 스케일과 거의 비슷한 형태인데 프리지 안에 M3rd가 추가되어 8음으로 되어 있는 것이 특징입니다.

줄 1개로 확인하는 스페니쉬 스케일의 음정 간격

기억해두고 싶은 포지션 ①

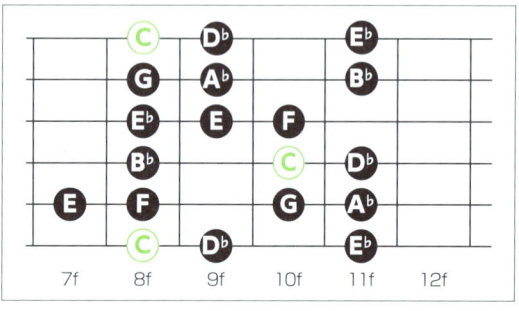

기억해두고 싶은 포지션 ②

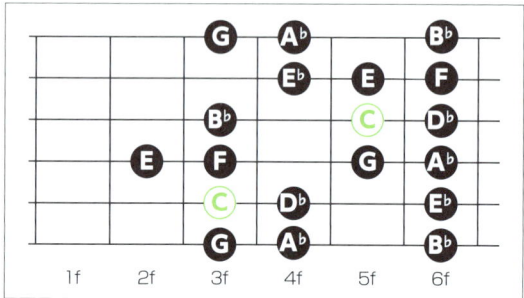

로크리안 #2 스케일

서브 도미넌트 마이너 기능을 가진 IIm7(♭5)코드 (C Key에서는 Dm7(♭5))에서 사용할 수 있는 스케일입니다. 이것 역시 이름대로 로크리안 스케일의 두 번째 음을 반음 올린 스케일입니다.

줄 1개로 확인하는 로크리안 #2 스케일의 음정 간격

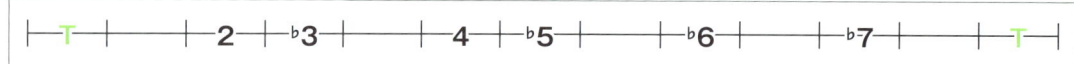

기억해두고 싶은 포지션 ①

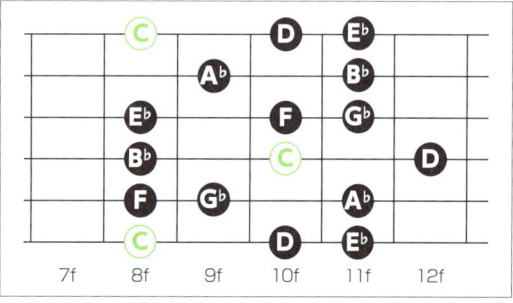

기억해두고 싶은 포지션 ②

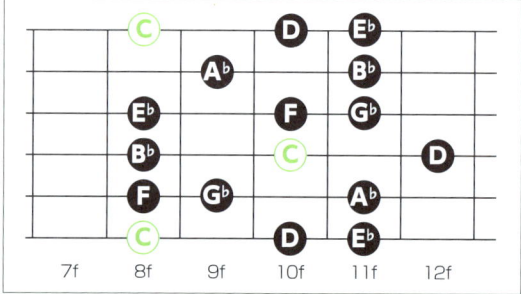

홀 톤 스케일

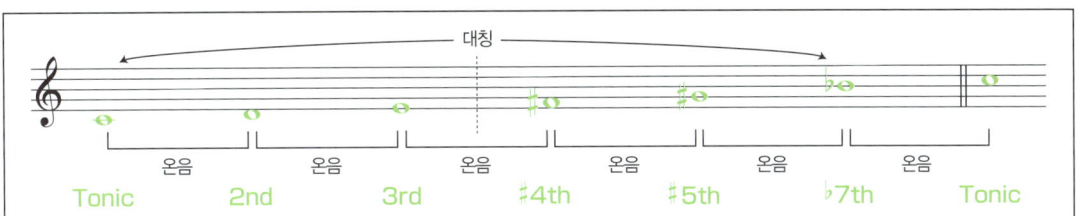

줄 1개로 확인하는 홀 톤 스케일의 음정 간격

시메트릭 계열의 스케일로 모두 온음 간격인 6음으로 이루어진 스케일입니다. 구조에 걸맞게 사운드 역시 매우 독특한데 해결되지 않고 허공에 떠 있는 것 같은 느낌이 듭니다. 오그먼트 코드나 7($^\#$5)코드에서 사용하는 것이 일반적입니다.

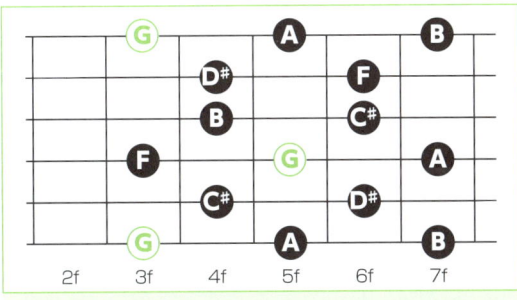

포지션 ① 6번 줄에 루트가 위치한 G 홀 톤 스케일 포지션입니다. 좌우 대칭 형태이므로 매우 간단하고 익히기 쉬운 폼입니다.

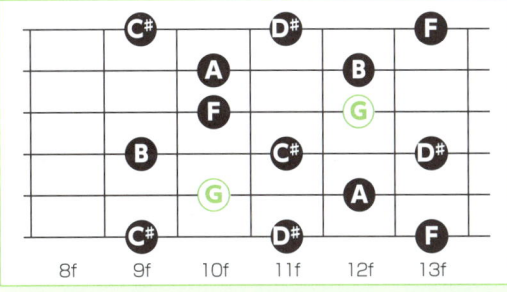

포지션 ② 5번 줄 루트의 경우입니다. 토닉 위치 이외에는 ①과 같은데 Gaug7(5번 줄 10프렛, 4번 줄 13프렛, 3번 줄 10프렛, 2번 줄 12 프렛) 등의 코드 폼을 상상하면서 익혀봅시다.

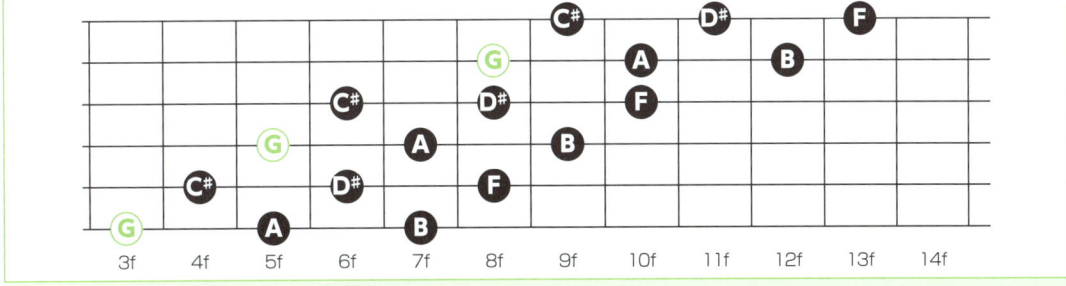

포지션 ③ 홀 톤은 각 줄을 같은 운지로 연주할 수 있는데(G 홀 톤 스케일의 예), 2번 줄과 3번 줄의 위치 관계만(이 부분만 1프렛 밀린다) 주의하면 매우 쉽게 익힐 수 있습니다.

재즈적인 스케일 ⑨

홀 톤 스케일로 연주할 수 있습니까?

Key=**C**

이 스케일의 완성 포인트

허공에 떠 있는 것 같은 신비로운 사운드의 홀 톤 스케일을 펑크 프레이즈에 응용한 예입니다. 1마디에서 과감하게 홀 톤 스케일을 사용합니다.

이 시점에서 이미 아웃으로 빠진 것 같은 묘한 느낌의 사운드가 시작되는데 4마디에서는 도미넌트적인 기능으로 C 홀 톤 스케일을 활용합니다. 모든 음이 온음 간격이라는 특징을 이용해서 같은 음형(3음)을 같은 줄에서 온음 간격으로 상행시켜 갑니다. 7~8마디는 C 홀 톤과 C 마이너 펜타토닉의 하이브리드 프레이즈인데 이것 역시 아웃 느낌이 나는 프레이즈입니다. 9, 12마디는 G 홀 톤 스케일

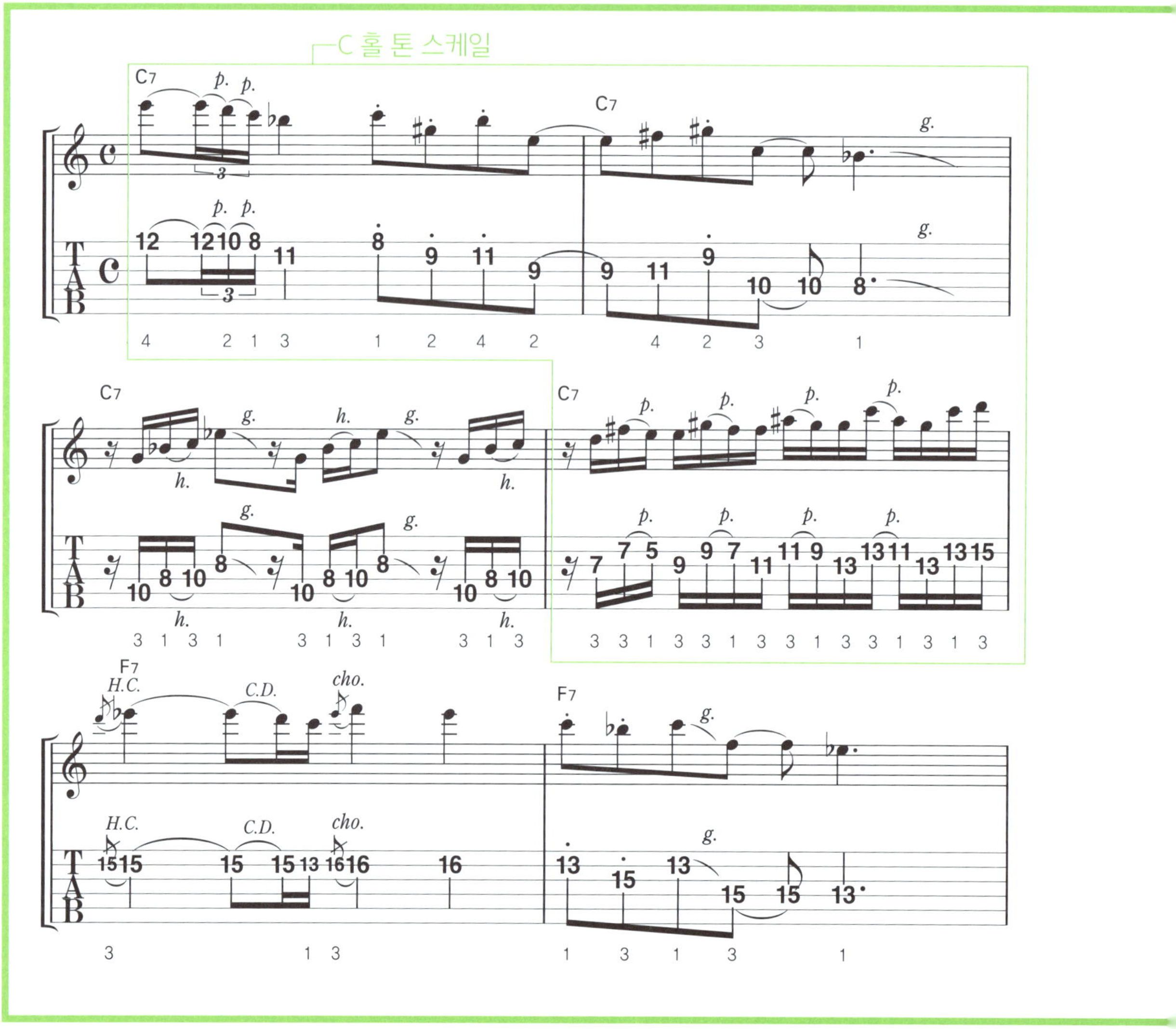

→ 블루스를 연주하면서 익히는 프로급 스케일 워크 39

이 악보에서 익혀두면 좋은 다이어그램

을 사용하고 9마디의 1~2박은 오그먼트의 코드 톤을 스윕 피킹으로 연주합니다. 12마디의 평행 이동은 4마디와 같습니다.

C 홀 톤 스케일

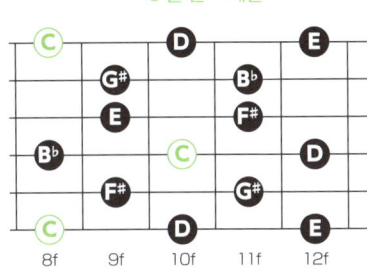

G 홀 톤 스케일

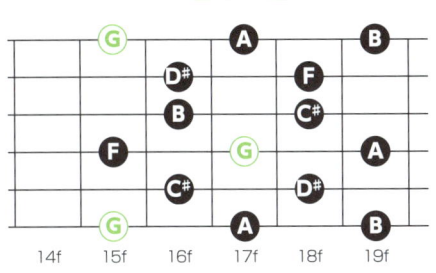

제6장
더블 스톱으로
스케일을 연주할 수 있습니까?

더블 스톱이란 반음 연주가 아닌 두 음을 동시에 연주하는 복음 연주를 말합니다. 솔로 중에 악센트로 사용하거나 배킹이나 오브리카토 라인을 만들 때 자주 사용하는 테크닉입니다.

복음 패턴으로는 옥타브, 3도 음정, 6도 음정 등을 사용하는데 멜로디에 화성적인 요소를 더해주는 느낌으로 연주하는 것이 일반적입니다. 문자 그대로 두 음 이상을 동시에 연주하므로 필연적으로 왼손의 이동이 어려워집니다. 빠른 프레이즈에서도 자연스럽게 연주할 수 있도록 스케일의 포지션과 운지를 잘 파악해 두도록 합시다.

여기서는 블루스의 7th코드에서 사용 빈도가 높은 믹소리디안에 초점을 맞춰서 더블 스톱 연주에 도움되는 다이어그램을 소개하겠습니다.

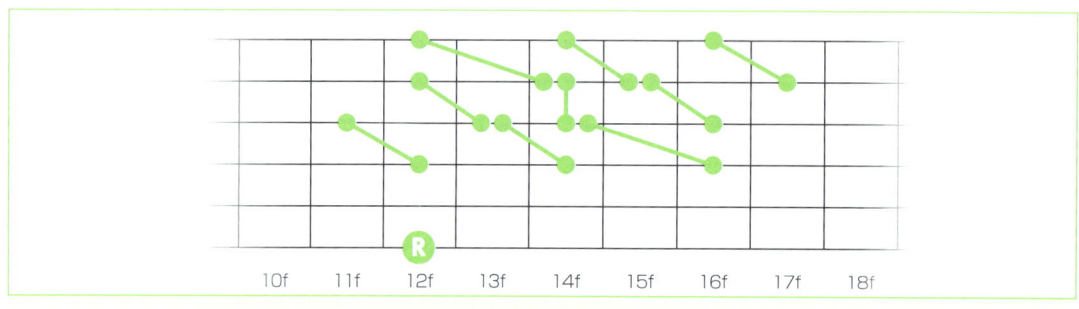

포지션 ①

6번 줄 루트의 E7코드 부근의 3도 음정입니다(탁하지 않고 사용하기 편한 1~4번 줄만 표기합니다).

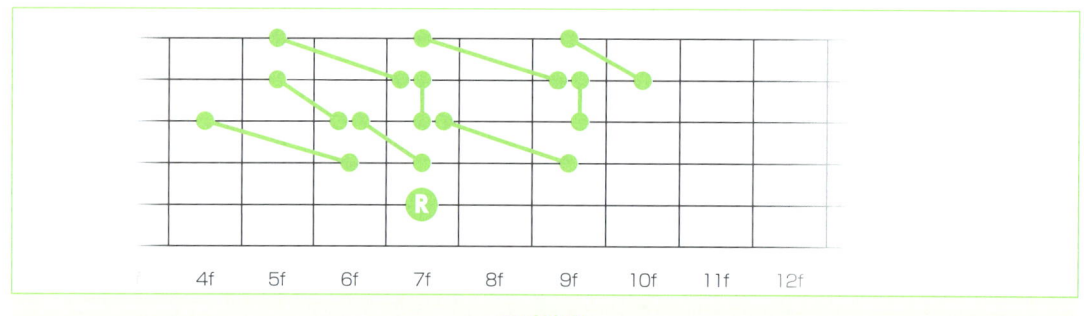

포지션 ②

5번 줄 루트의 E7코드 부근의 3도 음정입니다(탁하지 않고 사용하기 편한 1~4번 줄만 표기합니다).

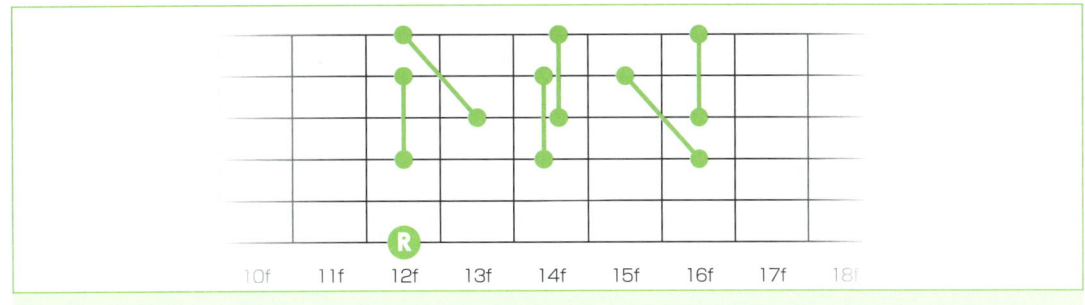

포지션 ③

6번 줄 루트의 E7코드 부근의 6도 음정입니다(탁하지 않고 사용하기 편한 1~4번 줄만 표기합니다).

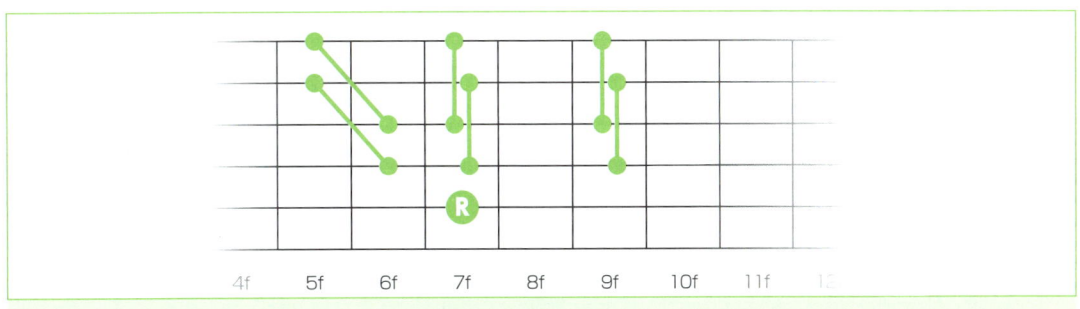

포지션 ④

5번 줄 루트의 E7코드 부근의 6도 음정입니다(탁하지 않고 사용하기 편한 1~4번 줄만 표기합니다).

질문 8

Q 스케일을 모르면 솔로 연주를 하거나 멜로디를 만드는 것이 불가능한가요?

A 절대 그렇지 않습니다. 만약 그렇다면 「드럼 솔로!」 같은 건 절대 불가능할 것입니다. 스케일 활용법을 익히면 익힐수록 솔로나 멜로디가 화려해지는 것은 사실입니다. 그러나 스케일 자체에만 너무 집착하면 손가락 연습을 하는 것 같은 솔로를 하게 됩니다. 특히 팝 음악에서의 기타 솔로는 음계보다 리듬이나 그루브 등이 더 중요합니다. 기타 솔로를 케이크에 비유하면 리듬과 그루브는 스펀지와 크림, 화려한 스케일 사용은 그 위에 얹은 과일과 장식이라고 할 수 있습니다. 만약 스케일을 많이 알고 있음에도 불구하고 좋은 기타 솔로를 할 수 없다면 우선 리듬과 그루브부터 집중적으로 공략할 것을 권합니다.

QR Track 40

더블 스톱으로 스케일 연주 ①

3도 음정으로 연주할 수 있습니까?

Key=A

이 스케일의 완성 포인트

3도 음정으로 더블 스톱을 사용한 솔로 예입니다. 실제로 이 정도까지 더블 스톱에 얽매일 필요는 없다고 생각하지만 각자 자신의 솔로에서 악센트적인 용도로 부분적으로 사용하기 바랍니다.

전체적으로 더블 스톱을 연주할 때에는 불필요한 줄을 왼손으로 뮤트한 상태에서 오른손으로 불필요한 줄을 함께 피킹합니다. 단, 6개의 줄을 전부 피킹하는 것은 아니고 근처의 줄 몇 개를 함께 피킹한다고 생각하고 연주하면 CD의 모범 연주와 같은 분위기를 만들 수 있습니다.

그 외에 주의해야 할 것은 손가락 사용입니다. 물

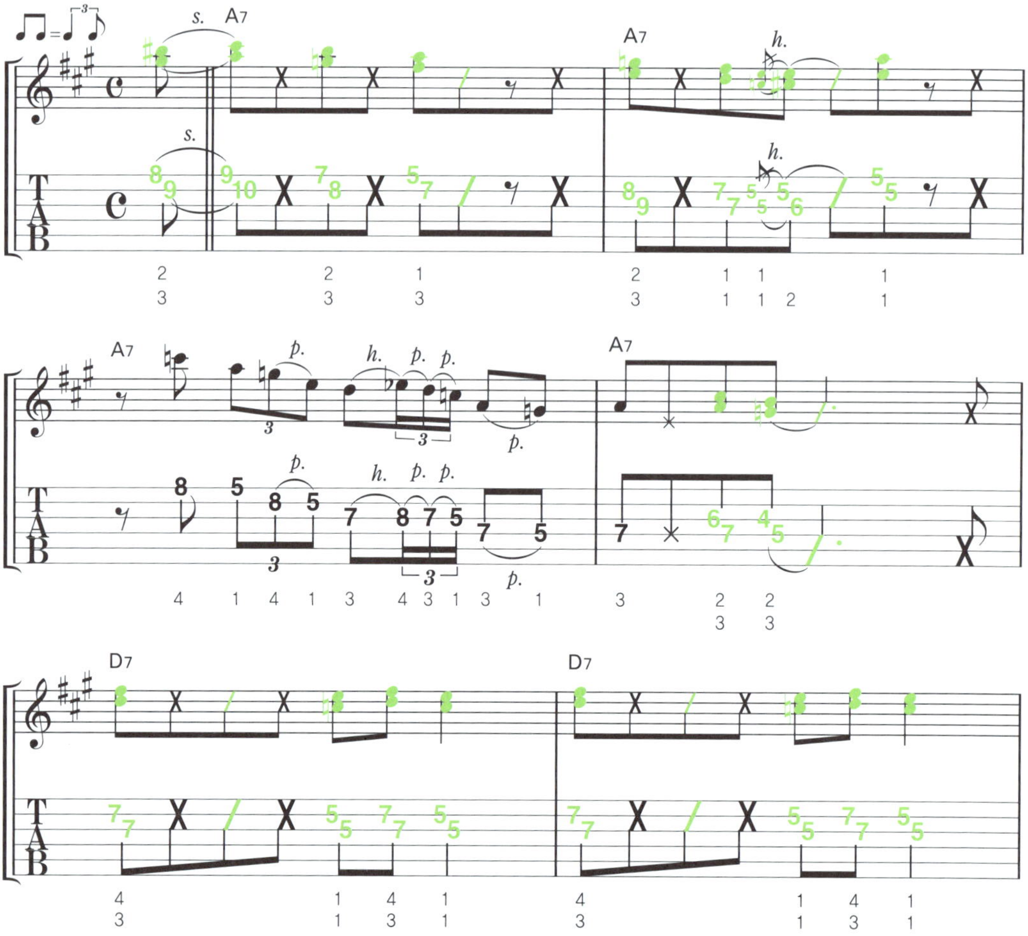

→ 블루스를 연주하면서 익히는 프로급 스케일 워크 40

론 다양한 패턴의 운지를 생각해볼 수 있겠지만, 자연스럽게 연주하기 위해서는 지정된 운지를 사용하는 것이 이상적입니다. 특별한 이유가 없는 한 처음에는 지정된 운지대로 연습하도록 합시다.

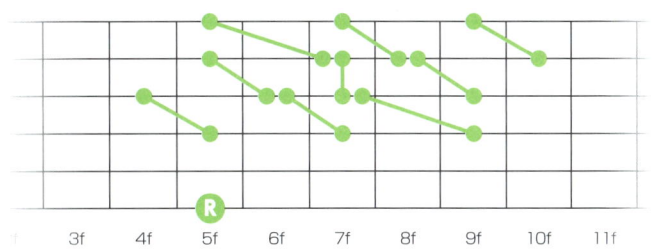

이 악보에서 익혀두면 좋은 다이어그램
A 믹소리디안 스케일의 경우

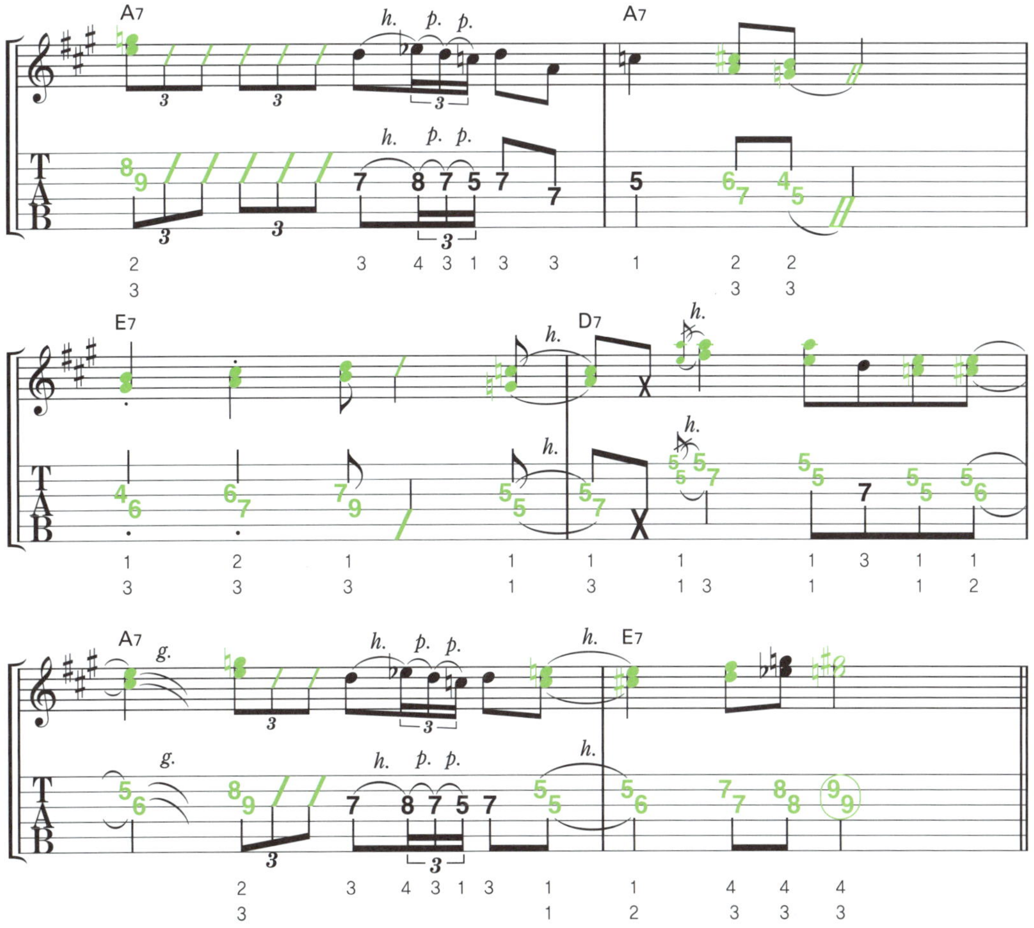

QR Track 41

더블 스톱으로 스케일 연주 ②

6도 음정으로 연주할 수 있습니까?

Key=A

이 스케일의 완성 포인트

6도 음정으로 더블 스톱을 사용한 솔로입니다. 1~4마디의 더블 스톱은 피크&중지로 피킹합니다. 음량 차이에 주의하며 줄을 피크와 손가락에 끼워 넣는 것처럼 피킹하는데 손톱이 조금 긴 편이 깔끔한 음을 만들기 편할 것입니다. 5~6번 줄은 불필요한 줄을 뮤트한 상태에서 브러싱 음을 포함한 컷팅처럼 연주합니다.

분명하고 좋은 셔플 그루브를 만들 수 있도록 노력합니다. 특별히 주제와는 관계가 없지만 11~12마디는 전형적인 블루스 턴 어라운드 프레이즈이므로 기억해 두어서 손해 볼 것은 없을 것입니다.

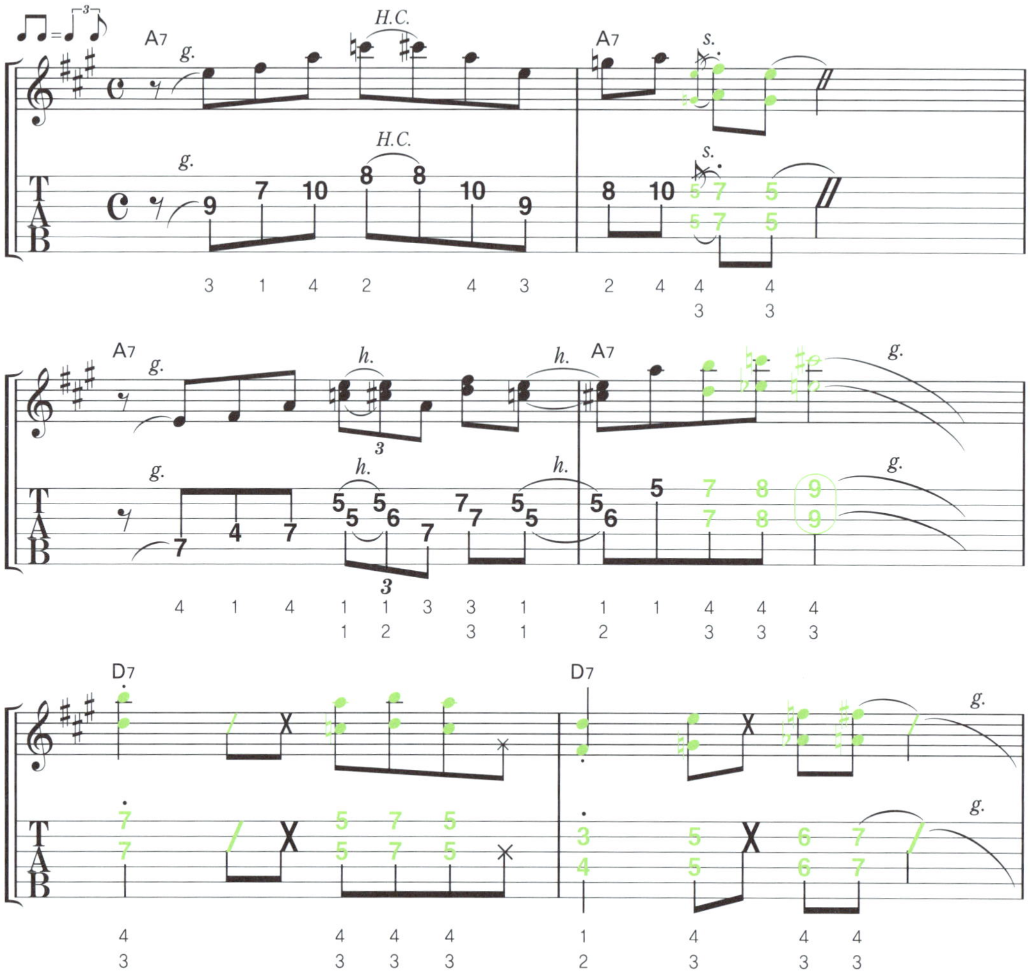

→ 블루스를 연주하면서 익히는 프로급 스케일 워크 41

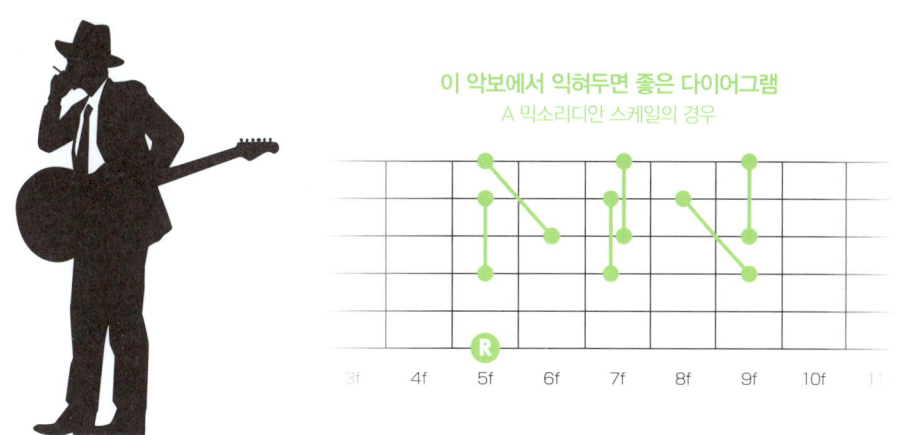

이 악보에서 익혀두면 좋은 다이어그램

A 믹소리디안 스케일의 경우

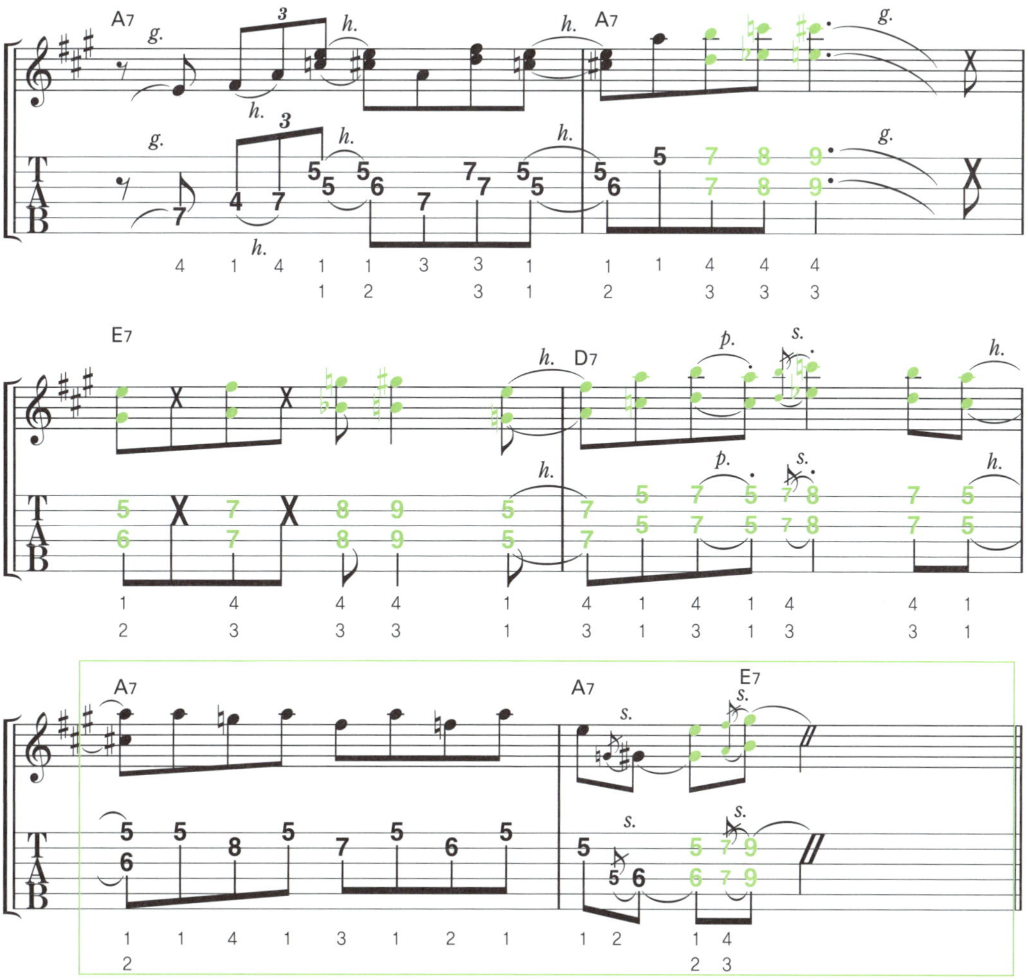

더블 스톱으로 스케일 연주 ③

스케일을 옥타브 주법으로 연주할 수 있습니까?

Key=**Cm**

이 스케일의 완성 포인트

모든 음을 옥타브로 연주한 마이너 블루스 솔로입니다. 앞에서와 마찬가지로 불필요한 음을 뮤트한 상태에서 브러싱 음을 추가해서 컷팅하듯이 연주합니다. 지판 위의 움직임이 크기 때문에 익숙해질 때까지는 어렵겠지만, 한번 익혀두면 솔로 연주에

서 존재감 있는 연주를 할 수 있는 중요한 테크닉입니다.

이때 원래 음은 검지, 옥타브한 음은 새끼손가락으로 운지를 고정하는데 이렇게 하면 큰 어려움 없이 연주할 수 있을 것입니다. 3번 줄 이하의 옥타브 운지는 위의 옥타브 음을 약지로 연주해도 상관없습

※ 모든 음을 옥타브 주법으로 연주

→ 블루스를 연주하면서 익히는 프로급 스케일 워크 42

니다.

여기서는 크런치 느낌의 톤을 이용해서 블루스 록 스타일로 연주하는데 클린 톤의 풀 어쿠스틱 기타를 사용해서 엄지 피킹으로 연주하면 웨스 몽고메리와 같은 재즈적인 연주에도 활용 가능합니다.

이 악보에서 익혀두면 좋은 다이어그램
C 마이너 스케일

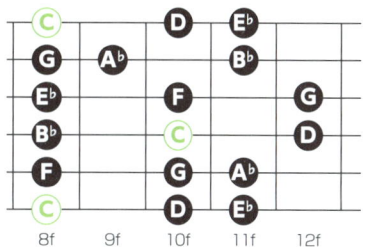

제3장에서 펜타토닉 스케일을 응용해서 다이아토 닉 코드 진행을 연주하는 방법을 살펴보았는데 펜 타토닉 스케일의 편리한 사용법은 아직도 많습니다. 예를 들어 모드 곡에서의 솔로 연주 시 한 개의 스 케일 만으로 대충 연주하면 밋밋한 연주가 되기 때 문에 화려하면서도 음악적인 연주를 위해서 코드 톤, 텐션, 캐릭터 노트를 효과적으로 배치할 필요 가 있습니다. 만약 이것들을 간단히 컨트롤 하고 싶다면 이 「펜타토닉을 응용해서 연주하기」를 매우 유용하게 활용할 수 있습니다.

도리안 스케일을 예로 설명하겠습니다. Dm7 원 코 드 곡이 펑크나 블루스 계열이라면 D 도리안 스케 일로 연주하는 것이 일반적입니다. D 도리안 스케 일의 토널 센터는 C입니다. 토널 센터란 그 모드 스 케일을 어느 음부터 시작하면 메이저 스케일이 되 느냐 하는 것인데 D 도리안 스케일은 C 메이저 스 케일과 같은 음을 사용하고 있음을 알 수 있습니다.

제 3장에서 설명한 것처럼 C 메이저 스케일에는 D 마이너 펜타토닉, E 마이너 펜타토닉, A 마이 너 펜타토닉의 3개의 펜타토닉 스케일이 포함되

어 있습니다.

Dm7에서 D 마이너 펜타토닉 스케일을 연주하는 것은 구성음을 보면 알 수 있듯이 [코드 톤+11th] 가 되는데 이것은 매우 인사이드적이고 안정적인 느낌의 접근법입니다.

E 마이너 펜타토닉은 5개의 음 중 3개의 음이 텐션 음이고 그 중 B음이 캐릭터 노트입니다. 즉, 텐션 느낌이 강하지만 도리안 느낌을 표현하는 것이 가 능합니다.

A 마이너 펜타토닉 스케일은 5개의 음 중 2개의 음이 텐션 음이라서 적당한 긴장감을 얻을 수 있습 니다.

모드는 코드 진행이 적기 때문에 멜로디를 드라마 틱하게 표현할 필요가 있습니다. 이때 펜타토닉을 적절히 응용해서 사용하면 매우 효과적인 연주가 될 것입니다. 예를 들어 D 마이너 펜타토닉을 기본 으로 하면서 가끔 E 마이너 펜타토닉을 사용하고, 다음에 잠시 A 마이너 펜타토닉을 사용하고, 마지 막으로 D 마이너 펜타토닉을 사용하는 등 다양한 작전을 세우는 것이 가능해질 것입니다.

① 5프렛 부근의 D 마이너 펜타토닉과 Dm7의 관계

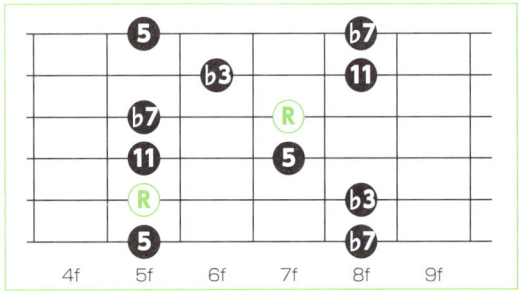

② 5프렛 부근의 E 마이너 펜타토닉과 Dm7의 관계

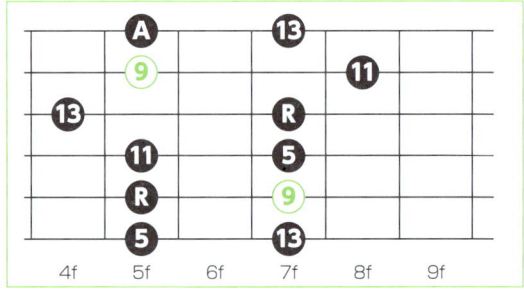

※①〜⑥의 다이어그램은 마이너 펜타토닉 포지션에 Dm7에서 본 도수를 나타낸 것입니다.

③ 5프렛 부근의 A 마이너 펜타토닉과 Dm7의 관계

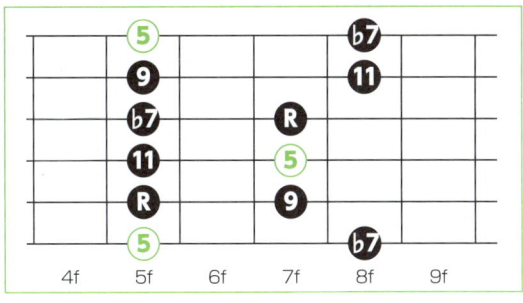

④ 10프렛 부근의 D 마이너 펜타토닉과 Dm7의 관계

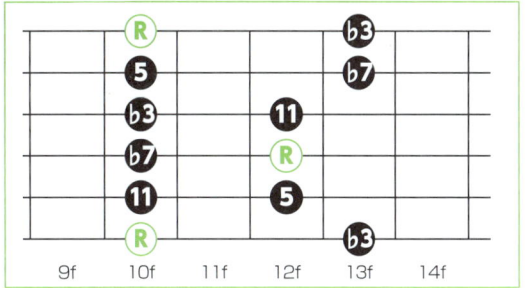

⑤ 10프렛 부근의 E 마이너 펜타토닉과 Dm7의 관계

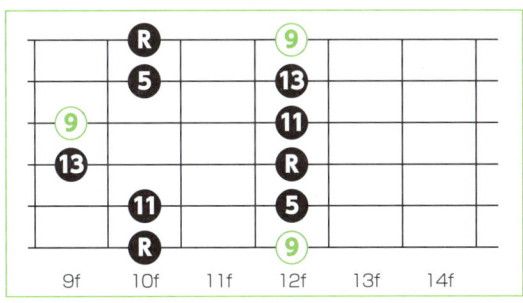

⑥ 10프렛 부근의 A 마이너 펜타토닉과 Dm7의 관계

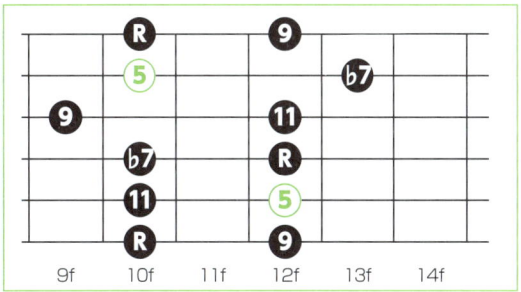

얼터드 텐션도 임의의 펜타토닉 스케일을 응용해서 컨트롤할 수 있습니다. 예를 들어 G7→C와 같은 진행이 있다면 G7에서는 보통 얼터드 스케일을 사용할 수 있는데 이때 얼터드 스케일 대신에 D^b 메이저 펜타토닉(※)을 사용하면 D^b(#11th), E^b(^{b}13th), F(^{b}7th), A^b(^{b}9th), B^b($^\#$9th)과 같이 거의 얼터드 텐션만을 사용해서 연주할 수 있습니다.

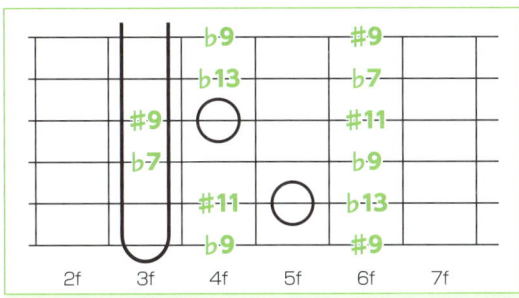

포지션 ①

3프렛 부근의 G7코드와 D^b메이저 펜타토닉과의 관계. 여기에 나온 것뿐만 아니라 다른 포지션 중에 사용하기 편한 것이 있다면 각자 체크합시다.

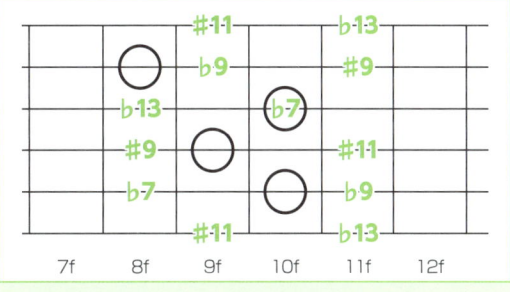

포지션 ②

10프렛 부근의 G7코드와 D^b메이저 펜타토닉과의 관계. 잘 사용하는 요령은 전부를 파악하는 것이 아닌 사용하기 편한 부분을 찾아내는 것입니다. 예를 들어 1~3번 줄의 홈 베이스 상의 폼 등은 기억하기 편하고 사용하기도 편한 포지션 중 하나입니다.

※ B^b 마이너 펜타토닉

QR Track 43

펜타토닉 스케일의 응용 ①

펜타토닉을 응용해서 도리안 스케일을 연주할 수 있습니까?

Key=**Am**

이 스케일의 완성 포인트

Am Key의 마이너 블루스입니다. 보통 전반부에서는 마이너 펜타토닉이나 마이너 스케일로 솔로 하는 것이 일반적인데 토닉인 Am7코드에서 A 도리안을 사용했습니다. 단, 여기서는 단순히 도리안 스케일의 구성음을 나열하는 것이 아닌 A, B, E를 토닉으로 하는 3개의 마이너 펜타토닉을 적절하게 응용해서 사용하면서 프레이즈를 구축해 갑니다. 1~2마디는 긴장감이 강한 B 마이너 펜타토닉을 사용하는데 특히 첫 번째 음은 개성이 강한 ♮6th입니다. ♮6th는 도리안의 캐릭터 노트이기 때문에 도리안임을 부각하는 역할을 합니다. 3~4마디는

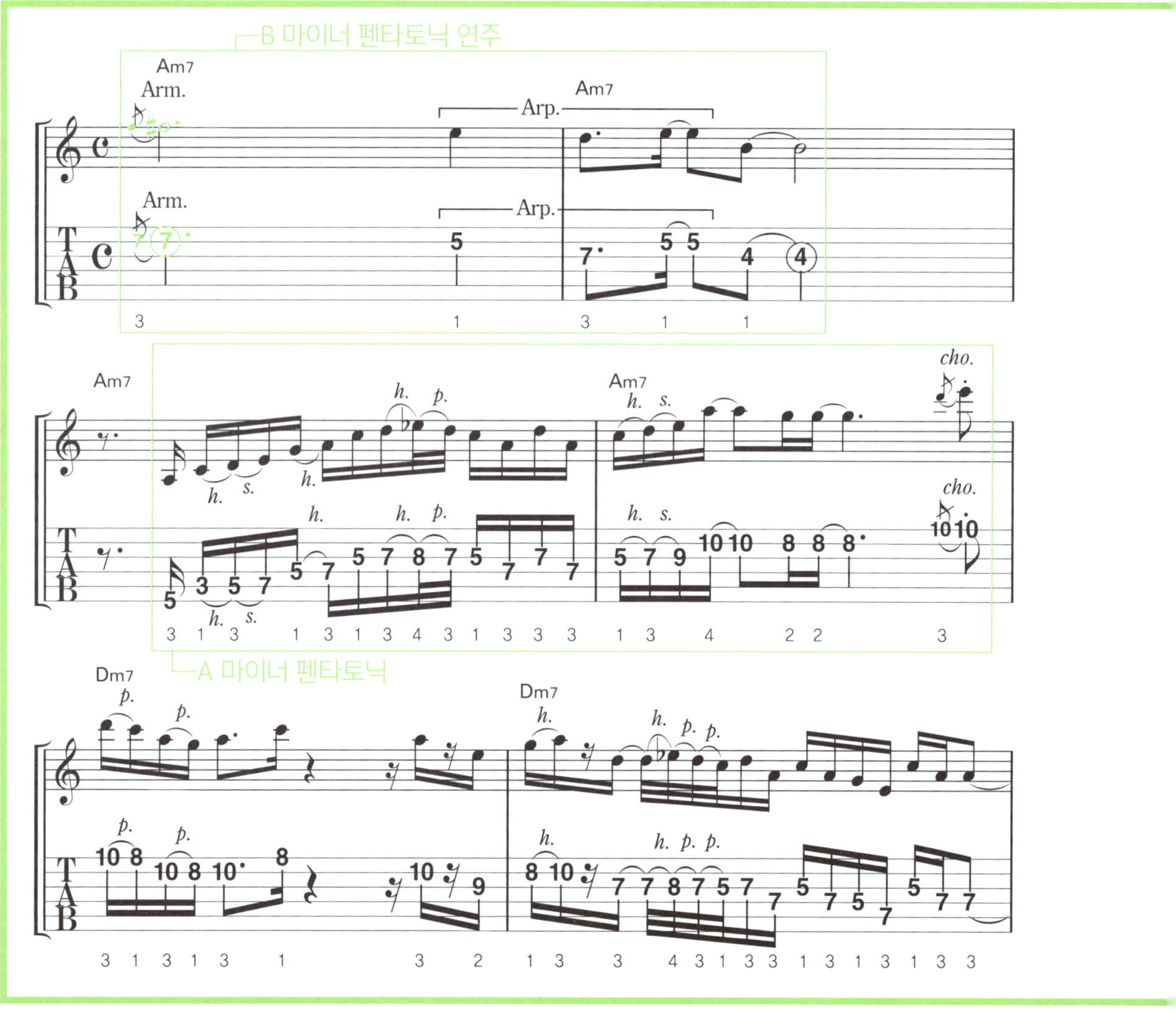

→ 블루스를 연주하면서 익히는 프로급 스케일 워크 43

A 마이너 펜타토닉으로 블루지하게 연주하고, 7~8마디에서는 마이너 펜타토닉을 연주하며 Am7의 9th(B음)를 강조한 프레이즈로 공략하는데 이 9th는 세련되고 쿨한 울림이 특징입니다.

이 악보에서 익혀두면 좋은 다이어그램
B 마이너 펜타토닉 스케일

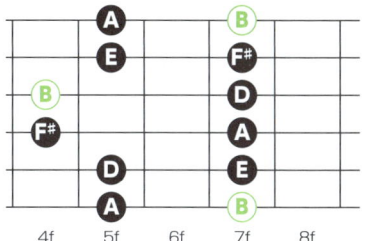

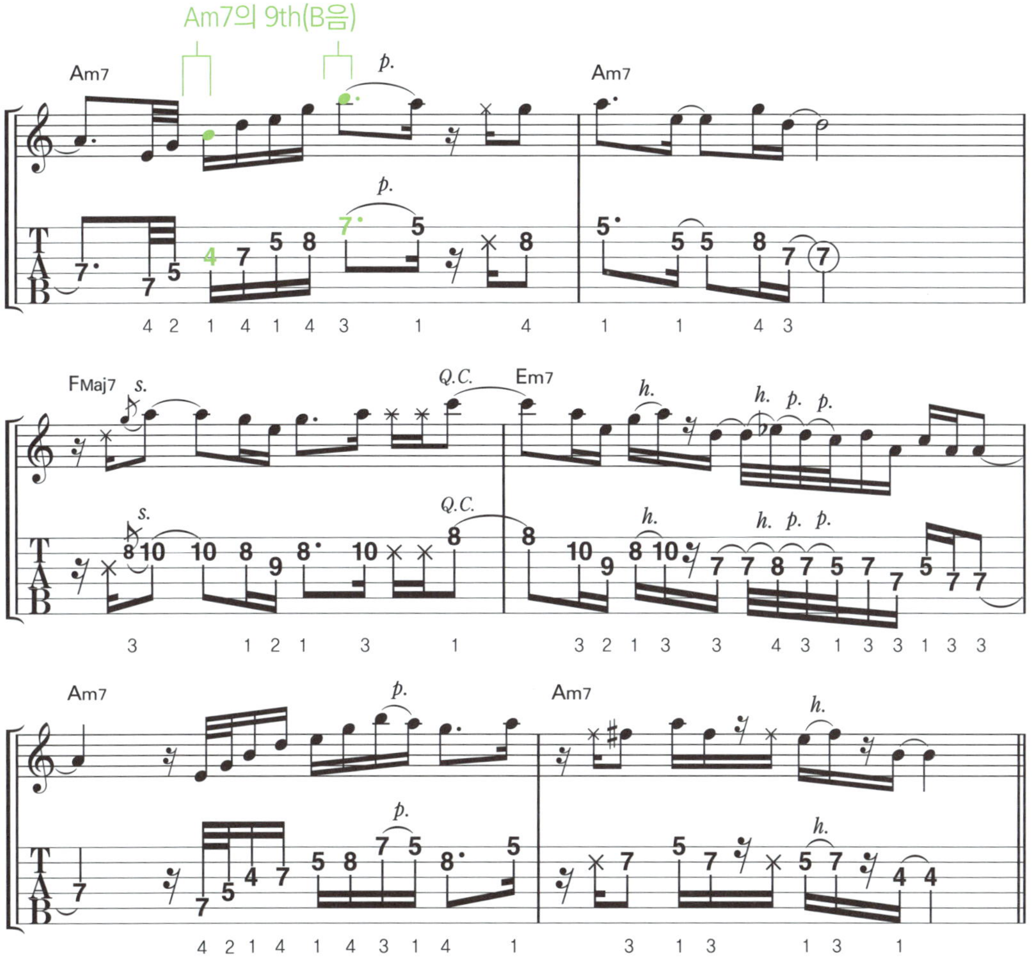

펜타토닉 스케일의 응용 ②

펜타토닉을 이용한 얼터드 프레이즈

Key=**F**

이 스케일의 완성 포인트

재즈 블루스 진행에 의한 솔로 프레이즈입니다. 여기에서 포인트는 곳곳에서 볼 수 있는 얼터드 프레이즈가 펜타토닉 스케일을 응용해서 연주했다는 점입니다. 우선 4마디는 F 얼터드 스케일로 연주할

것을 A♭마이너 펜타토닉 스케일로 상행하며 얼터드 프레이즈를 만듭니다. 8마디의 D7도 D 얼터드를 연주하는 곳인데 7마디부터 연속해서 F 마이너 펜타토닉으로 연주합니다. 10마디는 C 얼터드를 E♭마이너 펜타토닉으로 대신해서 연주합니다. 이

→ 블루스를 연주하면서 익히는 프로급 스케일 워크 44

처럼 발상의 전환은 쉽게 얼터드 프레이즈를 연주할 수 있게 해 줌과 동시에 새로운 울림을 만들 것입니다.

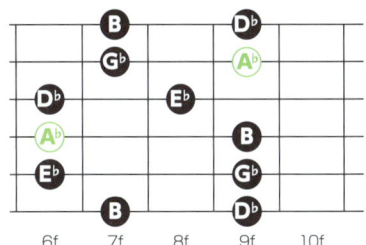

이 악보에서 익혀두면 좋은 다이어그램
A♭ 마이너 펜타토닉 스케일

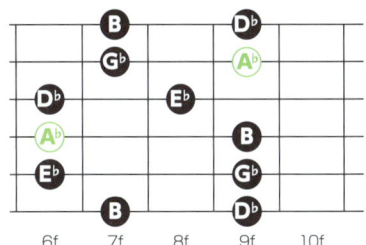

제8장
스케일로
속주할 수 있습니까?

스케일 연주의 분위기 고조와 하이라이트로 이용할 수 있는「속주」에 관해 살펴보겠습니다. 컨셉은 스케일 폼을 이용해서 얼마나 쉽게 속주할 것인가! 입니다. 즉 어려운 프레이즈를 이 악물고 연습하는 것이 아닌 연주자에게 부담을 주지 않는 폼이나 패턴을 선택하고, 프레이즈를 만드는 것이 목적입니다.

그럼 대체 어느 정도의 빠르기로 연주하면 속주의 범주에 들어갈까요? 이것은 완전히 개인적인 의견인데 BPM ♩=180 전후에서 16분음표로 연주하면 속주라고 할 수 있을 것입니다. 이 이하는「빠른 프레이즈」정도로 정의하는 것이 나을 것입니다. 기준은 딥 퍼플의「하이웨이 스타」솔로의 "라시도도 라시도도"가 연속되는 부분인데 이곳이 바로 BPM ♩=180 에서의 16분음표입니다. 듣는 사람이나 프레이즈에 따라서 이 부분에 대한 판단은 조금씩 다르겠지만, 저는 이 템포를 기준으로 제시하겠습니다. 그럼 여기서 잠시 템포와 음표의 관계를 이해하고 넘어가겠습니다. BPM ♩=180에서 16분음표를 연주한다는 것은 1분간 720개의 16분음표를 연주하는 빠르기라는 뜻입니다. 즉 BPM ♩=120이면 6연음(720÷120=6), BPM ♩=144면 5연음, BPM ♩=80이면 9연음 등이 됩니다.

즉, 3연음(6연음), 4연음, 5연음 등 각각의 음 수로 속주 하기 쉬운 폼이나 패턴을 준비하면 곡 대부분에서 응용 가능합니다. 또 3연음 또는 6연음 패턴을 16분음표로 연주하거나 4연음 패턴을 6연음 등으로 연주하면 악센트가 점점 뒤로 밀리는 것 같은 독특한 속도감을 가진 프레이즈로 변형할 수 있습니다. 이처럼 프레이즈의 조각들을 사용하기 쉽게 분해하고 필요에 따라 조합해서 응용하면 복잡한 느낌의 프레이즈를 쉽게 만들 수 있습니다. 그럼 이 조각들에 대해 구체적으로 살펴봅시다.

Q 코드 톤을 연주한다. 코드에 맞는 스케일을 연주한다. 이 두 가지는 같은 것입니까? 다른 것입니까?

A 다릅니다. 스케일이라는 것은 어떤 코드에서 연주할 때 보통 (코드 톤)＋(텐션)＋(어보이드 노트)가 됩니다. 코드 톤은 코드를 구성하는 음, 텐션은 코드에 긴장감이나 두께를 더해주는 음, 어보이드 노트는 코드의 울림이나 기능을 해치는 음(대부분 코드 톤의 반음 위에 있음)인데, 스케일로 멜로디를 연주한다는 것은 코드 톤 뿐만 아니라 이 3개를 모두 사용한다는 의미입니다. 이 느낌은 핀 하나와 지우개가 달린 실을 상상하면 좋을 것입니다. 아무 움직임이 없이 걸려 있는 상태가 코드 톤, 조금 잡아당긴 상태가 텐션, 팽팽해질 정도로 잡아당긴 상태가 어보이드 노트입니다. 아무 움직임이 없으면 시시할 것입니다. 조금만 잡아당기면 움직임이 생겨서 재미있어지는데, 이것에 질리면 한 번쯤 팽팽하게 잡아당겼다가 놓아보는 것도 좋습니다. 이런 식으로 사용하는 음의 에너지를 느끼면서 멜로디를 연주하면 재미있는 사운드를 만들 수 있을 것입니다.

펜타토닉

이 책에서 소개한 펜타토닉 스케일의 폼은 대부분 박스 형태로 되어 있습니다. 이 폼은 하나의 줄에 두 음밖에 없는 폼으로 속주에 그리 적합한 폼이라 고 할 수 없지만, 이 점을 의식한 상태에서 최대한 연주하기 쉬운 포인트를 찾아가도록 합시다.

3연음(6연음) 패턴 지미 페이지 등을 연상시키는 전형적인 속주 프레이즈입니다.

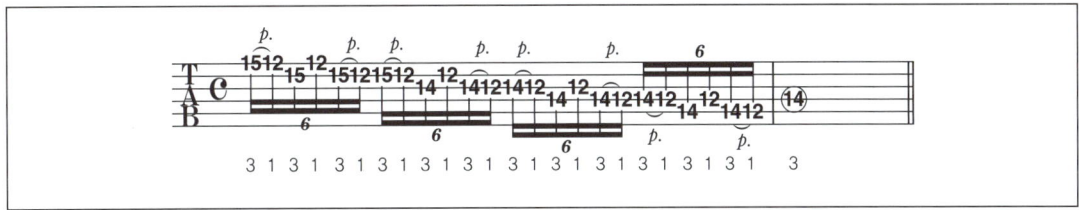

4연음 패턴 해머링, 풀링을 사용한 비교적 쉽게 연주할 수 있는 프레이즈입니다.
이것을 반복해서 연주하는 것만으로도 달리는 느낌을 표현할 수 있습니다.

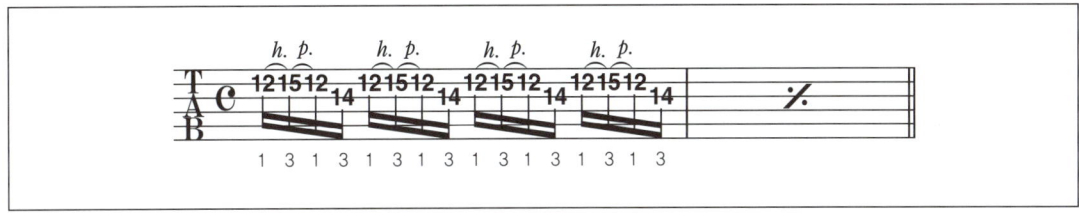

3노트 퍼 스트링

각 줄에서 3개 음씩 연주하는 3노트 퍼 스트링은 속주에 매우 적합한 운지라고 할 수 있습니다. 특히 ⑤의 폼(57, 63p 참조) 등은 같은 운지가 두 줄씩 묶여 있어서 사용하기 매우 편한 폼입니다.

3개 음에 의한 6연음 패턴 단순히 해머링, 풀링을 사용해서 상, 하행하는 것만으로도 속주가 가능합니다.

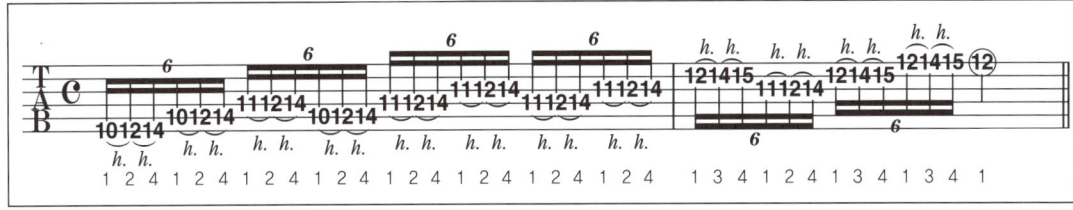

처음과 마지막 음만을 피킹하는 6개 음 패턴인데 이 처음과 마지막 음의 연결이 리듬적으로 들리도록 주의하며 연주합니다.

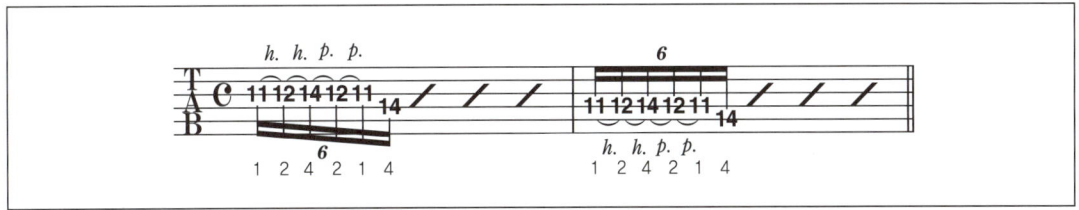

139p 아래의 패턴을 16분음표로 연주한 것. 악센트가 밀리면서 독특한 속도감이 생깁니다.

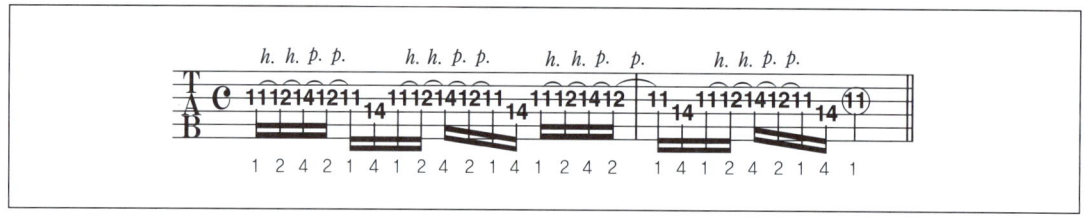

3노트에 의한 4연음 패턴 폼의 구조상 상행할 때 연결되지 않고
중간중간 음이 끊어지는 느낌이 드는데, 멜로디로써는 나름대로 좋은 느낌이 들기도 합니다.

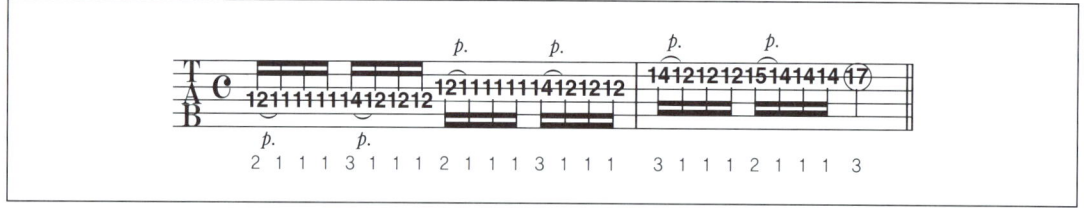

1개의 줄에서의 스케일

1개의 줄에서 횡적인 이동을 주로 사용하는 속주 패턴입니다.
개방현을 섞어서 연주하는 것도 효과적인 아이디어입니다.

6연음 패턴 (개인적으로) 매우 사용하기 쉬운 패턴입니다.
하지만 손가락 사용이 쉬운 패턴은 연주자에 따라 다르므로 이것을 하나의 예로 각자 최적의 패턴을 만들기 바랍니다.

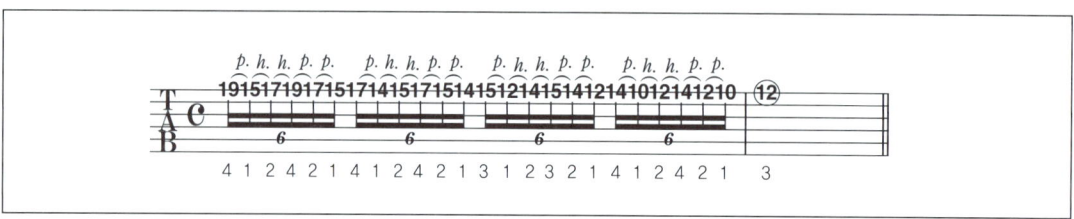

5연음 패턴 개방현을 섞은 패턴입니다. 5연음을 연주하기 힘들면 「비정상회담」,
「라디오스타」, 「나는가수다」 등과 같이 적절한 단어를 대입해서 연습하면 효과적입니다.

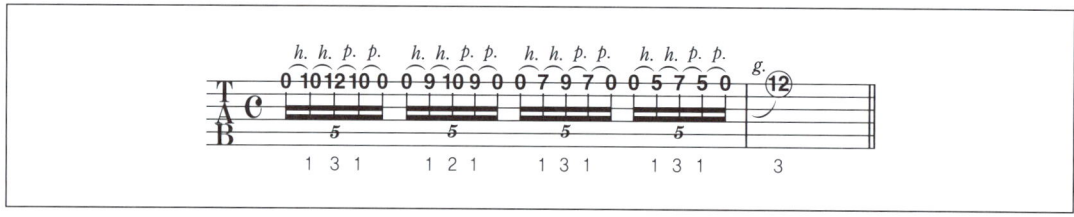

태핑

태핑을 사용하면 아이디어에 따라서는 더 쉽게 속주 하는 것이 가능합니다.

펜타토닉+m11 아르페지오 왼손은 E 마이너 펜타토닉 스케일, 오른손은 12프렛을 6번 줄부터 1번 줄로 차례대로 이동하면 됩니다.
12프렛 음은 m11th코드의 구성음(1, ♭3, 5, ♭7, 11)입니다. 즉 마이너 펜타토닉과 같은 구성음입니다.

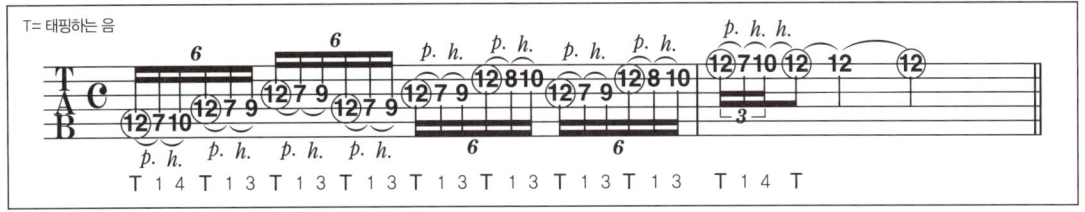

3노트 퍼 스트링+m11 아르페지오 왼손은 3노트 퍼 스트링으로 E 도리안,
오른손은 12프렛을 6번 줄부터 1번 줄까지 차례대로 이동하며 연주하면 됩니다.

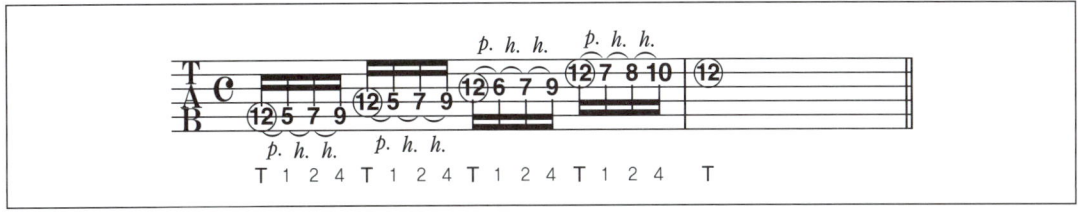

기존 폼에 음을 추가해서 연주하기 쉽게 만들자!

어떤 폼을 연주했을 때「여기에 한 음만 더 있으면 치기 편할 텐데」라고 느낀 적은 없습니까? 예를 들어「5포지션에서 1개의 줄만 두 음일 때, 그 부분이 3개의 음으로 되어 있으면 3노트 퍼 스트링처럼 치기 쉬워지는데!」와 같은 것 말이죠. 이럴 때는 편한 대로 음을 추가하면 그만입니다.

첫 번째는 음이 중복하는 경우. 두 번째는 크로매틱을 투입한 예.

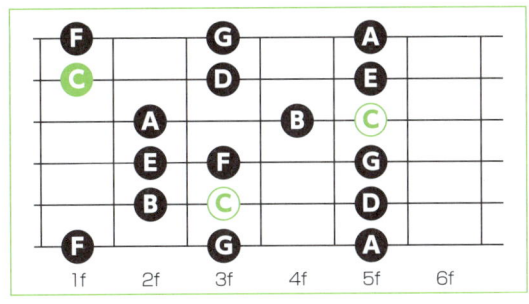

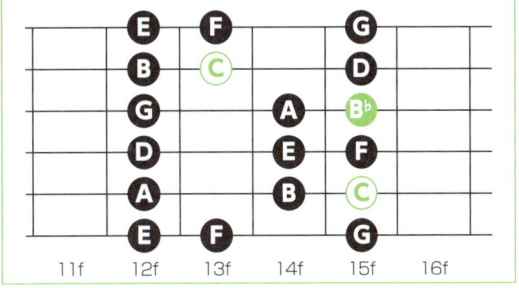

이와 같은 형태로 음을 추가합니다. 이 방법은 반 헤일런도 자주 사용하는데 프레이즈와의 궁합이 맞지 않아서 위화감이 드는 때도 있으므로 상황에 맞게 적절하게 사용합시다.

QR Track 45

속주 프레이즈의 활용 ①

레가토 주법으로 속주 할 수 있습니까?

Key=A

이 스케일의 완성 포인트

속주 프레이즈 패턴을 활용한 블루스 솔로입니다. 도입부에서 3노트 퍼 스트링의 A 도리안+A 마이너 펜타토닉 프레이즈를 연상하고 연주하면 이러한 프레이즈 구성이 됩니다.

1~2마디는 16분음표를 6연음 패턴으로 연주하기 때문에 반 박씩 밀린 악센트가 속도감을 만드는 프레이즈입니다. 음질과 음량 모두 최대한 균일하게 연주하면 더욱 속도감이 생겨서 실제보다 더 빠르게 연주하는 것처럼 들립니다. 5~6마디는 3노트 퍼 스트링을 스트레이트로 횡으로 구축하며 하행하는 프레이즈입니다. 악보에 너무 신경 쓰지 말고

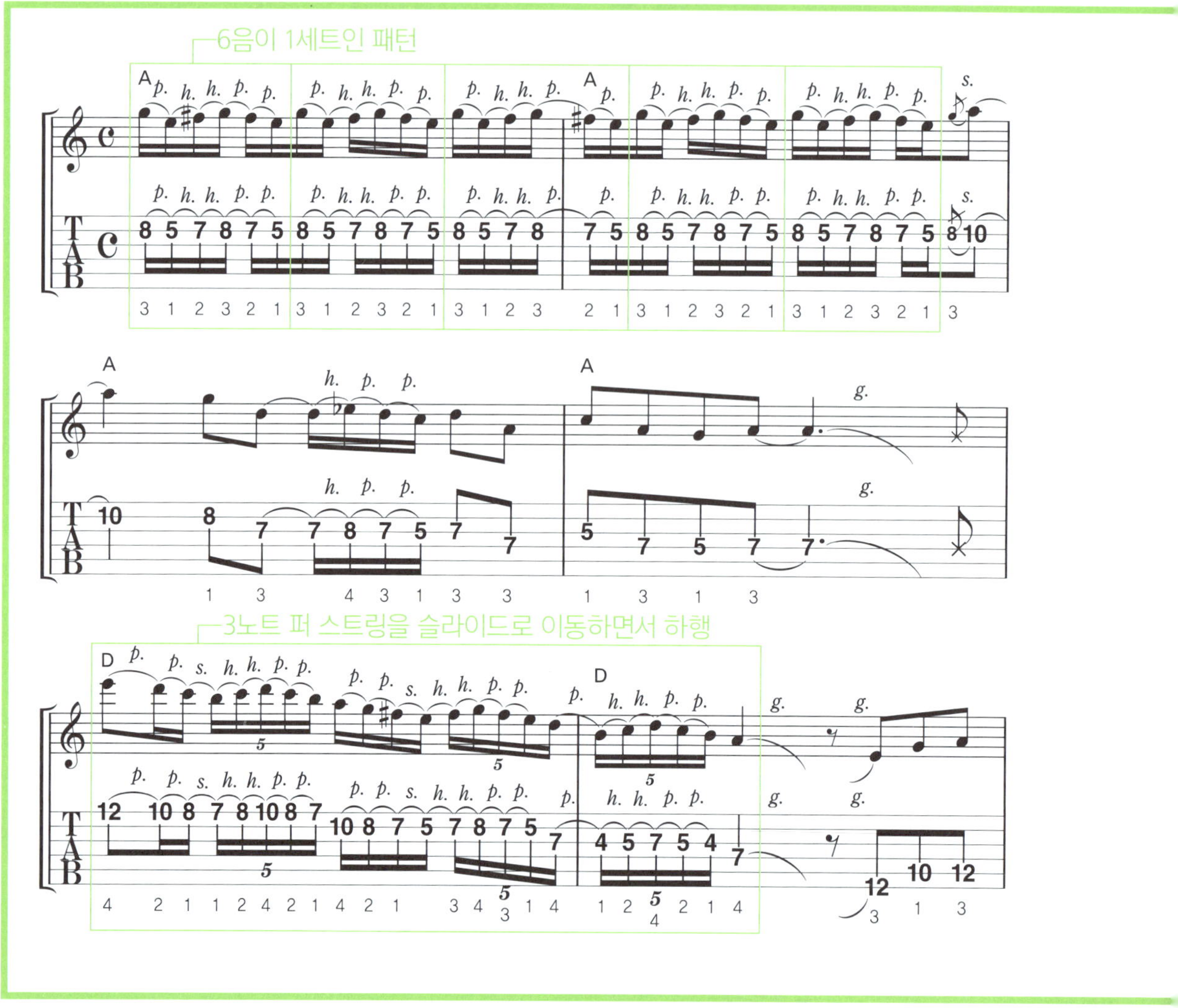

흐름을 중시하며 연주합시다. 9마디의 6연음 프레이즈는 3번 줄 20프렛이 ♭5음으로 되어 있는데, 재빠른 손가락 움직임이 요구되므로 집중적으로 연습한 후 전체적인 연습에 들어갑시다.

이 악보에서 익혀두면 좋은 다이어그램
A 도리안 스케일

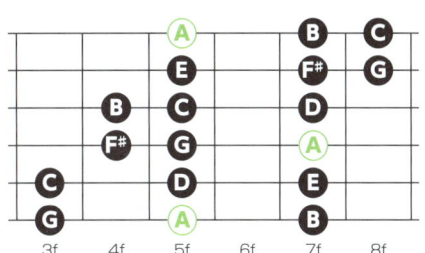

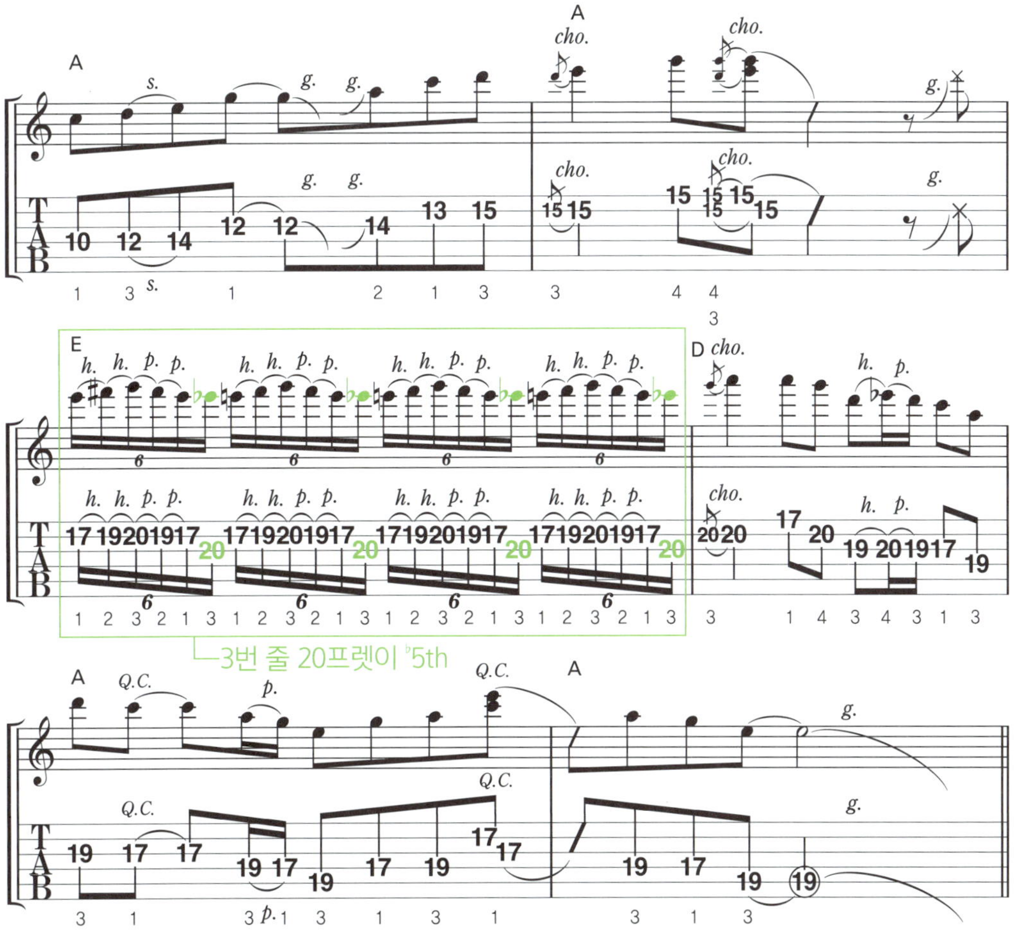

└3번 줄 20프렛이 ♭5th

QR Track 46

속주 프레이즈의 활용 ②

태핑 주법으로 속주할 수 있습니까?

Key=E

이 스케일의 완성 포인트

이것도 속주 프레이즈 패턴을 활용한 블루스 솔로입니다. 도입부의 4마디는 오른손 태핑으로 연주합니다. 태핑이라 해도 각 줄 12프렛을 탭하는 것뿐이므로 쉽게 연주할 수 있을 것입니다. 왼손도 심플한 3노트로 상행하는 패턴이므로 콤비네이션 요령만 터득하면 음원을 처음 들었을 때의 느낌처럼 어렵지 않을 것입니다. 5~6마디는 16분음표로 6개 음씩 묶어서 연주하는, 줄 이동이 포함된 패턴입니다. 주의할 곳은 2번 줄 11프렛의 A♯인데 이것을 ♭5th로도 생각할 수 있겠지만, 편의상 추가한 음일 뿐입니다. 이 음을 추가함으로써 패턴의 구성

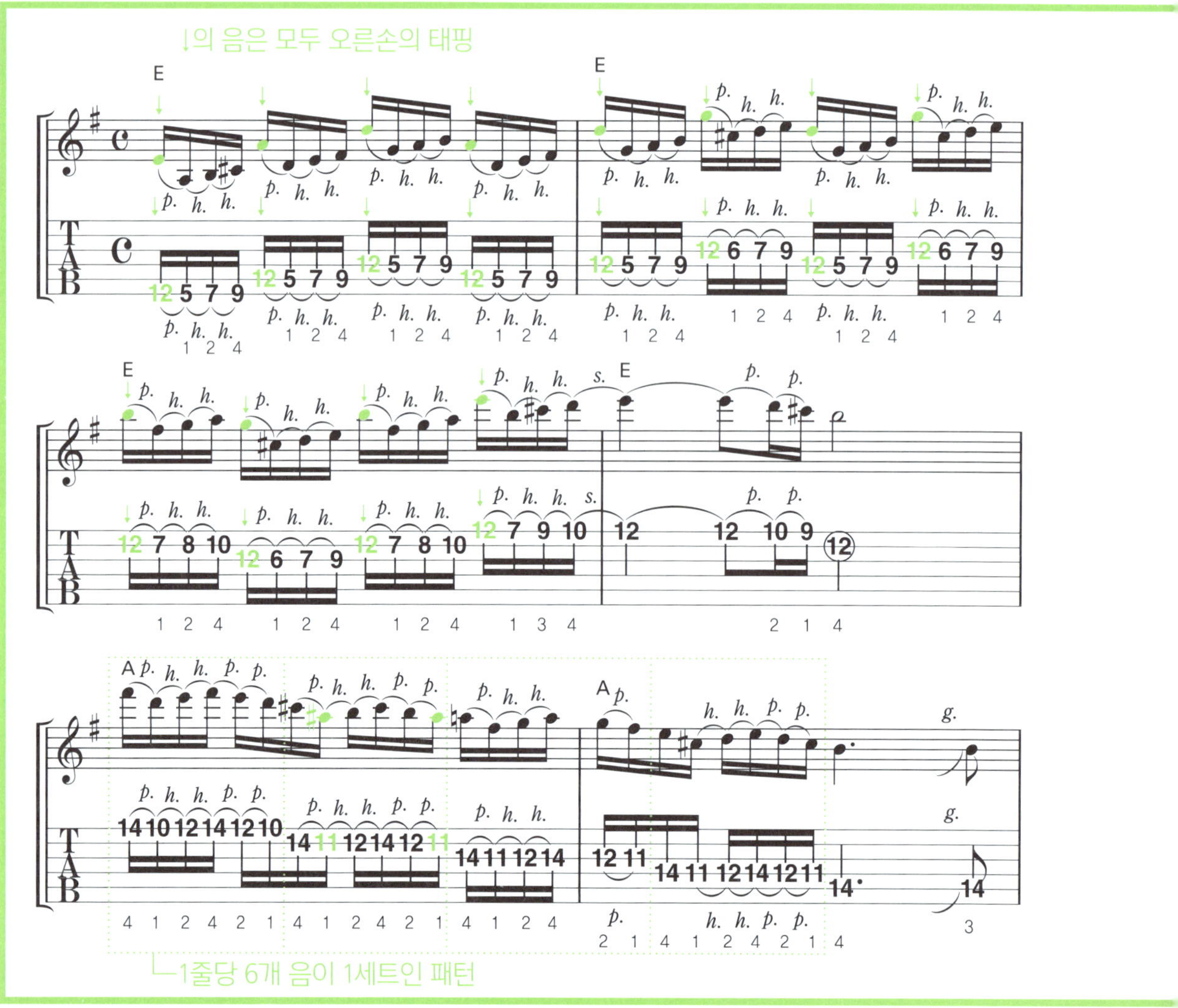

이 악보에서 익혀두면 좋은 다이어그램
※E 도리안 스케일

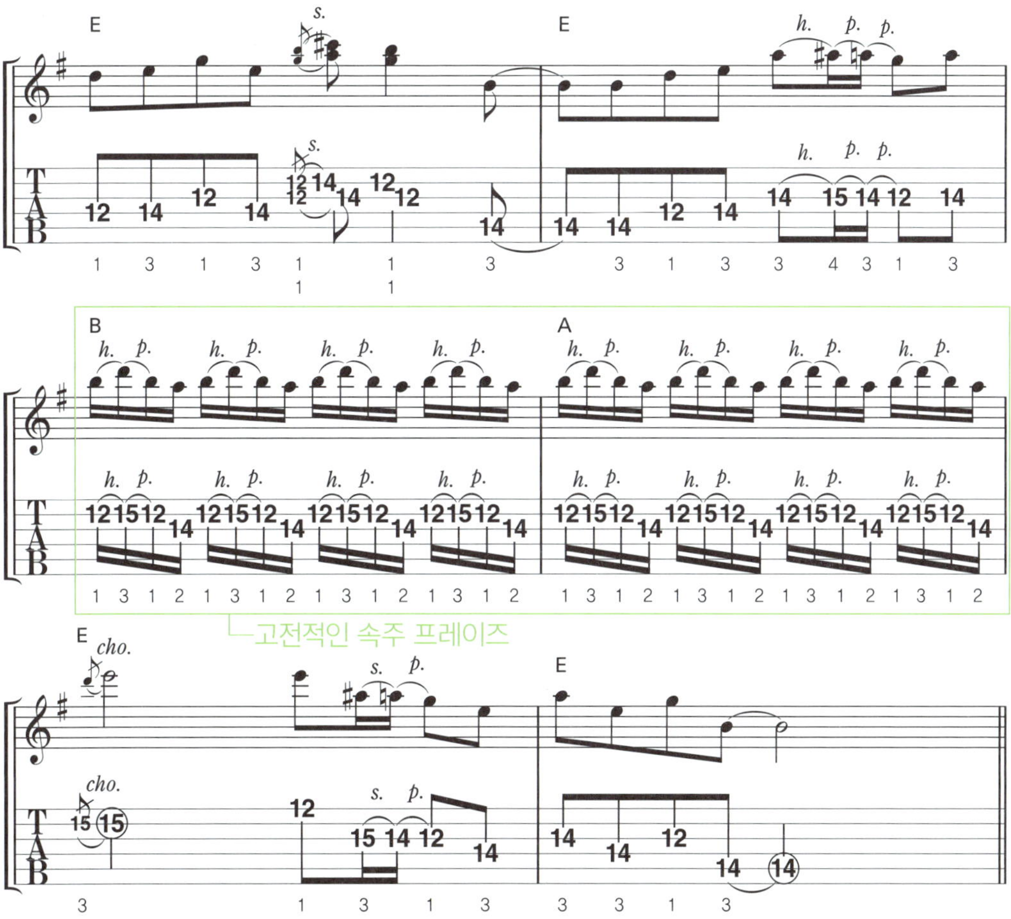

이 더욱 쉬워진 것을 알 수 있습니다. 9~10마디는 고전적인 분위기의 속주 패턴으로 지미 페이지 등이 애용하는 프레이즈입니다.

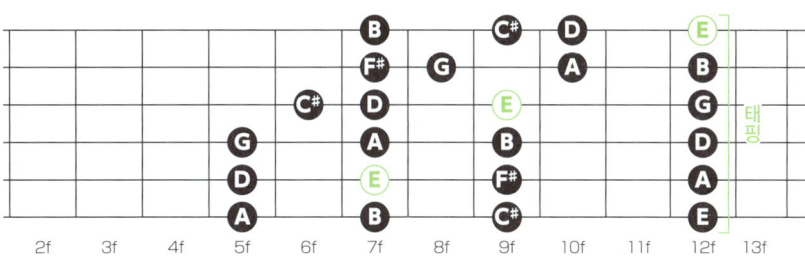

고전적인 속주 프레이즈

제9장
코드 톤을 의식하면서 스케일을 연주할 수 있습니까?

코드 톤을 의식하면서 스케일을 연주하자!

지금까지 스케일! 스케일! 하며 여기까지 왔는데 이런 말을 하는 것이 어떨지 모르겠지만, 스케일만 생각하면 음악적인 프레이즈를 연주할 수 없습니다! 이미 이런 사실을 깨달은 분도 있겠지만, 앞에서 설명한 펜타토닉 스케일을 응용해서 음을 추출해서 사용하는 것 역시 어디까지나 방법의 하나

일 뿐, 코드 톤을 인식한 상태에서 스케일을 연주하는 것 이상의 방법은 없습니다.

여기서는 심플한 3코드 블루스를 이용해서 「얼마나 코드를 의식하면서 펜타토닉 스케일을 연주할 것인가?」에 중점을 두고 설명하겠습니다.

우선 코드 폼과 아르페지오를 예습하자!

5프렛 부근에서 3코드의 보이싱&아르페지오를 미리 파악해 둡시다. 이 포지션에서 아르페지오를 사용하기 어려우면 지금 당장 모두를 익히려고 하지 않아도 됩니다. 우선 이 책에 나와 있는 포지션의

4번 줄부터 위(4~1번 줄)만 익혀두어도 블루스를 연주할 때 무리 없이 사용할 수 있을 것입니다. 우선 이런 방법으로 기본적인 요령을 터득한 후에 다른 포지션과 코드를 익혀 가며 점차 범위를 넓혀 갑시다.

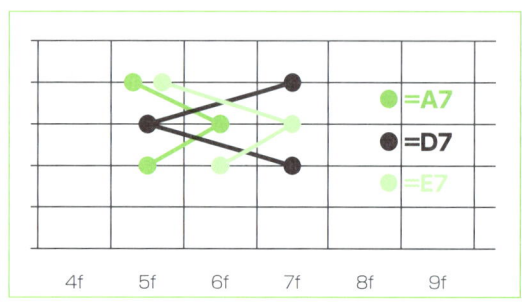

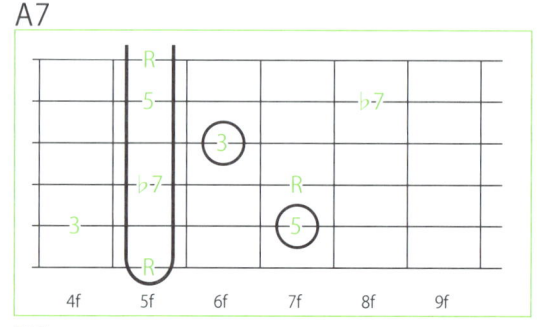

A7

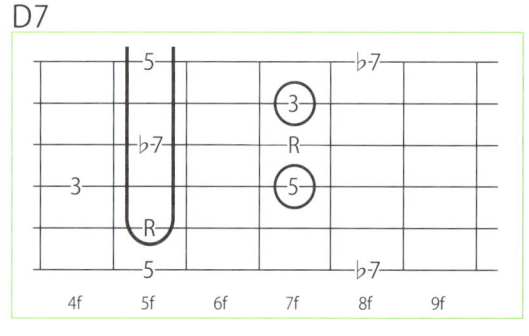

D7

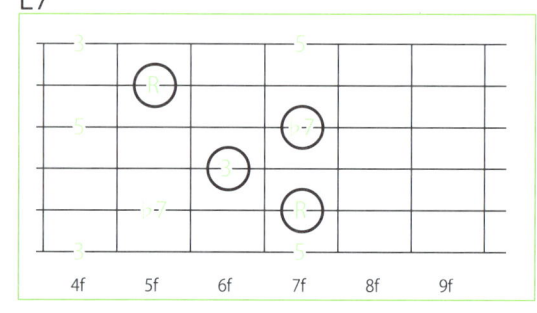

E7

각 코드에서 중점적으로 사용하고 싶은 음을 미리 확인해두자!

「사용해야 하는 음」이 아닌 「사용하고 싶은 음」이 포인트입니다! 사용할 수 있는 모든 음을 제시하면 모두 사용하고 싶어지는 것이 사람 마음이지만, 반드시 사용하고 싶은 음을 분명히 인식하는 것이 중요합니다.

이후에는 부분적으로 존재하는 피해야 할 음을 파악합시다. 이런 것들을 자주 사용하는 펜타토닉 스케일에서 미리 파악하면 더욱 자연스러운 연주가 가능해질 것입니다.

A7일 때, 메이저 펜타토닉 상의 C#음은 3rd에 해당하므로 반드시 사용해야 할 음입니다. b7에서 루트로의 움직임도 「A Key로 블루스를 연주하고 있다」는 토널리티를 강조할 수 있습니다. 이렇게 프레이즈를 알기 쉽게 하는 목적으로 사용할 수 있습니다.

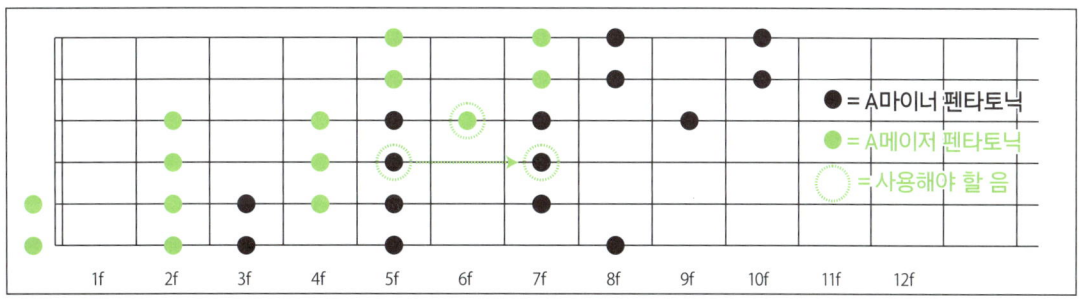

D7일 때, 메이저 펜타토닉 상의 F#음은 3rd에 해당하므로 이 음 역시 반드시 사용해야 할 음입니다.
마이너 펜타토닉에 존재하는 C음도 7th이므로 코드와의 일치감을 표현함과 동시에 블루스 느낌을 만들 수 있습니다.

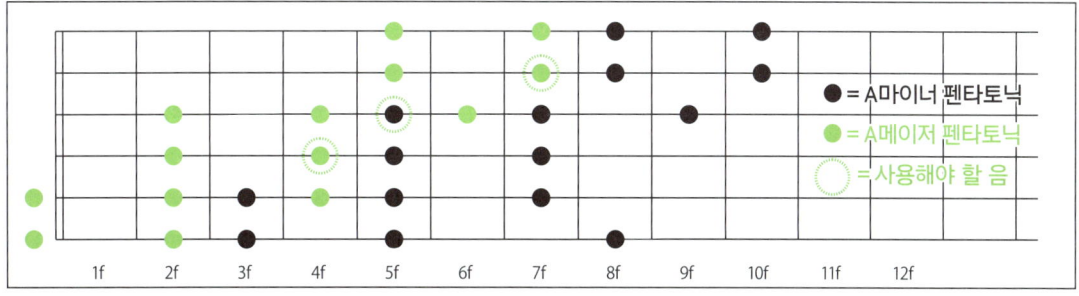

E7일 때, 도미넌트 느낌을 가장 잘 표현할 수 있는 부분이므로 적극적으로 루트 음인 E(두 스케일에 모두 존재)를 연주하는 것이 가능합니다. 메이저 펜타토닉 상에 있는 5th음도 안정감을 해치지 않는 음이므로 추천합니다.

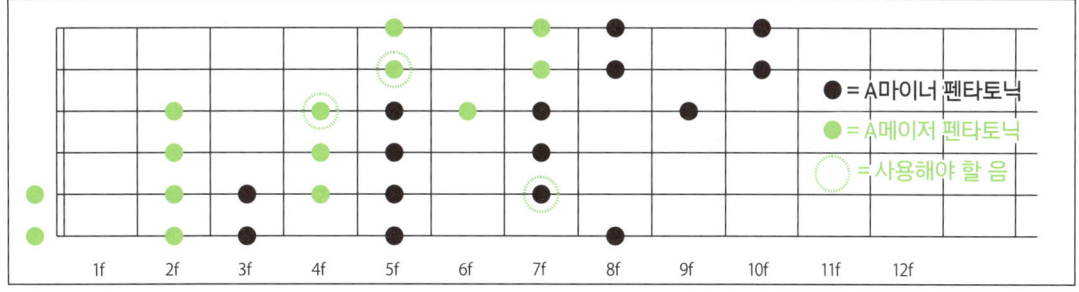

★ **피해야 할 음**
- **A7일 때,** 기본적으로 별로 주의하지 않아도 되지만 3rd의 반음 위의 D음을 길게 끄는 것은 금지합니다.
- **D7일 때,** 메이저 펜타토닉 상의 C#음은 DMaj7적인 느낌을 자아내므로 주의!
  C음의 쿼터 초킹도 코드 톤과 부딪치는 경향이 있으므로 약간의 주의가 필요합니다.
- **E7일 때,** 이 Key에서의 토닉 음인 A도 E7일 때는 3rd의 반음 위의 어보이드 노트가 되므로 주의.

QR Track 47

코드 톤을 의식하며 스케일을 연주하자 ①

중간에 코드를 추가해서 스케일을 연주할 수 있습니까?

Key=A

이 스케일의 완성 포인트

코드 감이 느껴지는 솔로를 하고 싶다면… 그렇습니다. 코드를 치면 됩니다! 「엥? 진짜요?」, 「네. 됩니다.」 솔로에는 반음까지 또는 2도 간격까지 등과 같은 규칙이 없으므로 적극적으로 사용합시다.
이 프레이즈 역시 코드를 치는 부분 외에는 매우 심플한 펜타토닉을 사용한 찰진 블루스 프레이즈입니다. 그런데도 조금 세련된 분위기를 느낄 수 있는 것은 코드+스케일의 비율이 적절하기 때문입니다. 이때 코드를 사용할 부분과 리듬에 주의해야 하는데, 여기서는 코드가 바뀔 때 인상적인 리듬으로 코드 컷팅을 추가하거나 싱글 노트 프레이

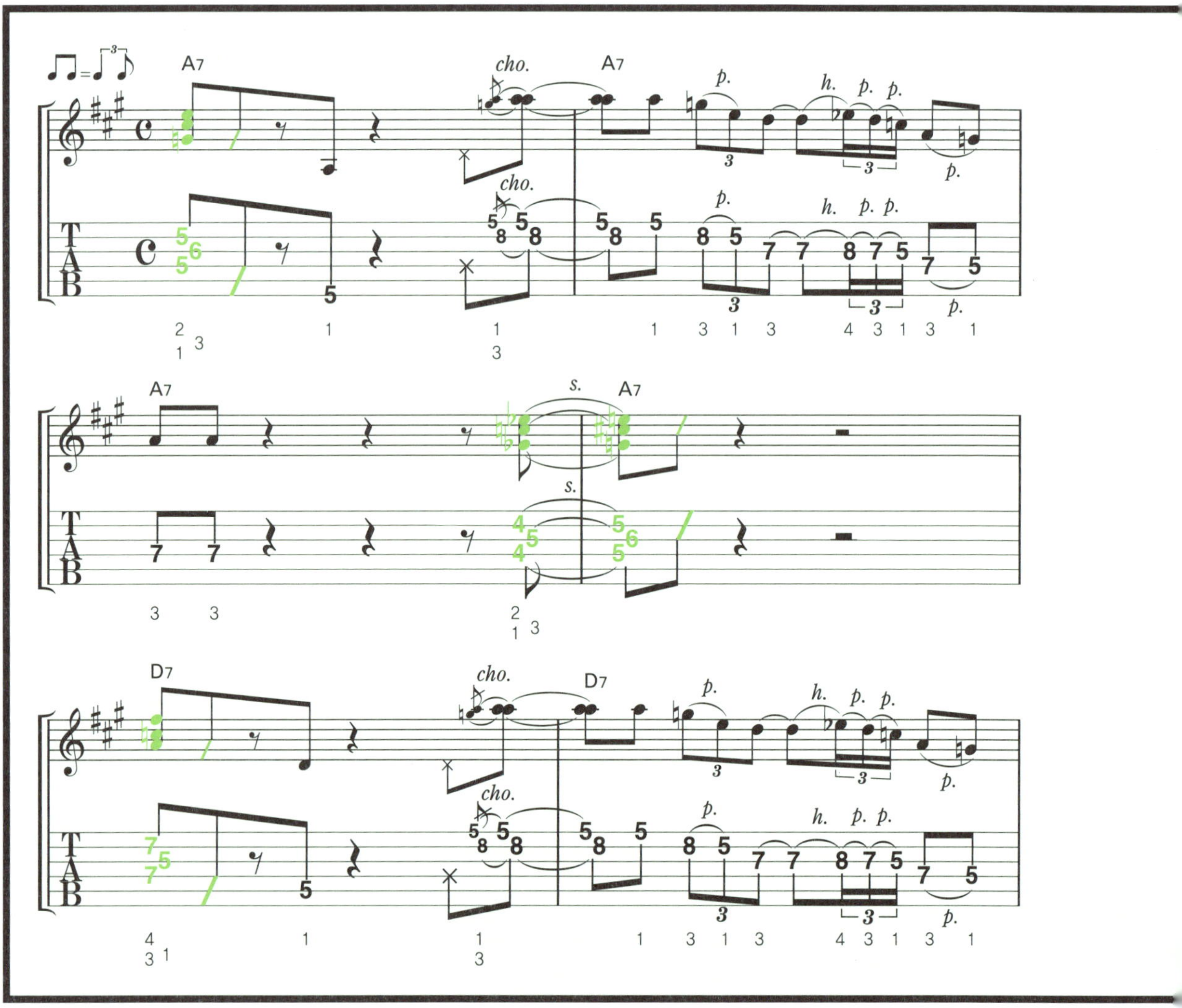

→ 블루스를 연주하면서 익히는 프로급 스케일 워크 47

즈에 반응하는 것처럼 코드를 사용했습니다. 반복해서 연주하며 이 느낌을 잘 익혀둡시다.
이 악보에서는 3~4마디에 반음 아래부터 슬라이드로 장식하는 어프로치를 사용합니다. 이런 방법과 그 외의 보이싱은 저서 『블루스로 익히는 프로급 코드 워크』를 참고하기 바랍니다.

이 악보에서 익혀두면 좋은 다이어그램

=A7
=D7
=E7
4f
5f
6f
7f
8f
4f

A7
A7
E7
cho.
D7
p.
h.
p. p.
A7
E7
g.

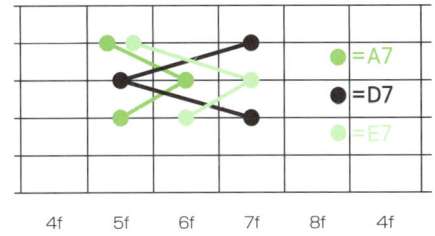

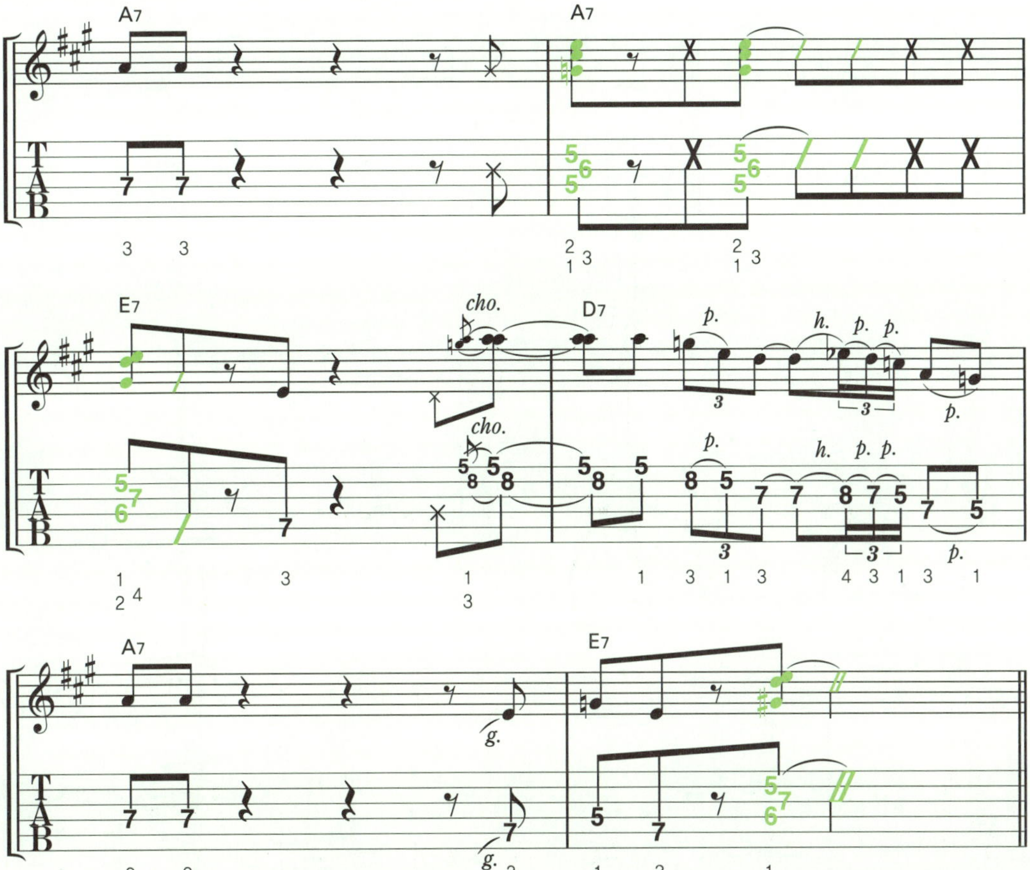

코드 톤을 의식하며 스케일을 연주하자 ②

펜타토닉을 응용하여 3코드에 대입시키자!

Key=**A**

이 스케일의 완성 포인트

코드 톤의 위치를 파악하고 있으면 마이너 펜타토 닉 스케일과 메이저 펜타토닉 스케일만으로도 항 상 코드에 적절한 프레이즈를 만들어서 연주할 수 있습니다. 언뜻 보기에는 아무렇게나 두 펜타토닉 스케일을 바꾸어가며 솔로를 전개하는 것처럼 보

이지만, 자세히 보면 섬세하게 신경을 많이 쓴 프 레이즈라는 것을 알 수 있을 것입니다.

1~3마디는 A7의 3rd인 C#을 거치듯이 A 메이저 펜타토닉을 연주하고, 4마디부터는 블루지한 느낌 으로 A 마이너 펜타토닉을 D7으로 자연스럽게 연 결합니다. 마이너 펜타토닉의 C음은 D7과 잘 어울

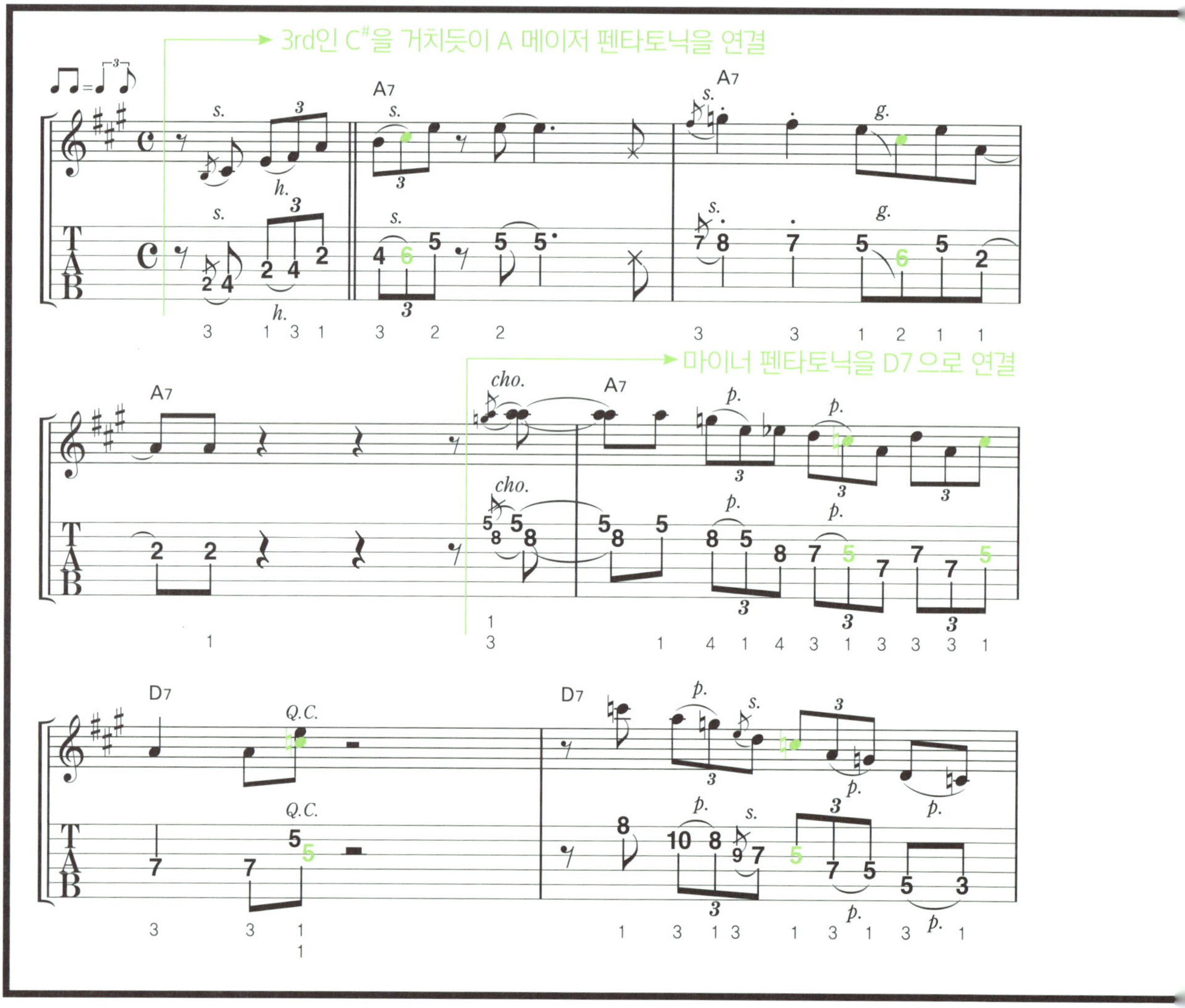

> 3rd인 C#을 거치듯이 A 메이저 펜타토닉을 연결

> 마이너 펜타토닉을 D7으로 연결

→ 블루스를 연주하면서 익히는 프로급 스케일 워크 48

립니다(m7th에 해당). 7~8마디에서 다시 A 메이저 펜타토닉으로 돌아가서 다시 한 번 3rd음을 강조합니다. E7일 때는 A 메이저 펜타토닉을 중심으로 루트의 E음에 프레이즈를 집중합니다.

메이저 펜타토닉으로 돌아가서 다시 한번 3rd를 강조

루트인 E음을 의식하며 연주

코드 톤을 의식하며 스케일을 연주하자 ③

펜타토닉에 3rd를 추가해서 연주할 수 있습니까? ①

Key=**A**

이 스케일의 완성 포인트

앞 페이지의 패턴을 통해 코드 톤을 사용해서 솔로하는 것이 차분함과 설득력 있는 연주를 가능하게 한다는 것을 깨닫게 되었을 것입니다. 이 코드 톤 중에서도 특히 3rd는 매우 중요한 음인데 적절한 곳에 3rd를 사용하면 연주를 듣는 것만으로도 코드를 파악할 수 있게 됩니다. 이것은 마이너, 메이저 두 펜타토닉을 자유롭게 연주하면서도 각 코드의 3rd를 확실하게 연주한 프레이즈 예입니다. A7의 C#음, D7의 F#음, E7의 G#음 등을 각각 어떻게 프레이즈에 섞어서 사용하는지 잘 확인하면서 연주해 봅시다. 참고로 1마디 3박 뒷부분은 업 피킹으

업 피킹으로　　　　　　　　　　　　　　　　　　※각 코드의 3rd를 의식하며 연주하자

→ 블루스를 연주하면서 익히는 프로급 스케일 워크 49

로 분위기를 고조시
키며 연주합니다.

C#= A7의 3rd
F#= D7의 3rd
G#= E7의 3rd

이 악보에서 익혀두면 좋은 다이어그램
A 마이너 펜타토닉 스케일

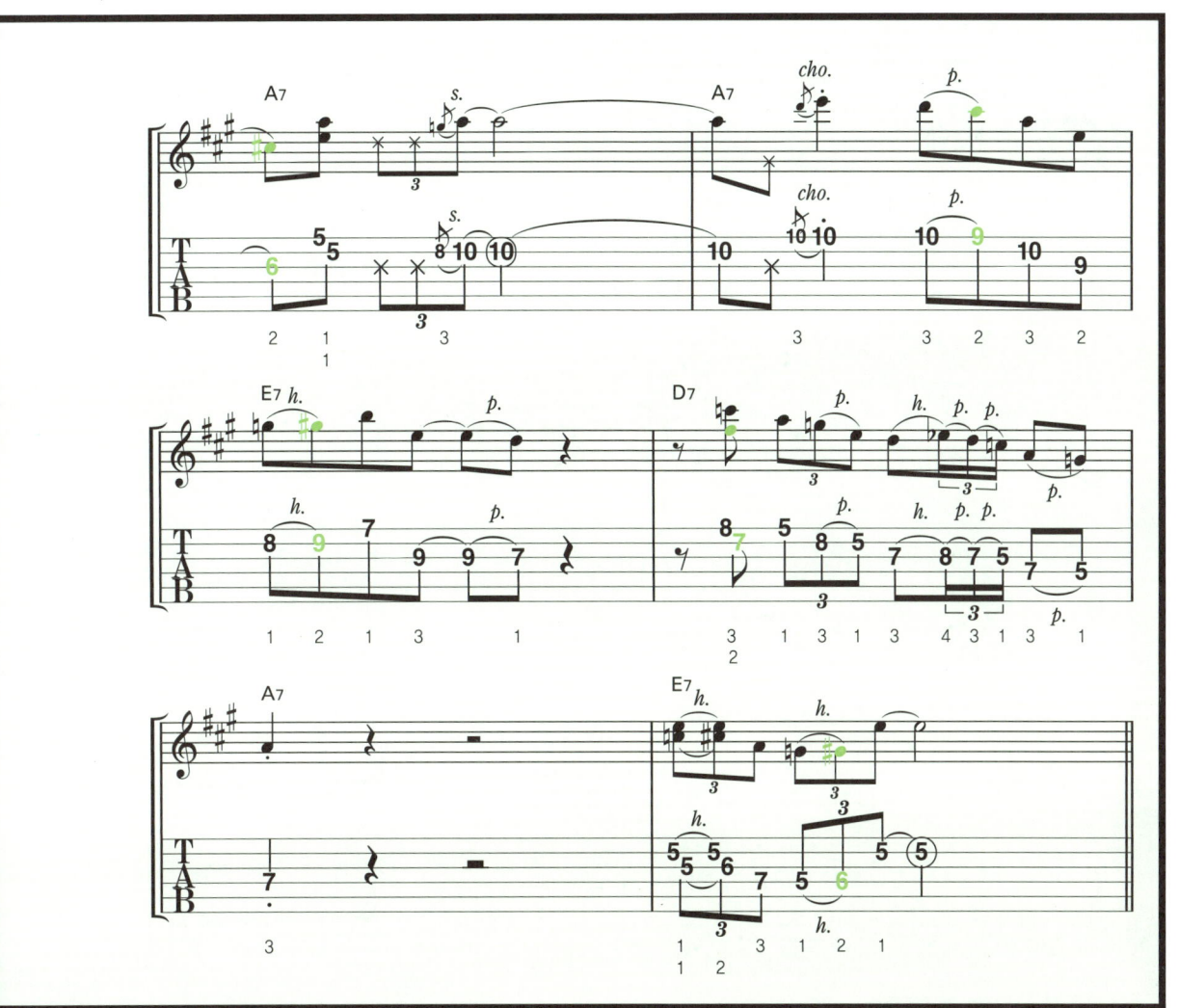

코드 톤을 의식하며 스케일을 연주하자 ④

펜타토닉에 3rd를 추가해서 연주할 수 있습니까? ②

Key=**A**

이 스케일의 완성 포인트

앞 패턴의 하이 포지션 버전입니다. 포지션 차이로 각 코드의 3rd 음의 위치가 바뀌기 때문에 이에 맞는 프레이즈를 만들어 둘 필요가 있습니다. 1~3마디의 포인트는 A7의 M3rd, 2번 줄 14프렛의 C#입니다. 블루 노트인 m3rd(13프렛)에서 반음 올리는

전형적인 프레이즈입니다. 4마디는 5마디의 도입부, D7의 M3rd인 F#을 향한 하행 프레이즈입니다. 코드가 바뀌는 곳에 3rd를 사용함으로써 분명한 분위기 전환이 가능해지는데, 7마디의 도입부도 반음 초킹으로 M3rd로 진행합니다. 9~12마디는 정신없이 코드가 바뀌지만 M3rd를 사용해서 연주하는 부분을 참고하기 바랍니다.

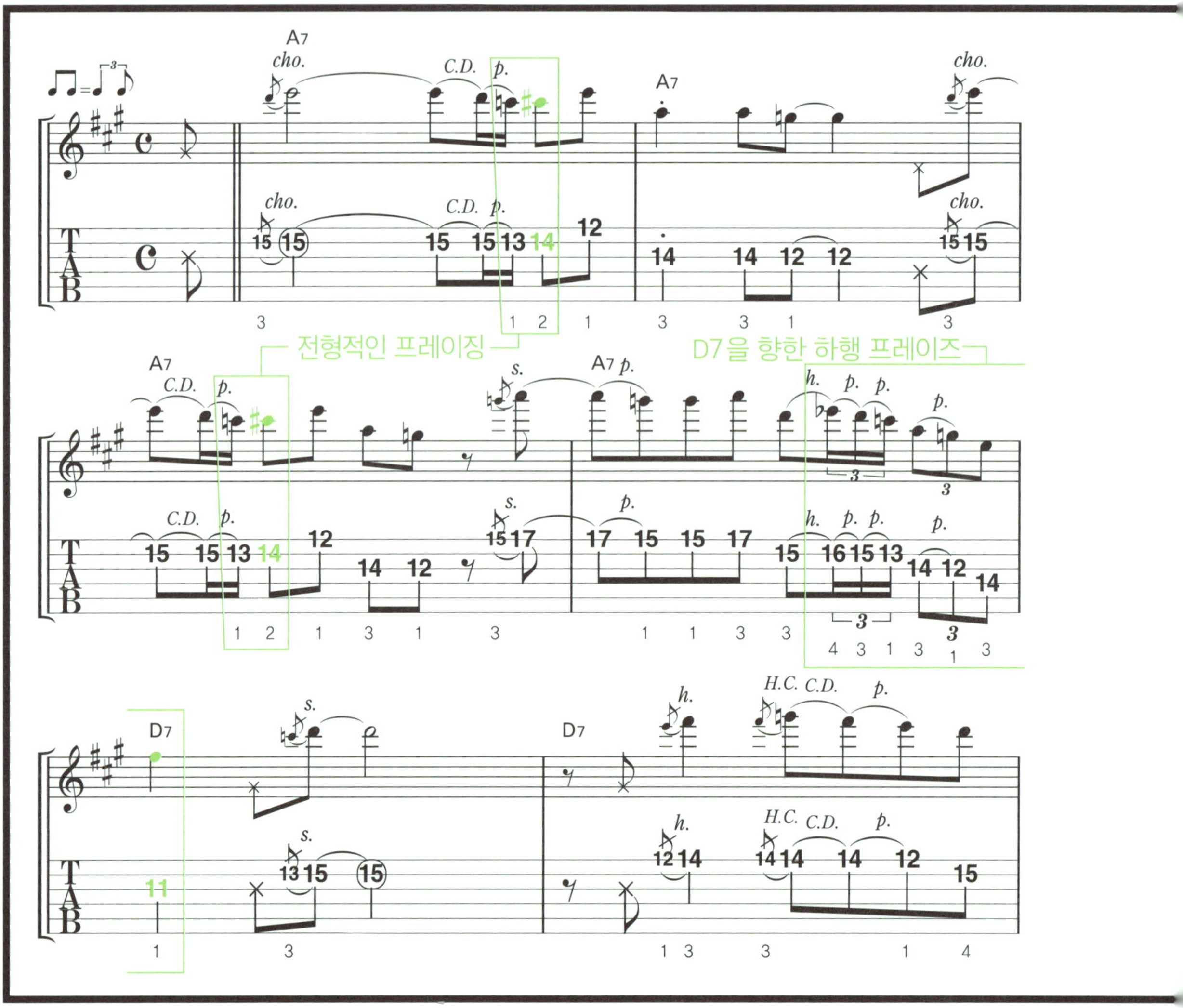

이 악보에서 익혀두면 좋은 다이어그램
A 마이너 펜타토닉 스케일

C#= A7의 3rd
F#= D7의 3rd
G#= E7의 3rd

"조금 긴" 연습용 MR

※각 3분 전후

QR Track 51

셔플 블루스

Key=**A**

※Track01 등과 같은 코드 진행

A7	D7	A7	A7	
D7	D7	A7	A7	
E7	D7	A7	E7	

QR Track 52

8비트 팝 스타일의 블루스

Key=**C**

※Track14 등과 같은 코드 진행

Cadd9	Cadd9	Cadd9	Cadd9	
F	F	Cadd9	Cadd9	
G	F	Cadd9	G	

QR Track 53

16비트 팝 스타일의 블루스

Key=**C**

※Track34 등과 같은 코드 진행

C7	C7	C7	C7	
F7	F7	C7	C7	
G7	F7	C7	G7	

마치며

마지막까지 이 책을 읽어 주셔서 감사합니다!

기타리스트가 스케일을 배운다는 것은 쉬운 일이기도 하고 어려운 일이기도 합니다. 지판에서는 스케일이 도형으로 보이기 때문에 처음 몇 개의 스케일은 초심자라도 비교적 빨리 익힐 수 있습니다. 그러나 계속해서 스케일을 익히면 지판 구조상 훨씬 많은 연주 방법이 있다는 것을 깨닫게 되어서 많은 분이 어디부터 어떻게 손대야 할지 몰라서 절망에 빠집니다. 사실 이 책에서 소개한 내용은 그 방대할 가능성 중의 극히 일부분입니다.

그러나 이 책에서 전하고 싶었던 것은 스케일을 모방하는 것이 아닌 「암기는 최소한으로, 표현은 최대한」이라는 것입니다. 모든 스케일, 포지션을 파악하는 것이 아니라 머릿속의 멜로디를 표현하는 것이 가장 큰 목적입니다. 이 책에서 소개한 아이디어를 반드시 참고해서 자신의 연주적인 표현에 꽃을 피우기 바랍니다.

데모 연주에 관해서는 교본이라는 특성상 악보가 복잡해지지 않도록 최대한 기본에 충실한 연주를 수록했습니다. 단, 실제 블루스 연주 등에서는 이에 국한되지 않는 연주가 일반적이므로 이 부분은 소개한 앨범 등을 참고하기 바랍니다.

마지막으로, 항상 정확하게 집필해주는 편집부, 디자인/레이아웃을 해주는 LOVIN' Graphic, 정서를 담당해주신 오다기리 씨, 그리고 전 시리즈를 읽어주신 독자 여러분 등 많은 분의 성원에 힘입어 이 책을 완성할 수 있었습니다. 이 자리를 빌려 감사의 마음을 전합니다.

야마구치 카즈야

By Pentatonic!

블루스로 익히는
프로급 스케일 워크

삼호뮤직·삼호ETM의 소식을 전해드립니다.

삼호뮤직 / 삼호ETM의 회사소식, 도서정보, 다양한 음악이야기와 정보를
아래 QR코드에서 접할 수 있습니다.

야마구치 카즈야 Kazuya Yamaguchi

야마구치 카즈야 : 1982년생/오사카 출신. 어린 시절부터 피아노를 배우기 시작해서 15세 때부터 기타를 시작함. 2002년경부터 라이브 연주와 기타리스트로 레코딩에 참가하는 등 프로 활동 시작. 2006년 블루지한 스타일을 살려서 모든 곡의 작/편곡과 프로그래밍을 혼자 담당한 블루스 기타 연주 앨범인 「Mozo Tri♭e」를 발표. 기타 강사로서의 활동도 활발하게 하고 있는데 프로, 아마추어 관계없이 수백 명의 기타리스트를 지도한 경험이 있음. 『파워 코드로부터 전진! 블루스로 익히는 프로급 코드 워크』를 시작으로 기타&베이스 교재와 기타 잡지의 연재 강좌 집필, 악기 메이커의 어드바이저로써 신제품의 개발에 참여함과 더불어 데모 연주와 클리닉 등으로 활동. 최근에는 미야와키 토시로, 고바야시 신이치, 노무라 다이스케, 코모구치 유야 등 일본 굴지의 기타리스트들과 함께 Gentle Guitar V를 결성, 1st 앨범 『Gentle Guitar V』를 발표함. 이 외에 현재 활동 중인 젊은 뮤지션을 중심으로 구성된 스무스 재즈 밴드 『.7(도트 세븐)』을 결성하여 활발한 활동.

By Pentatonic!

블루스로 익히는
프로급 스케일 워크

발 행 일	2015년 6월 1일
발 행 인	김두영
저　　자	야마구치 카즈야
번　　역	임세라
발 행 처	삼호ETM (http://www.samhomusic.com)
	우편번호 10881
	경기도 파주시 문발로 175
	마케팅기획개발부　전화 1577-3588　　팩스 (031) 955-3599
	콘텐츠기획개발부　전화 (031) 955-3589　팩스 (031) 955-3598
등　　록	2009년 2월 12일 제321-2009-00027호

ISBN　　978-89-6721-082-3